52周MD

周周都有高潮的商品规划

［日］铃木哲男
［中］胡春才

著

上海尚益咨询公司 译

人民东方出版传媒
People's Oriental Publishing & Media

东方出版社
The Oriental Press

　　52 周商品规划（下文简称"52 周 MD"）是由我命名的名词，2004 年同名的书出版后，在日本零售业界逐渐广泛流传。有的企业对这个词有所认知，并在理解之后加以运用；也有的企业对该词产生误解，没能运用到工作中。

　　因为不是需要特别变化的技术（我这么认为），大多数企业应该或多或少有所实施。但是，它们是否得以联动，是否形成了持续机制就不得而知了。有的企业推行顺利，也有企业实施受阻。52 周 MD 不是万能的，但是日本有的企业干部却评价"《52 周 MD》是连锁企业经营的权威著作"。

　　现在的"52 周 MD"定义为"以每周的重点（销售）商品为中心的商品计划和销售计划，并与促销计划关联"。之所以说"现在"，是因为理论也好技术也罢皆是如此，不可能从诞生之日起一成不变。

　　我认为理论是"积累当时的数据和事实，并形成仅在当时可以运用的体系化理论"。虽说如此，也不能否定所有的理论和技术（因为在当时都是极具意义的）。

　　将来，如果事实和数据发生了变化，定义也许需要进行微调。"52 周 MD"是我根据自身总结的零售经验，分析后形成的体系化理论，其中包含连锁店理论和兴旺店铺理论，还有从彼得·F. 德鲁克的管理理论中学到的东西。此外，在技术层面，还涵盖了在学习单品管理、品类管理、工作改善、视觉营销（VMD）、卖场制作、店铺活性化、销售促进、店铺管理等基础之上，进行实践后积累的经验。今后，IT 等也将成为其必要要素。

因此，52 周 MD 对于每个业态、每个企业，无论是在现在进行时，还是未来发展时，都是有用的。

以中国零售企业发展为己愿的读者们，请特别注意这一点。首先，希望你们认真读下去。

《52 周 MD——理论篇》的出版是和很多人相遇而得出的产物。东方出版社已经将我的两本书《这样打造一流卖场》《如何战胜竞争店》翻译成中文出版了（虽然我还没与相关负责人见过面）。

52 周 MD 技术能够经我亲自引入中国，要归功于曾经在乐城超市工作过的王琦先生的引荐。王琦先生在日本永旺工作的时候，听过我的研修课程。

王琦先生又介绍了乐城超市的王卫先生与我相识，从此在乐城展开了"52 周 MD 项目"（2018 年下半年）。因这是我第一次在中国展开该项目，不知是否起到了充分的作用，也许给王卫先生添了麻烦。

我和本书的合著者胡春才先生是经他朋友王琦先生介绍，在东京初次见面后开始交往的（2019 年 7 月 21 日东京火车站咖啡屋）。

我欣赏胡春才先生的认真和热诚，以及忘我的精神。在那次聚精会神的投入的讨论中，他甚至把手上的咖啡都洒到了地上。

此外，2019 年 10 月，在胡春才先生的策划下，我们在合肥举办了"52 周 MD 公开研讨会"。我被参加者热情好学的态度所感动。在讲课过程中及课后，大家积极提问，我竭尽所学认真作答，但是我不清楚自己的想法是否充分表述到位，他们是否完全理解了。我会继续钻研，不断提升水平。

在以胡春才先生为首的多方助力下，本书得以出版。

在此表示诚挚的谢意！非常感谢！

株式会社 REA　董事局主席　铃木哲男

2021 年 2 月

中国实体零售需要探索新方向

过去的 20 年，在国内所有行业中，可能很难找出第二个像零售这样曾经遭受巨大的外资企业贴身肉搏的竞争压力，而现在却得以翻身、谱写新篇章的行业。

2001 年，沃尔玛的营业收入已经达到 2000 亿美元，家乐福也达到了 600 多亿欧元，而此时中国最大的零售企业——联华超市刚刚超过 100 亿元人民币而已，但是从 2001 年开始，国家给了国内零售企业仅仅 3 年的缓冲期，随后它们就直面这些跨国巨头的正面竞争。到 2006 年，外资零售占零售百强的销售份额达到 26%，此时还一度盛传：再过 10 年，外资零售占中国市场的份额将达到 60% 以上，而且当时业界就传出在家乐福上 3 公里以内很难有国内零售企业能够存活下来。

然而，今天我们看到的却是另外一番景象：很多来自欧美的老牌外资零售企业选择了退出中国市场，在各个区域零售市场，那些中小型的区域零售企业即便是六七年前在面对外资零售的竞争时早已经不再怯场，反倒更在乎国内的永辉、物美、步步高、家家悦这些跨区域民营企业的竞争。

自 2015 年年底开始，以盒马鲜生为代表的新零售出场以来，国内的零售格局发生了巨大的变化，目前，零售市场已经不再是内外资零售之间的博弈，而是主要以数字化运营+线上线下一体化的新零售与区域的传统零售之间的博弈了。曾经区域零售企业面对的可能还是一个增量市场，但 2020 年线上交易占社会消费品零售总额的比例已经达到了 25%，而且每年保持着 20%—30% 的高增长速度，这也意味着中国社会消费品零售总额的增量基本上已经被电商/新零售抢占了，中国的区域零售企业将会像 1995 年以后的日本零售企业那样，面对一个存量市场甚至是减量市场该如何存活的新课题。

同时，中国的消费者也在迅速变化着，宅经济越来越盛行，年轻人越来越喜欢待在家里，越来越依赖手机，这似乎成为一个趋势。同时，中国的老龄化趋势也越来越明显，从 2022 年开始，每年达到 60 岁的老年人口甚至要比每年的新出生人口，或者是迈入 18 岁这一门槛的青年人口多出 1000 万左右，这是一个非常庞大的数字，这个数字背后其实也蕴含着巨大的商机。按照国家的"十四五"规划和 2035 年发展规划，在今后 15 年内，我国将会迈入中等发达国家的行列，也就是到 2035 年的时候人均 GDP 将达到 2 万—3 万美元的水准，而 2020 年以前我们还只是处于全面小康水平的生活状态，后面 10—15 年的这个巨大的变化，又会给我们中国零售企业特别是区域实体零售企业带来巨大的商机。

挑战与机遇并存。我们这些区域实体零售企业应该如何选择？

向电商、新零售学习，把数字化运营管理的技术渐进地有效地嫁接到我们区域实体零售的机体上，这肯定是一个不变的方向，因为信息化、智能化是整个时代发展的大势，谁都无法抗拒。

不过，我们也要看到，数字化运营也是有基因的，由于线上运营本身就具有强大的马太效应（边际成本比较低，而边际收益又比较高），所以，很有可能大家都往线上走、都往到家业务靠拢，最终真正获得大收益的往往还是那些具有电商基因的新零售企业。

所以，如何在线下业务即到店业务中挖掘潜力，对于区域实体零售企业而言，很有可能是一个更为可取的方向！

如果按照以欧美零售企业为代表的大卖场模式，很可能线下挖掘潜力的难度很大，但是这些年国内的区域零售企业的代表胖东来、香江百货、乐城以及国内的伊藤洋华堂和永旺等，所做的探索对于国内的实体零售企业还是很有参考价值的：在提升顾客的门店现场体验上下功夫，让顾客在购物过程中能够享受到乐趣，让顾客感觉购物不再是一种负担，让顾客能够在购物的过程中感受生活的美好，让购物变成一种享受。就像以前大家喜欢在电视机上看 DVD 碟片，而现在则更愿意到电影院去看电影一样，因为观影的体验完全不一样了。

我也曾经到胖东来、伊藤洋华堂考察过几次，感觉它们的购物体验真的不错。国内的其他区域零售企业若是能够把顾客的购物体验都提升到它们这样的水平，我相信顾客是不会不去卖场购物的。

年前收到胡老师的邀请，让我给他与日本首席零售专家铃木哲男老师合著的《52周MD——理论篇》写个推荐序言。铃木老师在日本零售界应该是家喻户晓了，他所倡导的52周MD的理念技术和方法对于日本零售企业的发展的影响也是非常深远的，他的日文原著《52周MD（商品规划）——以重点商品为中心、强化运营能力及改革组织氛围》于2004年出版以来已经重印24次，在日本零售经营管理书籍中属于超级畅销书，现在胡老师能够把这本书的主体思想介绍给中国零售企业，然后再加上他自己这20年在零售业精细化管理方面的探索经验，两者嫁接，相信这本书对于中国零售企业，特别是商超领域的区域实体零售企业的参考价值是非常大的，值得大家好好地读一读，并结合本企业、本区域市场的特征渐进地尝试，逐年迭代升级，打造一个在当地的区域零售企业中无可替代的顾客非常愿意光顾的有趣的卖场，员工也能够像铃木老师倡导的那样快乐地工作。

中国的实体零售企业也确实是到了这样一个阶段：必须在到店体验上去下功夫了！如果仅仅是从生产商的搬运工这个角色出发去提高效率的话，只是一味地强调方便、强调成本低廉，只是一味地卖随处可买的标准品的话，实体店是干不过电商的，但是如果从增加顾客到店体验价值这一维度出发，从价值营销的维度、从引领顾客生活方式的维度、从充当顾客美好生活的向导和导引师的维度，借助中国五千年的灿烂的饮食文化，把曾经只属于富人贵人才享有的生活方式以低成本或合适成本推荐给、提供给各个区域的中产阶层消费者，这个空间还是非常有想象力的。

很乐意做这样一个推荐，希望这本书能够带给中国零售企业应有的价值。

中国连锁经营协会会长 裴亮

2021 年 2 月　北京

运用 52 周 MD 提升卖场竞争力

在目前零售业面临错综复杂竞争的环境下，连锁超市企业要寻求可持续发展，需要培养以下两个方面的竞争力。**第一个竞争力是提升商品力。**超市最大的特点就是空间，最大的价值就是在一日三餐给顾客提供解决方案上面。一般来讲，**商品力取决于三个因素，一个是商品自身，一个是商品陈列，一个是生活提案。超市的商品力是性价比、便利、健康、好吃、新鲜感等要素的集合。**

超市第二个核心竞争力就是销售生活方式。东亚人是按照四季、二十四节气吃东西的。以北京为例，夏天头伏饺子二伏面，立秋要贴秋膘，立春要吃春卷等是几千年口口相传的进食理念，这一点和欧洲人完全不一样。这种理念**尊崇天人合一，一方水土养一方人，讲究药膳同功，阴阳平衡。**正是基于这种理念，**超市就要按照四季、按照节气、按照节假日不断变换自己的卖场，给消费者提供符合这种理念的生活解决方案。**

52 周 MD 是基于**全年 52 周的重点产品制定采购计划、陈列计划、促销计划，并且将天气、气温、湿度、节假日、民俗作为变量因素而编制的商品计划。52 周 MD 的实施是贯彻 PDCA 循环理论，按照计划，实施，检查，反省，不断改善卖场存在的问题，推动卖场的活性化和吸引力。**

在目前连锁超市面临线上激烈价格竞争的今天，52 周 MD 对于提升线下实体店竞争力具有特别重要的意义。基于此，特别隆重地推荐这本书，希望能够对线下零售业提升竞争力，满足顾客需求有所帮助。

首都经济贸易大学教授 陈立平

2021 年 3 月 9 日

2015 年，我们请了日本的零售专家来公司上课，其间，一位老师提到了 52 周 MD，同时展示了一张表格。我看后非常吃惊，这是一张非常详细的表格。标注了日期，星期、节庆、活动主题、DM 计划、商品计划、陈列计划、人员安排、销售任务等等。

这是一张标注得非常精细，五颜六色的表格，把通常的营销计划、商品计划、运营计划和销售任务有机地结合起来。我隐隐感觉到，这张表很好地解决了我们采购、营运、销售断层和脱节的问题。日常管理中，我们总是慌慌张张地准备活动，有时候货到了，DM 还没有做出来，有时候 DM 做出来，却没有到货。有时候企划、采购都准备了，门店却没有要货，或者没有安排促销、陈列等等，不一而足。而这张表所包含的计划性、任务性、执行性、数字性、关联性让我觉得是解决问题的途径。再看这张表上面的日期。2003 年 5 月份。我不由得感叹我们与国外管理技术的差距。课间，我向老师请教，得知，这是日本非常普遍的管理方式。后来，我多次去日本，寻觅和学习这项技术的应用。也进一步了解了日本陈列中常说的"提案"。

2017年左右，我和公司员工王琦沟通，得知，他在日本永旺工作期间接受过52周MD创始者铃木哲男的培训。于是，我请他联系铃木先生，并且和蚂蚁商联的老板们一起去日本聆听了他的授课。后来，我又邀请他来国内给我们的员工培训，经过多次沟通，终于成行。

在多年的学习中，我慢慢窥得52周MD的凤毛麟角，深深感觉到他的重要性以及难度。开始的时候，我们只是理解为企划牵头，很快就发现，企划牵不动，企划调动不了采购和运营。我们也尝试过采购主导，企划配合。后来发现依然换汤不换药。我逐步认识到，这项管理技术不是一个点的改善，而是整个组织的再造，2019年，我改革了公司的组织架构，成立了一个新的部门——品类规划部，专门负责52周MD的实施和落地，这个部门拥有企划制定，商品采购任务下达，销售任务下达，门店陈列设计和管控，销售分析，和商品定价的高度集权。终于全面推动了52周MD的工作。其后，我们还完善了手册系统和月度店长大会制度。公司的营销活动，商品采购，门店陈列终于有了进步。

但是，52周MD是个永无止境的努力方向。去年我邀请陈立平教授来公司指导，他参加了我们的店长大会，也看了门店，一针见血地指出，生鲜传奇在52周MD上还是只有其形，没有其神，门店的氛围还是不够。可见，多年的努力，还没有入门。

2018 年，胡春才老师来公司做客，其间，我们聊到了零售培训行业的出路。我建议胡老师要由教授管理经验向管理技术转变。多年来，我认识到国内行业很重视经验，不重视理论和技术。总是希望一招制敌，却不愿意练好基本功，做好标准。我举例张智强引进品类管理对中国零售的巨大贡献，并建议他向行业推动 52 周 MD 的推广和培训，并介绍了铃木先生。

时光荏苒，胡老师经过努力，已经和铃木先生成了朋友，并且在很多企业开设了 52 周 MD 的推广课程。但是，一直以来，52 周 MD 还停留在口口相传，没有宝典。这本书的诞生，将填补这项空白，我们要感谢胡老师的推动和铃木老师的付出。

我经常和朋友们说一个感受，唐僧之所以取经，他发现当时社会上流传的小乘佛教典籍不完整，或者谬误百出。他要取回大乘佛教典籍，取回真经。中国零售摸索前行，有很多经验和国外借鉴，但是，一直没有系统，甚至传播中错误很多。零售企业所讲的技术往往只是经验，不能算技术。而这几年，张智强老师推动的品类管理和胡春才老师推动的 52 周 MD，就是真正的取经，零售的真经，必将使中国企业受益良多。

安徽乐城超市、生鲜传奇董事长王卫
2021 年 2 月 28 日于合肥

目 录

电商和新零售夹击下，
区域实体零售的出路在哪里？

一、两条人生建议

对一切保持好奇心！

 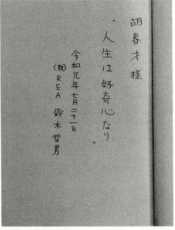

"快乐工作、快乐生活，工作要开心，生活也要开心。"

 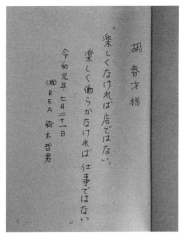

"有趣的门店才叫门店，快乐地工作才叫工作。"

看到铃木老师留给我的两句话，我很震撼。保持好奇心是一个人学习的动力源泉，我以前看到很多教育专家谈到为何我们国家的很多学生到了大学就没有学习动力，就厌学了，其关键就在于在小学中学的填鸭式教育把他们的好奇心全部扼杀掉了，他只知道为考试、为高考而学习，忘了为探索世界、探索人生而学习。没有一个由问题引导的大脑，与行尸走肉是没有多大区别的。所以，保持好奇心，是不断提升我们的学习力的关键所在。我在自己的第一本书《零售之道与术——未来中国零售业超越和蜕变之路》中一直强调，一个国家、一个民族、一个企业，乃至一个人，其最核心的竞争力只有一个，那就是学习力！这可以说与铃木老师告诫我的保持好奇心应该是一脉相承的！

至于第二句话，我也是很震撼的，"有趣的门店、快乐地工作"，作为零售人，这应该就是我们的终身追求啊。但是我们这些从事零售行业的人又有多少是把探索如何打造有趣的门店作为工作的目的的？我们要如何在日复一日的重复单调的工作中去创造快乐、去感受快乐？前者——打造有趣的门店是我们对社会的交代，是我们的人生使命，后者——快乐地工作、快乐地生活是我们对自己的交代，人生不快乐，活着又有啥意思？但如果快乐只是为了追求自己的个人享乐，那对于社会又有啥价值？铃木老师这短短的两句话就把个人与社会紧密地联系起来了，让人生的成长拥有了像大海一般永恒的源泉和动力！

黄山岩松：看到日本零售业的一些细节，感觉从事零售业有一种幸福感。来日本这两三天，我喜欢独自一人去逛日本的街道，去看那些商店，去思考门店里的商品与日本人的生活之间的关联关系，去思考日本零售业与中国零售业的差别，以及这种差别背后的逻辑。

我看过铃木老师两本书《如何战胜竞争店》《这样打造一流卖场》的中译本，很佩服铃木老师的专业度，思考问题非常缜密，逻辑非常严谨，从调研、分析问题、制订计划到总结提升完善，整个表述过程都非常严谨，无懈可击！大概日本零售业的持续进步就是这样一步步地实现的吧！

二、对于新零售的关注

铃木老师：目前盒马鲜生在中国发展的情况怎样？从日本

角度来看，盒马鲜生还是做得挺不错的企业。

黄山岩松：盒马从 2016 年创立，至今有 150 多家店，2018 年销售 140 亿元，发展速度是非常快的，目前（2019 年）单店年均销售一亿多人民币，换算成日元可能在 20 亿日元以上，头部的几家门店还不错，应该已经赢利，其他大部分门店都还是处于亏损状态，而且亏损可能还比较严重。2019 年盒马已经改变发展策略，由原先的舍命狂奔改为保命狂奔。原先新零售估值比较高，盒马可以在资本市场上拿到大量的钱来狂烧，指望能够烧出一个规模经济和规模效应来，但也可能是进入了一个误区，盒马忽略了零售行业并不是单单零售企业成长就可以的，还得要消费者成长、员工及管理团队成长、供应链等合作伙伴成长，以及竞争环境成长等等都要同步才可能获得好的结果，单独某个变量的变化可能会在一时和局部带来明显的变化，但是时间一长、区域一扩大，还是会反弹回来的。比如，盒马在上海发展得比较好，但是到了苏州这样的发达的二线城市，它的竞争能力就一下子降下来了，还不如当地的实体零售企业有竞争力，这是因为二线城市消费者的消费水平还远远没有达到上海的境界。我们国内的很多同行都认为，阿里巴巴的盒马鲜生只是代表一个方向而已，它的路子还很长，要想在中国市场上真正生存发展壮大起来，拥有像在实体零售中大润发那样的行业影响力，还要迈过不少的坎、跨过不少的陷阱才行。这次到日本看了日本的零售业的现状，我感觉盒马的新零售要获得市场的真正的认同，真正成为中国快消品市场中的领袖，还有很长很长的路要走，因为接下来中国的实体零售企业会逐渐醒悟过来，闯出一条基于自身比较优势的道路，到那时，盒马这种新零售的比较优势就不会那么明显了。

三、"我的书对你们有用吗?"

铃木老师：你感觉我那两本中译版的书中（如下图所示），哪些东西可以在中国国内利用得上？

黄山岩松：中国目前所处的背景与当年老师提出 52 周 MD理论的背景基本相当，当时日本零售市场基本是零增长，而目前中国实体零售企业面临的也基本是零增长，虽然当前中国的社会消费品零售总额每年都在增长 8%—9%，但这些增量中差不多会被电商瓜分掉 8 个百分点左右，留给实体零售商的已经是很微小的增量了。

可以说，中国大中小型区域零售企业现在面临的都是存量市场，而不是增量市场了。以前在增量市场上，主要靠开新店扩规模占领市场份额来生存，规模可以迅速做大，赢利也很容易，属于粗放式的发展。而现在在存量市场上，则要靠挖掘企业内部潜力，必须把世界各地的先进管理技术嫁接到中国零售企业的机体上，中国的实体区域零售企业才会有希望，所以它们必须走集约化经营的路子。

以前大家感觉日本的东西很精细，中国零售企业学不了，没有那个性子去学，学了效果也不大，坚持不了几天就放弃了，因为市场上还有很多很多的赚快钱的机会。但是现在不同了，快钱已经赚不到了，可以说，现在已经到了这样一个关口——如果再不学日本实体零售的精细化管理技术的话，以后区域型的大中小型零售企业真的难以生存下去了。

过去的几年中，国内的大中小型零售企业，在新零售的狂风之下，都被洗脑了，它们都认为电商可以救自己，所以拼命去做电商，但现在它们都失望了，因为只有阿里巴巴、京东、苏宁、拼多多这几家头部的电商企业获得成功，其他追随者诸如大润发、永辉、步步高、大商等诸多大中小型实体零售企业做电商的都是铩羽而归。现在大家都在重新反思：我们实体零售企业靠什么活下去？

事实也证明：丢掉自己的相对比较优势，盲目去学习别人，最后的结果只能是东施效颦、邯郸学步！

我们感觉现在的大中小型实体零售企业已经从学电商转向练内功，学习如何提升自身的经营管理水平，真正地全方位发挥出自己在门店体验这个方面的比较优势。大家在这个方面摸索以后的获得感，要普遍高于前几年学习电商及新零售的获得感。在国内，诸如乐城生鲜传奇、胖东来、香江百货、湖北雅斯等企业都是这种探索的代表，它们几乎没有花多少时间和金钱在线上经营，而是全力以赴做好线下门店的经营管理，同时持续地优化升级，做好每一位顾客的体验感。这样做了以后，这些企业目前的经营状态都很不错，纷纷成为各个区域实体零售企业学习的榜样。

目前国内零售企业主要从两个方向去提升：一个是向欧美企业学习品类管理技术；另一个是向日本企业学习精细化管理技术，主要以老师您创新性提出的 52 周 MD 技术和以 7 - ELEVEn 为代表的单品管理技术为代表。

铃木老师：品类管理和 52 周 MD 这两个都很重要，要做有效的融合。必须完全站在顾客的角度，从各种消费场景出发，一年 52 周有 52 种大消费场景，如果 52 周每周再分成工作日和双休日，那就是 104 周的中消费场景，从这些大中消费场景出发去组织商品结构，这是很重要的理念。在这个基础上，再去实现门店现场的活性化展现，与顾客的生活需求更加贴近，让顾客在卖场中五脏六腑都置身于一种全方位的体验之中，后面再跟进组织架构的完善、人员的思想的改造，全心全意地去为顾客提供高质量的体验感。这样的话，一个企业的门店竞争力就会很强大了。

现在日本也是店铺越来越重要。原先是亚马逊在日本大展拳脚，日本零售企业经过不断地试错，现在也是店铺越来越重要了，顾客开始回流，开始从线上消费转向线下消费，作为线下门店，可以与消费者面对面交流，顾客在门店的体验感也越来越好，越来越喜欢到门店来购物，而不是像原来那样图方便在网上购物。消费者的购物习惯也是在不断变化的，当然，商家的改变也在其中起到了推波助澜的作用。

四、52 周 MD 理论提出的历史背景

黄山岩松：当初日本是如何提出 52 周 MD 的，背景是否与中国目前的状况很相似？

铃木老师：52 周 MD 的提出，源于我在伊藤洋华堂工作了 20 年，然后在 1990 年创办了一家咨询公司，又过了十几年，在 2004 年我把自己过去在伊藤洋华堂的工作经验加上后来的咨询培训经验加以总结，在日本创新性地提出了 52 周 MD 的理论，并出版了专著。然后在 2012 年，我又出版了第二部关于 52 周 MD 的实战篇专著，把过去的实战经验进行了总结，展现了很多很具体生动的案例。可以说，我是把自己五十年的工作经验集中起来才形成了如今非常丰富和相对完善的 52 周 MD 理论和实战技术的。

52 周 MD 理论包括三大板块：一是运营能力强化，这是比较容易实现的；二是店铺活性化，这就有一定的难度了，很多企业都做不到；三是人才的培养和企业文化的打造，这是最难做到的，在日本也很少有企业真正地做到位。

很多日本零售企业看了我有关 52 周 MD 的书以后，纷纷采纳，学习热情很高。这一理论对日本零售企业精细化管理的影响面还是非常广的。任何一家稍有规模的零售企业，如果不采纳 52 周 MD 技术，却还想把经营工作组织得高效、有声有色、为顾客提供非常舒适的体验感的话，那是不可想象的。只有使

用52周MD技术才可能实现这一目的。

《52周MD》至今已经印刷了24次，在日本应该属于超级畅销书了，它在日本零售业界的影响力还是相当大的，也是我50年零售业管理技术探索所耗心血的结晶。

（备注：日本大型零售企业的企业家看了铃木老师的书以后，都以这些书作为标准，来对照提升自身的运营管理水平，目前永旺的管理干部晋级时，铃木老师的《52周MD》和其他著作都是必考的内容，只有通过了才有晋级的资格。）

黄山岩松：理论篇是哪一年出版的？出版以后对零售行业的影响怎样？

铃木老师：2004年出版了理论篇，实践篇则是2012年写的，52周MD理论提出后，经过8年的实践，在理论和实战技术上已经非常完善了，然后又增加了很多实战的案例，这样对于大家的帮助更大一些。但是基本理论还是延续2004年出版的《52周MD》所提出的整体框架结构，变化是比较小的。

十多年前52周MD只是一个基础的理论，而实践篇则更贴近现在的零售业，也更加有效，很受日本零售业界管理干部的推崇。

很多善于写书的人都是表达能力很强，但是实际操作能力偏弱，而我在理论方面已经出版了17本专著（注：在目前日本零售业界健在的零售专家中，铃木老师是著书最多的，由于他著述多且偏重于实践，所以被日本零售界尊称为零售界的德鲁克），而我对自己的评价主要还是偏重实战，是从理论到实践，再从实践上升到理论，经过了很多很多轮的循环，才有了今天理论上的积累。

我觉得，实践与理论一定要紧密结合，这样才会对行业、对客户企业产生真正的价值。

我跟零售业的各个行业都接触过，衣、食、住、行、医疗、珠宝、百货等等的经验都是相通的、可相互借鉴的，医药方面的、服装百货方面的很多经验是可以应用到食品超市领域的，而食品超市方面的很多经验也是同样可以应用到医药和服装百货领域的。我对不同的领域做了很多探索，做了很多案例，这对于我的经验的积累和理论的完善的帮助还是非常大的。

《52周MD》这本书还是比较难理解的，很多人只是看到宏观，了解一些表层的现象就满足了，知道一些大的逻辑关系就OK了，这样是无法把52周MD推进下去的。一定要在店铺实践过，才能够对很多东西产生深刻的理解。52周MD是一项实践性很强的技术，它非常强调与卖场的实际场景、与卖场的实践活动相结合，那些没有在卖场很好地深入地实践过的人是很难对52周MD理解得恰如其分的。

黄山岩松：出版我们的书的是同一家出版社，都是东方出版社，是国内非常权威的出版社，这家出版社对日本的书籍很重视，出版了很多稻盛和夫及一些日本企业家的书籍，特别是在零售技术方面，翻译出版了很多关于日本零售精细化管理方面的书籍。

铃木老师：这也是缘分！希望以后有缘合作。

五、52 周 MD 在日本的推进效果

黄山岩松：从提出到如今，52 周 MD 一共经历了哪些过程，是否比较顺利？它是如何对日本零售业界产生影响的？

铃木老师：日本优衣库的创始人柳井正曾经写过一本自传《一胜九败》，来描述他的非常艰难的创业过程。我与他类似，也是经历了无数的失败才渐渐地达到目前的境界的，即便现在，在我看来，真正把 52 周 MD 推进到最佳境界的也就 10% 多一点的成功率，大部分企业在引进了 52 周 MD 以后，也只能说是有效果，但效果不显著。（备注：这可能与国内的零售企业前几年学习胖东来和海底捞类似，真正学到位做到位的可以说不到 5%，极端一点甚至是 1% 都达不到。学习并不容易，但是我们要成长，除了学习还有什么更好的路可走呢？）

52 周 MD 的学习应用为什么这么难呢？核心原因在于它不会短期见效，而是需要长期坚持，循环往复地优化提升，才能真正取得效果，这才是它最难的地方。52 周 MD 有一个从低阶到中阶再到高阶的不断进化过程，即便在日本，也还是有很多急功近利的企业在推进 52 周 MD 时半途而废。所以，52 周 MD 从理论到实践的推进是一胜九败，这样说并不夸张。

前面说过，52 周 MD 包括三部分：经营强化、店铺活性化、企业组织的改革（这个是最重要的）。

首先是经营的强化。马上做的话，就可以取得效果，很多企业都进展顺利。比如把促销按照 52 周来设计，商品随之做些

改变，按照顾客的消费场景来设计和组织商品结构，让企业的营销活动更有活力，很多企业都能够比较容易地做到这一步。可能很多行业内的人认为 52 周 MD 很管用，非常有价值，带给企业的帮助非常大，大多是从这个层面来看的。其实，这是一个很浅的层面，如果没有后面两个层面相配合的话，是不太能够持续保持并持久提升的。

其次是店铺活性化。很多人将其理解成店铺设备的更新，店面的装修，让门店看起来更漂亮一点，这其实是误解。店铺活性化其实是门店软件的更新，是零售企业在门店把商品的价值传递给顾客，这方面要做的工作非常琐碎，而且上下的配合难度也很大，总部的营销设计要合适得体，便于门店理解和执行，而营运部门和门店则要对总部的营销方案理解准确、坚决地执行到位。在这方面很多企业遭遇了困难，导致 52 周 MD 的推进难以达到预期的效果。企业很容易陷入一个误区：总部设计看起来挺高大上，但门店因为工作量太大、不愿执行或者理解不到位，最后执行大打折扣。很多企业，包括日本的一些大型零售企业在这方面都出现了很多问题。

再次是组织的变革，这是最难的。在日本，超市里的大部分员工都是临时工、钟点工，文化素质普遍较低。要改变这些人的意识是非常难的，在其他国家难做到，在日本也是一样，是很难做到位的。技术很重要，但是想要渗透到员工的心里去，这一点非常难，做得好的企业也不多。我前面说过只有 10% 多一点的成功率，主要是指这一点，很多企业都是因为在这方面难以取得进步，最终导致 52 周 MD 难以持续推行或者是难以持久见效。

总而言之，在52周MD推进的过程中，作为总部，一定要对诸如理念、技术、方法这些理论性的东西有清楚的表达，而作为门店现场的管理人员及工作人员则一定要去理解它，把总部好的想法准确地传递给基层的素质不高的员工。但实际上，现在很多企业都是总部提出理论性的东西，门店理解度不高，完成度很低，然后循环就停止了，最终没有很好地传递到基层，取得应有的效果。

我感觉，有非常非常多的人做任何事情都是一样的，可能一开始都很兴奋，觉得很新鲜，感觉带来的价值很高，也很有兴趣去做，但做着做着发现达不到预期效果，就懈怠了，基本上是做到50%就放弃了。这是令我感到很遗憾的地方。

黄山岩松：日本52周MD做得最好的企业有哪几家？

铃木老师：52周MD在日本各企业推进的效果也是各不相同，效果非常好的、业绩成倍增长的都有。

有两家企业做得非常不错，但都不在东京，一家在四国，另一家在北海道。那些大公司反而很难达到最佳境界，大公司最主要的问题是商品部和企划部的人素质很高，很有想象力，但做出的计划太有难度了，大家执行的时候感觉太难了，所以没办法很好地执行下去。

在日本，52周MD执行得非常不错的两家企业都是中型企业，总部管理人员经常到现场询问门店相关人员："我这样设计、这样安排是不是很好，这些方面你们做起来感觉怎么样……"

因为总部经常去与门店沟通，所以总部企划/采购人员与门店负责人之间配合得非常好。

在日本 52 周 MD 推行得最好的，是一家中型偏大的企业（恕不能告知具体公司名称，在日本咨询界是不方便说出自己的客户名称的，因为并非所有的客户都是成功的）。这家公司在 2019 年拥有 94 家店、员工 4000 多人，年销售额达到 3000 亿日元。

那些大公司在这方面很难做到位，公司太大，上下沟通比较困难。中小型公司在这方面执行得则比较好，总部管理人员常常能够主动地到门店去沟通，上下沟通比较通畅，所以效果比较好。

现在，很多企业又把我的理论拿出来学习，越是经济困难的时候，我的理论对于企业的帮助可能越大，因为经济越困难，对门店的要求也越高。很多门店经营困难，大多是因为门店的体验感没有做出来，顾客到了门店看不到自己喜欢的东西、购物的氛围不好，没有体验，购物很少，更谈不上回头客了，久而久之，门店经营就会越来越困难。

黄山岩松： 还有哪些企业，您觉得推行 52 周 MD 做得挺不错的？

铃木老师： 你昨天参观的两家企业都做得挺不错，Life 这家企业成长得不错，属于三井集团，还有埼玉县的八百屋。这两家企业都挺不错的，最近几年一直都在提升。

目前日本经济在安倍经济学的影响下，经济环境虽然整体还行，但是商品的单价都在下降，对于所有企业来说这都是很让人头疼的事情。虽然这一点对于消费者而言是很好的事情，但是对于零售商而言，挑战却是很大的。

六、中国零售业需要 52 周 MD 吗？

黄山岩松：目前中国实体零售企业所面临的市场环境已经接近日本零售企业曾经面临的状态了。中国目前社会消费品零售总额虽然有 8%—9% 的增长，但是电商差不多要拿走 8% 左右，所以对于实体零售商而言，基本上就是面临零增长了，这与日本零售企业这二三十年所面临的情境非常相似。

目前虽然电商拿走了接近 30% 的市场份额，但对于大中小型实体零售企业来说，还有 70% 多的市场份额，这些企业要如何转型升级，所面临的情况其实与日本是一样的。所以，我个人觉得，在目前的市场环境下，实体零售企业借鉴日本零售企业精细化管理的经验，升级卖场的竞争力和企业整体的竞争力，让自己在今后的二三十年的市场竞争中能够活下去，还是非常有必要的。而根据我与曾经在日本学习工作近二十年的零售专家的交流，他们认为日本零售业的精细化管理主要以 7-ELEVEn 的单品管理和您所倡导的 52 周 MD 为代表，前者适用于便利店，后者对于社区超市和大卖场业态比较适合。

铃木老师：很赞同你的判断，日本的实体零售在整体的市场格局中所占的份额还是非常大的，一个非常重要的原因就是他们的现场体验做得很不错。我上次去合肥讲课，顺道在上海和合肥看了一些中国的零售门店，感觉它们的现场体验感与日本的境界还差距太远，今后提升的空间很大。

七、52 周 MD 在乐城超市推进效果如何？

铃木老师： 上年（2018 年）我给安徽合肥的生鲜传奇做了两次培训，不知道他们目前的变化怎样？

黄山岩松： 生鲜传奇板块采纳了老师上年教的 52 周 MD 技术以后，同店同比销售增长 20% 以上，效果比较突出。不过我感觉，它们还仍然处在您所说的经营强化这个阶段，在门店的活性化和灵动性方面还有很多很多的工作要做，至于组织机构变革和人员的改造之路那就更长了。

铃木老师： 很多大型零售企业很难推行我讲授的这些技术方法，因为通常它们都觉得自己很牛了，往往对外界的知识不是很敏感，学习的愿望也不是很强。

但是很多中小型企业在这些方面的学习动力却非常强，乐城在中国市场上就是一个典型，这家企业的学习力非常强，将来一定会很有希望的。乐城王卫的学习意识很强，我很欣赏！他就是那种我一眼看到就觉得学习力不一般的企业家！

八、如何学习和推进 52 周 MD?

黄山岩松：如何学习和推进 52 周 MD？

铃木老师：刚开始的阶段是从上到下，后面就需要从下往上，上下充分沟通，上下相互推动，才能很好地推进。从上到下，主要是把整体的营销理念、营销计划及商品规划往下传达，让下面能理解、能够落地执行；而从下往上沟通则是把门店和商圈变化的具体情况向上反馈，让上面在设计方案时能够考虑到各门店的不同点。

黄山岩松：推进 52 周 MD 的核心关键点是什么？

铃木老师：企业家真正理解它、接受它，愿意花很大的力度去推进它。我只要看这些企业家的表情就能够知道他愿意花多大的精力和决心去推进它了。我看乐城的王卫可以作为中国零售业企业家的典范，他身上有一种永不懈怠的精神力量，学习力非常强。

黄山岩松：王卫确实在这方面很有决心，他对于 52 周 MD 技术的评价非常高，认为这是日本精细化管理的精髓，是定海神针，类似于人体的脊椎，只有企业的一切工作都围绕它来展开，才可能在门店高效地呈现给顾客完美的体验感，企业也才有可能实现盈利。

铃木老师：一个公司社长是重视还是不重视，最后的效果差距非常大。一般来说，52 周 MD 的推进，至少需要两三年时间才能够真正见效，那些急功近利来推进 52 周 MD 的人最终是不会有多大收获的。类似于中国的中医中药，52 周 MD 是慢慢见效的，长期坚持的话是可以长久起效的。

九、企业各层管理者需要做哪些工作?

黄山岩松：在 52 周 MD 不断循序渐进推进的过程中，需要企业领导和中低层管理者做哪些工作?

铃木老师：领导阶层一定要深入理解，一知半解毫无意义。也千万不要因为感觉这是主流就赶紧去做，纯粹赶时髦，这样做毫无意义。

经营管理者和高层人员充分理解以后，就要亲自培训，让中层和基层人员理解。如果执行层一知半解的话，那么推进就会比较困难。

乐城王卫最好的地方就是把所有的高层、中层、基层管理人员（总部人员和区域经理及部分店长代表）都召集起来，这样的话，大家一起讨论一起理解，就比较好，可以形成比较好的理解力和执行力。

如果只是商品部门理解得好，但是下面的人理解得不透彻，那么最后执行的效果就不会太好。

总部的中高层管理人员理解了，一定要做成让大家都能够理解的东西出来，很多企业都是在这个环节出了问题，所以导致下面的人无法执行，没有实际可操作性，那是远远不够的。

自上而下的传达沟通能力非常非常重要，这方面没有做好的话，推行起来就会非常困难。

后方信息网络、物流、IT 都要解决前方的困难，使之更好地贴近顾客。如果一线员工做的工作太多的话，他们就很难去服务好门店的顾客。

现在日本的问题是，在办公室里做的工作越来越多，在卖场现场面对顾客的时间越来越少，这样就很难解决问题，这也是日本企业目前存在的最大的问题。一定要与顾客交流，去发现他们的需求点，去满足他们的需求，去增强他们的体验感。

现在有太多的计划、反省，太多了，反而把顾客忘记了。

很多老师做培训，都是对店长和高层讲得比较好，但是涉及具体的点，如果没有干过的话，就很难讲了。我是可以面向所有人去讲的，既可以讲理论性的，也可以讲实操性的，我在实操方面积累的经验也非常丰富。

黄山岩松：企业推行 52 周 MD 以后的工作量要比以前多很多，如何把握这个尺度？

铃木老师：这是一个比较有难度的问题，其实还是与一个企业的习惯有关，习惯产生效率，一开始大家不熟悉，笨手笨脚的，效率不高，越到后面，上下都熟悉了、沟通顺畅了，其实也就好办了。所以，推进的难度的把控也要循序渐进，由易到难，不可一下子难度太大，工作量提升得太快也是不行的，得走小步、走快步才行。

对于 52 周 MD，首先不要理解成简单的 52 周促销活动，其实每一周的平时与周末是不一样的，这样就是一周两变，一年下来就变成 104 周了。工作日要做实惠一点的，周末要做高单价的，早晨、中午、晚上都是不一样的，要从思想上去改变，与顾客的生活律动紧密联系起来，同频共振。

药品店 4—6 周变一次就可以，但是食品超市的话，可能就有 52 周、104 周、1095 周这样的概念了，它是一周一大变、一周两中变、一天三小变。所以，企业要从概念和价值观上做深层次的改变才行。

优衣库大店是 4—6 周变一次，但地铁车站的终端小店是一天变三次，上午、下午和晚上都不一样。

十、市场调查是一项最基本的功夫

黄山岩松：核心就是围绕顾客需求的变化，来设计我们的营销方案，去满足顾客的需求。在这个方面，我们如何做才能确保效果？

铃木老师：每个店铺要全方位地做调查、做分析，然后做商品、做分析、做营销，52 周只是数字上的概念，只有让它与市场的情况紧密结合起来，才有生命力。

黄山岩松：所有门店都要做全面调研，这个工作量很大，如何去做？

铃木老师：刚开始竞争店的调查都有很好的方法和手段，我在公开课及内训课的培训中会有大量的资料和实例介绍，当然最后的执行效果就要看各个企业的市场调查能力了。这是所有工作的前提，如果这个前提没有做好的话，后期要做得很到位是不可能的。

竞争店的调查非常重要，是做 52 周 MD 的前奏，这是前提。很多企业对市场调查的方法把握得不清楚，所以做得不到位。

7-ELEVEn 的市场调查做得非常到位，一有商机立刻就能够把握住，一有商品缺位，立刻就能够补上去，而其他便利公司做得就很不到位，所以竞争力就提不上去。

7-ELEVEn 市场调查到位、分析到位、执行到位，所以是一家真正好的企业。

十一、企业的风土是优秀与平庸的分水岭

黄山岩松： 除了这些之外，52 周 MD 的推进还需要注意把握哪些？

铃木老师： 组织的风土（注：也指企业的文化氛围）非常关键，它包括团队的凝聚力如何、平时如何开会、团结力怎样。这才是 52 周 MD 得以有效推进的真正的根基，也就是一个企业的风土。

黄山岩松： 组织的风土是否就是指一个企业的执行力？

铃木老师： 企业执行力，是从上到下的，大家都能够执行上面的指令，执行力就好。但组织的风土与执行力不一样，执行力只是从上到下，而风土则需要把门店和顾客的需求反馈上去，形成上下相互理解、相互合作的氛围才行。风土的含义虽然包括执行力，但是要比执行力更广更深刻。

[注：对于组织氛围的理解，我也是在经历了一年半的思考与总结以后才完全明白过来，那就是要能够打造一个智慧共享的组织，在绝大部分企业中，智慧自上而下的分享并不困难，困难的是由下向上以及横向各部门之间的智慧分享，这个做起来难度极大。因为企业管理中科层组织架构的设置，我们普遍强调下面对上面的服从，强调执行力，而很少去关注由下向上及横向的信息及智慧的分享，甚至为了达到某个方面的效率，我们会有意扼杀来自横向及下面的智慧，这就助长了本位主义、

部门利己主义的意识。在一切都是由上面设计好、下面只管执行的环境中，这样做也许还不会有多大的问题，比如在欧美的大卖场管理环境中。但是在强调门店的极致体验，需要发挥每个员工身上的热情、激情及智慧才能够让顾客体验到这种极致的六感体验（视觉、听觉、嗅觉、味觉、触觉及心觉——情感体验）的时候，如果不能做到横向信息及智慧的充分分享，不能做到由下向上的智慧分享，那就不可能带给顾客极致的六感体验。

每个人的智慧都是在别人的启发中萌生并发展壮大的（类似于艺术灵感的熏陶），与自己的情况越接近的人的智慧对自己的刺激会越大，与自己越相关的人的智慧对自己的启发也会越大。

所以，要想打造组织特有的文化氛围，关键要从如何有效实现组织内的智慧分享、智慧共享入手，特别是要高度重视由下向上以及横向部门之间的智慧分享。]

十二、52 周 MD 就是作、演、调

黄山岩松：52 周 MD 还有哪些更深的内涵？

铃木老师：52 周 MD，有很多内容包括在作（是指采购部门，总部制作商品销售指南）、演（是指营运部门，门店进行商品演示）、调（是指总部各部门，主要是企划部门，包括调查、调和及调整）中，这三个字牵涉每一个部门，涉及范围比较广。

十三、理论提出已经 15 年了，过时了吗？

黄山岩松： 52 周 MD 这一理论是 15 年前提出的，现在是否已经过时？

铃木老师： 以中国目前的情况，这个 15 年前所提出的理论还是适用的。中国目前引入 52 周 MD 还是处于起步阶段，而那时的理论恰恰适用于基础阶段，但日本在这 15 年来情况发生了很大的变化，所以我已经对这一理论做了修改，但基本的理论没有什么改变，只涉及一些技术环节。市场和环境都已经发生了变化，既然外部发生了变化，我们也要跟上去，所以做了一些修改，这在我的《52 周 MD（实战篇）》中体现得很明显。

十四、52 周 MD，对所有超市企业都有效吗？

黄山岩松： 除了调研很重要之外，其他还有哪些环节也很重要？

铃木老师： 52 周 MD 是有着严谨的推进逻辑的，市场调查—商品规划设计及采购—商品表演出来，还包括卖场设计、促销、如何推产品等环节，是一套比较复杂的推进系统。

中国与日本一样，每个超市的定位都是不一样的，有低端的，也有中端的、高端的。

黄山岩松： 是不是可以这样理解，无论低端还是高端，做

52 周 MD 都有效？

铃木老师：那当然。都一样，都要先做市场调查，再设置商品结构，然后在卖场进行活性化的表演把商品推给顾客，这些对于高中低端超市都是适用的。

在日本，以低价、便利性为主的超市，52 周 MD 做得比较少，普通超市运用 52 周 MD 的就比较多了，而诸如生活提案型的超市（Life、八百屋这一类），52 周 MD 运用得就非常多了，此时，本部给顾客的生活提案非常重要。

黄山岩松：生活提案型的超市在所有超市中的占比有多少？

铃木老师：在日本，低价超市占 10%，居于中间的普通超市占 85%，提案型的超市占 4%，无竞争的超市占 1%。

黄山岩松：是否只有提案型的超市推行 52 周 MD 才比较适合，其他都不太适合？

铃木老师：不是这样的。除了低价型超市 52 周 MD 运用得比较少之外，其他类型的超市都或多或少在运用 52 周 MD 的理论指导自己的运营管理工作。线下门店的体验感非常重要，除了低价型超市，其他超市做不好体验感是无法生存的，而且接下来竞争会更加激烈，普通型超市向提案型超市转化的越来越多。在中国，伴随着消费升级，这种转化会更多更快。

黄山岩松：便利型、普通型超市，如果运用了 52 周 MD，对于它们的竞争力提升、绩效改进提升是否有帮助？

　　铃木老师：它们也很需要的。现在竞争越来越激烈，体验感对于一家门店的生存影响越来越大，而 52 周 MD 能够有效地帮助门店提升体验感，所以便利型、普通型超市也是需要 52 周MD 的。52 周 MD 对于它们的经营能力提升和业绩提升也是有效果的，是可行的。

　　黄山岩松：生活提案型与价值志向型的差异在哪里？

　　铃木老师：生活提案型超市客群中，80% 的消费者不知道每天应该吃些什么才好，所以我们要给到他们各种生活提案，生活提案型超市相当于中高端超市。而价值志向型相当于要吃得更好，相当于高端超市，Life 已经接近于价值志向型了。

　　现在日本零售市场不断地在变化，目前两极在分化，生活提案型在增加，对于 52 周 MD 的运用也越来越娴熟、越来越深入，现场体验感也越来越好了。

十五、52 周 MD 技术在国内零售市场如何有效推进？

　　黄山岩松：乐城王卫是中国连锁协会社区商业管委会的主任，他对于全世界的零售业管理理论和实践是非常敏感的。他非常欣赏铃木老师的 52 周 MD 理论，认为 52 周 MD 是日本零售业精细化管理的精髓，目前国内很多企业对于 52 周 MD 都还不了解，可能第一阶段还是得让国内的企业对于 52 周 MD 有所了解。我们想先召集国内的零售企业，召集生活提案型企业和向往进一步提升企业竞争力的零售企业，先做公开课，然后再像乐城那样在企业内部推进，您看这样运作行不行？

铃木老师：我觉得你的这个想法非常好。企业家一定是先了解了 52 周 MD 是怎么回事，然后才会有更进一步的想法在企业内推进 52 周 MD 的，同时在培训中大家思想碰撞，也有利于大家形成对于未来推进 52 周 MD 所投入的资源及可能带来的结果的一个比较准确的预期，不至于一开始期望值过高，刚遇到一点小挫折就放弃。而且这些参加公开课的企业也可以形成一个研究群，来共同推进 52 周 MD，相互学习借鉴，推进的效果将会好很多。

黄山岩松：有企业做背书很关键。大家听了很多理论，如果还能够在企业现场感知这种理论带给他们的变化，效果就更佳了。在这方面，乐城的生鲜传奇及超市板块先行一步，已经有了不少的经验及教训，由他们来做一个分享，对于提高大家关于 52 周 MD 对于各企业的价值的认识肯定帮助是很大的。另外，我们还会邀请曾经在日本伊藤洋华堂和永旺超市这些企业工作过的、对 52 周 MD 的实际操作有一定认知的高层管理干部来做一个深层次的分享。这样的话，由老师您来讲理论框架，深入浅出地全面解剖 52 周 MD 的前世今生，解读其对于各超市公司的必要性及可行性，再由日资公司的前高管来进行深层解读如何在国内市场实际操作，再由乐城生鲜传奇做案例分享，还有我们在河南信阳百家超市做的一些初步的尝试，这样一来，对于国内各种零售企业的参考价值就比较大了。

　　铃木老师：这个想法很好，我很支持！关于我的情况，你们还可以这样介绍：我一共出了 17 本书。目前在日本出了 10 本书以上而且还健在的零售专家中，我排名第一。

　　（注：这是 2019 年 7 月 21 日在日本东京老火车站的咖啡馆里与铃木老师的对话内容，由毕业于日本早稻田大学、在日本永旺工作的陈仲麟先生担任翻译）

第一章

助力实体零售企业涅槃重生的天梯

第一节
目前国内零售企业的痛点在哪里？

最近这两三年，在与商超领域数百位企业老总的对话沟通中，我发现他们有如下的痛点：

一、找不到增量市场了

在一个存量市场上找不到增长点了。虽然现在社会消费品零售总额每年还在以 8%—9% 的增速在增长，但增量部分几乎都被电商给抢走了，区域实体零售面对的基本上就是一个无增长的存量市场（2020 年后半年，区域零售企业大多面对的已经是一个减量市场了，很多企业已经感受到了特别大的经营压力），在存量市场或减量市场上，以前靠把门店简单复制、规模做大就可以持续赢利的传统赢利模式走不通了，现在不仅新开门店迟迟难以赢利，就连老门店也受人力成本上升、租金增加、销售增长乏力，甚至是同比负增长、毛利率难提升等因素影响，从盈利丰厚变得利润单薄甚至转为亏损了。

其实，也并非没有增量市场了，而是说纯粹以价格营销为主的增量市场已经被抢光了，但是以价值营销为主的增量市场还大着呢！只是我们一直没有费力去打开它，就想当然地认为增量市场没有了！所谓的增量市场就是大家的新需求，这种新需求一定是要有新的商品、新的营销方式、新的展现方式、新的服务方式、新的顾客体验（视觉、听觉、嗅觉、味觉、触觉、心觉等六感体验）等等才能刺激出来的。

二、干了再说已经行不通了

国内区域零售企业已经习惯于想到就干，边干边修正，在机会遍地、企业成长的系统性风险不大的背景下，这样做的确容易把握机遇、快速成长起来，但是在如今机遇很少、企业外部风险越来越大的背景下，犹如发射卫星进入预定轨道一样，如果没有精准的系统的策划，那么失败将是必然。

安徽乐城超市、生鲜传奇董事长王卫曾经非常深刻地指出，我们与日本零售企业在精细化管理方面的差距就在于两个字："**计划**"！我们是无计划或者只有短期计划，边想边做，属于典型的**先行后思**，这在粗放式发展的年代是可行的，而且也是占优势的，然而日本企业总是先思考缜密了再渐次地持续地优化推进，他们是**先思后行，这在集约化发展的时代是必需的。**

其实，沃尔玛、家乐福这样的欧美企业也是有计划的，只是它们的计划由于受其饮食文化的基因的影响，变化不大，久而久之也就固化下来了。中国的企业则又需要一些变化来适应消费者的变化，于是师傅的模式是科学化管理，是高度强调标准化思维的，是可以无休止地重复同样的内容的，而徒弟面对的却是在科学之中还得加一些艺术，要有一些变化才行，但如何加入艺术还能够显得不乱，徒弟一直没找到感觉，所以才显得中国的企业缺少日本企业的那种计划性。

三、仅靠改变门店的硬件已经不管用了

门店也改造了，采购也到源头了，自有品牌也推了，为何还是难以持续增长？原因在哪里？看来仅仅门店好看、商品丰富一点、自采和自有品牌多一点，还是不够的，**得让商品开口说话才行**。

大约五年前，在国内市场上，基本上只要门店改造一下，效果立刻就可以显现出来，少的会增长 30%—50%，多的甚至会增长一两倍。现在不行了，如果只是硬件换了一下，里面软的部分，诸如商品结构、营销方式、与顾客的互动性、门店的活性化、顾客的综合体验等都没什么变化的话，那么这家门店改造后能够提升 20%—30% 就已经是非常不错的了。特别是在竞争激烈的市场，期望改造一下硬件就能够维持一年以上的增长，基本是不可能的了。

四、被电商和新零售带到沟里去了

这几年很多实体零售企业一直跟着电商的思路跑，跟着新零售的思路跑，结果发现钱烧了不少，却什么也没留下，企业不知道下一步该往哪里走了，因为已经没钱可烧，曾经的利润都给烧没了。

其实电商（含新零售）与区域零售企业的发展路径是不一

样的，两者的基因有着根本性的区别：电商与新零售普遍采用的是赌徒式的发展路径，是靠资本助力去尝试各种模式，这些电商（新零售）的背后往往是一些大资本大基金，它们往往会押注在若干个不同方向不同模式的企业身上，如同赛马中的押宝赛马一样，只要其中有一匹马跑赢了，它们就赚了。至于那些跑不赢的亏本的企业，原本自己的投资本金就不多，即便亏了也无所谓，无非是白干几年罢了，甚至可能在这几年中它仍是有回报的，也够本了！

但是对那些只能凭借自有资本及银行借贷进行原始资本积累滚动发展的区域零售企业来说，眼前的发展模式已经非常透明，想让大资本大基金投资赌博，它们根本不会有兴趣，因为低风险一定是低回报。只有别人不敢做，而且虽看似走不通可一旦走通了一定会有高回报的事情，才具有赌博的价值！

正因为电商（新零售）的发展逻辑与区域实体零售截然不同，我们才需要去寻找一种能够让自己发挥出相对竞争优势的发展路径，才会迎来光明灿烂的明天！

五、正确洞察消费者的需求

前两年，大家在对方便面市场下滑进行解读时，认为是顾客越来越懒了。结果呢？从 2018 年开始，方便面市场复苏了，美团网和饿了么的烧钱补贴并没有培养出一个日益变懒的消费群体，方便食品的自我革命才是品牌实现翻身的根本要素。所以，顾客变懒其实是个伪命题：正因为你不变，一年就一个样，甚至几年、十几年都一个样，一点新意都没有，人家凭什么不对你厌倦？不是顾客变懒而离开我们，而是我们的门店几年、十几年一成不变，**门店无趣无味，让顾客因审美疲劳而变懒，不想来看我们了！不想来光顾我们了！**

消费者的需求是多样的，而且彼此间也是可以替代的。当他觉得每次购物的体验千篇一律，都是购买几件促销商品图点便宜而已，那么很大概率上他就会选择可以直接替代的方式，比如在网上下单。但如果他觉得购物是一种享受，可以感受到生活中很美好的东西，他就会经常光顾。我曾经在伊藤洋华堂成都双楠店询问一些经常来光顾的顾客，他们说就是想来看一看，能够免费品尝、免费体验，还能够看到很多新的商品，感受到一些新的生活方式，这些都是不大容易从网上购物中体验到的，而在店里体验的话，则要直接得多，感受也更深刻。

六、消费升级是永远的主旋律

近几年，工薪阶层收入增长速度基本上快于 GDP 增长速度，国家实实在在的精准扶贫对于社会底层的兜底作用非常明显，但区域零售企业老板们的收入很少有增加的，所以社会的中层和底层的消费升级还是非常明显的。

以前冰箱、洗衣机卖一两千元甚至以上，现在四五百元甚至两三百元的大家电都有了，于是我们认为消费降级了，这其实是误解，那些消费能力强的家庭仍然会去买高级的家电，只有那些原先压根就买不起的人才会退而求其次，这些低价家电也都是通过把功能压缩到极致从而最大限度地降低成本才实现的。中国还有 6 亿人口月收入不足一千元，而这 6 亿人口中的消费支付能力处于最底层的那部分消费人口，能买一台两三百元、四五百元的大家电，对他们而言已经是升级消费了。所以，对于一个正持续实现经济增长的经济体来说，同时国家又在通过精准扶贫给予社会的最底层兜底，那么，它是没有理由消费降级的，一定是以消费升级作为主旋律的。

七、迷路了，该怎么办？

消费升级了，我们也跟着电商和新零售所代表的时代主旋律在跑，但为什么我们却毫无所得呢？究竟哪里出错了？

该找准我们自身的比较优势，在我们自身的强项上去下功夫才行，只有这样，区域的实体零售企业才有翻身的希望。

我们不拒绝新技术，但是我们一定要把新技术应用到对我们有利、对消费者也有利的方向上来，这就是要实现"有趣的卖场、快乐地工作"！

第二节
铃木老师是如何发现日本零售企业成长中的痛点的？

铃木哲男年逾七十，在日本零售业界健在的专家中是著书最多的，排名 TOP1，现已出版 17 本专著，他的《52 周 MD 理论篇——重点商品为中心运营力强化组织文化改革》《52 周 MD 实战篇——有趣的门店快乐地工作》在日本零售界影响非常之广。铃木老师在日本零售界素有**日本零售业的德鲁克**的美称！

铃木老师在 20 世纪 70 年代初加入日本的伊藤洋华堂，后来在公司总部负责门店改造部分，前后改造了几十家门店，这些门店刚改造完以后，增长都还不错，但是过了一两年就不再增长了，他意识到：**仅仅靠把门店变得漂亮一点已经无法维持门店的持续增长了！**

硬件之外，更为重要的软件如何去运作？苹果公司是硬件公司吗？不是，是软件生态公司，软件才更重要！

铃木老师也有同样的洞察！他认为零售业的软件更为重要！于是，1990 年 3 月他成立了自己的咨询公司，开始摸索如何从软件方面帮助零售企业做持续的经营能力和业绩的提升。

铃木老师还发现，在 90 年代以前，日本的超市行业发展机遇非常多，此时快速行动，由点及面，便能够把握商机快速成长。但是 90 年代以后，日本经济陷入零增长甚至负增长，企业若是谋虑不周，便会一步错步步错，局部的非系统性的优化，根本无法带来整体的持续性的优化。铃木老师顿悟到，**根据系统化管理思维的理论，一定要有一个整体性的谋划，才有可能推动一个企业的经营管理能力做长期的持续性的提升。**

在这种思想的指导下，经过二三十年的努力，铃木老师创造性地总结提炼出了 52 周 MD 的理念和技术。这套理论建立在系统性思维基础之上，主要从企业运营管理的软的方面去提升企业的经营管理能力，提升门店的综合竞争力。提出这一套理论以后，铃木老师开始不遗余力地在日本国内数百家零售企业中推广应用，目前在日本零售企业中，但凡稍微上点规模的，只要离开 52 周 MD，管理干部和员工就基本上不知道自己一天该干什么了。诸如大家非常熟悉的永旺公司、Life 超市等，都聘请铃木老师做长期顾问，永旺公司甚至规定公司管理人员必须通过铃木老师的理论考试才有资格晋升。由此可见 52 周 MD 对日本零售业的影响之广之深。

目前，在日本零售业界的精细化管理中主要有两项技术：52 周 MD 与品类管理，前者主要应用于超市和大的卖场，后者主要应用于 100 平方米上下的便利店业态。对于品类管理，国内很多零售企业都已经非常熟悉了，但是对于 52 周 MD，国内零售企业对此熟悉且有研究的企业家就很少了，但它对于提升超市和大的卖场整体运营能力及水平的帮助确实是非常大的。

第三节
铃木老师是如何具体解决这些痛点的？

一提到系统化管理、精细化管理，很多零售专家就想到如何在采购—营运—配送之间建立更默契的运营关系，或者是如何站在客户的角度建构各种场景去完善商品结构，然后切入到运营管理。这些系统化的建构虽然比以前的铁路警察各管一段的科层管理要进步一些，但还是不够彻底：一是缺乏顶层设计，二是难以持续地优化升级，很容易在推进中卡壳、停滞不前。

铃木老师首先从时间维度切入，以 52 周—104 中周—1095 小周这样的时间维度来确保我们的经营管理行为必须是持续的长久的，同时再以契合顾客的周期性消费行为的商品规划——基于二十四节气、节庆、公司重大活动及自创的花样百出的节日基础上的商品规划为总指挥棒，重构公司的组织架构、运营管理流程和企业文化体系，以超前的年—季度—月—周计划为先导，整体协同营销企划—采购—营运—配送四大部门，全面系统地规划各项工作，即把营销企划、商品品种规划、商品开发、库存管控、人力协调、销售有效管控这一整套系统全面打通，形成全面大循环+各自自循环的有机组织成长系统。这个卓越的系统就叫作"52 周 MD"。

52 周 MD 是通过"作—演—调"这样一个运作模式来展开的，作—演—调涉及公司的所有部门，需要各部门的深层次协调配合才有可能持续地推进下去。

上述是从企业运作层面来阐述的，而从顾客感知层面来看，把卖场变秀场，让顾客置身其间现场感受到五脏六腑的冲击波，有来自视觉、听觉、嗅觉、味觉、触觉、心觉（情感体验）等六感的立体冲击，其购物消费的欲望自然而然就被激发出来了。

让卖场与顾客的生活紧密相连，与顾客的生活保持高度的同频律动，引领顾客的生活，让卖场在顾客的生活中成为一个优秀的领舞者，而不是被动的陪舞者/跟舞者。20 世纪 90 年代以后，已经富裕起来的日本人在吃的方面也存在一个困惑——**我今天应该吃什么才好呢?** 我如何在想吃这些美食时就能够立刻得到呢? 在吃的方面怎么安排才能让每天的生活更加精彩、更有趣味/烟火气呢？

让顾客恋上卖场，爱上卖场，离不开卖场！根据 52 周 MD 的安排，一家卖场每周有一个营销主题，那么一年就有 52 个营销主题，有 52 次大变样；每周又分工作日和休息日，工作日节奏快一点，休息日要吃得好一点，一周就有两次中变化，一年也就有 104 次中变化；还有每天的早中晚面对的顾客是不一样的，一天就有三小变，一年就相当于有 1095 次小变化。面对这样五彩缤纷、花样百出的卖场，它所展现给你的美好生活的景象，作为消费者，哪里还拿得出勇气去抗拒它呢？乖乖地跟着走就是了！

也许有人看到这里会问：这样做，顾客是满意了，但是管理干部和员工愿意干吗？

铃木老师自有解决之道！

对此，铃木老师又提出"有趣的卖场、快乐地工作"这一零售人的职业规范，日复一日地引导企业去践行、去坚持、去升级，久而久之，那些优秀的卖场就越做越好，各方面越来越顺手，效率也越来越高，这样的卖场也就越活越滋润，那些跟不上的卖场就被顾客抛弃了。**"做不到有趣的卖场不是好卖场，不能快乐地工作也不是真工作"**，铃木老师的这句座右铭，深刻地揭示出 52 周 MD 对于企业影响之大。

铃木老师一直强调，**实体零售企业一定要在顾客的体验升值、价值增值中去寻找卖场活下去的理由**，绝对不能偷懒，简单地一味地打价格战，这样只会让自己越来越退化，企业与消费者最后是双输：消费者得不到他内心想要的，于是拼命"虐待"门店——只买低价商品，而商家则在一轮又一轮没有底线的价格战中把自己的底裤也输掉了。52 周 MD 的推广正是帮助日本零售企业走出了这种恶性循环的旋涡，虽然员工的工作强度更大了，但是工作的创意和乐趣也更多了，员工也更有成就感了，企业围绕 52 周 MD 年复一年地修炼升级，周周不同、月月不同，年年都在进步，而且因为不打价格战，而是价值创造，门店的盈利始终有保障，再也不会是双输的结局了。

第四节
中国实体零售企业该往哪里去？

铃木老师的 52 周 MD 之于中国实体零售企业的价值类似于推行全面质量管理（戴明循环）的戴明博士之于日本制造业的价值。

20 世纪五六十年代，爱德华兹·戴明博士提出了全面质量管理的理论。但是美国在二战后迎来婴儿潮，需求旺盛，产品一直处于供不应求的状态，所以对于全面质量管理理论并没有多大的兴趣。与此同时，日本的产品则必须通过出口国外，才能够赢得更多的市场，而当时日本产品在国际上的形象与中国产品在一二十年前在国际上的形象差不多，基本上是质次价低的代言人。为了扭转这种不利形象，日本人邀请戴明博士到日本传授全面质量管理经验，指导戴明循环，结果日本的一大批国际知名企业，诸如松下、东芝、日立、索尼、丰田、日产等家电、汽车行业的企业就是在这种全面质量管理理论中持续地提升商品品质，从而最终在国际上获得了日本企业的产品品质就是好而且性价比还很高的良好评价。目前，"戴明质量奖"仍然是日本国内以外国人命名的最高奖项，可见戴明博士对于日本企业的价值有多大。

目前国内的实体零售企业最大的困惑是左也不是、右也不是，不知该如何选择了！以前还有领路人，即以沃尔玛、家乐福、欧尚、乐购（TESCO）等为代表的欧美企业作为领航，突然之间这些领先的企业不行了，无法领航了，那么该往哪里走？

一个声音是往线上走。因为现在顾客都变懒了，必须迎合顾客的懒，把他的整个购物行为变得极为简便，也就是待在家里点点鼠标就能够完成购物。购物已经成为生活的负担，它必须为很多其他有趣的事情让路，于是像大润发、步步高、大商等企业都大张旗鼓地往线上发展，期待在线上市场分一杯羹。但是几年以后它们发现：线上市场是一个高度集中化的市场，除了前两名阿里和京东——现在出了一个第三名拼多多——其他企业已经很难分一杯羹了。公司往线上发展，无疑是为那些垄断电商赠送嫁衣，因为线上市场的马太效应太强了，一个很小的价差，在线下几乎不会产生多大的销售波动，但是在线上却会被放大很多很多倍，因为顾客在线上发现价差和履约购物的交易成本极低，与之相对的，线下的这种交易成本却要高很多很多。

另一个声音是线上线下互动，既要做到店业务，也要做到家业务。这似乎是很不错的选择：两边都抓住，到店的客流减少了就用到家的业务来补。确实有不少的企业都做到了这一点，店内销售减少了，到家业务增加了，似乎总销售不仅没有减少，反而还增加了。这不是很好的选择吗？但是再去观察一下毛利及外租区的变化，发现并没有赚回来。对此我有一个形象的比喻：顾客到店购物是一鱼两吃，顾客购物给门店贡献一次毛利，然后在外租区逛街又给门店贡献一次客流红利；而顾客到家购物，基本上就只有贡献一点毛利了（还得扣除骑手送货的费用）。

也许有人会说，我也知道顾客到店购物好啊，但是现在顾客不来店里购物了，我能怎么办？还在店里守株待兔，那不是等死吗？

确实，如果我们不去深究顾客为何不来店里购物了，就会简单地认定现在的年轻人都变懒了，都赖在家里玩游戏了，都喜欢出去旅游了、健身了、去看电影了或是出去娱乐了，购物太没有意思了！

"门店无趣无味，让顾客审美疲劳而变懒，不想来看我们了！" 这才是顾客不愿来实体店购物的根源！

确实，并非顾客不愿意逛门店了，因为我们发现在成都伊藤洋华堂、胖东来、香江百货、湖北雅斯，顾客还是非常愿意逛超市的，因为他们的门店始终在变，虽然像胖东来和香江百货目前还没有做到像铃木老师在 52 周 MD 中所强调的那种有规律性有节奏的变化，还没有给到顾客每周必来的欣喜感、刺激感，每周不来一次就会失去什么的失落感，但是他们的门店相对于那些外资大卖场的变化已经要大很多很多了，他们在顾客的眼里仍然是非常有吸引力的！

所以，如何让门店做到在顾客眼里有趣，不要让顾客把购物仅仅当作一项很厌烦的任务，而是把它当作放松自己、享受生活、感受生活之美的大花园大博物馆，值得逛、值得看，那么顾客还有什么理由不来我们的门店里转转呢？

第五节
实体零售的主要转型方向究竟是什么？

如上所述，中国的实体零售企业的主要改造方向并非线上线下一体化，而是用 52 周 MD 去升级我们的卖场体验感，让顾客回归到卖场购物，对此，我们确实需要解放思想（注意：我在这里表达的是主要方向，而不是全部方向，在条件允许的情况下还是可以尝试线上业务的）。

如何判断零售业的发展方向？

可以借鉴吴军博士对于信息通信领域的发展趋势的判断理论：单位能量所传递的信息量的最大化。由这个理论他得出结论，大名鼎鼎的埃隆·马斯克的发射 1 万个卫星上天就是 6G 的论断是个伪命题，因为这样做不符合用更小的能量传递更大的信息量的规律，而从邮政到有线电话、再到无线电话、再到3G/4G/5G 时代的演绎都是遵循这一规律的。

以更低的成本向消费者传递更高的幸福生活指数，这应该是零售业的发展规律，从集市到传统百货商场、再到现代百货店及开架售货的超市、再到购物中心/现代百货/专卖店/大卖场/社区超市/电商共存的时代，这一路走来，要么是成本略增，人们的幸福生活指数显著增加，如从集市到传统百货商场这一跃；要么是人们的幸福生活指数没有大的变化，但成本显著下降，如电商的出现；或者是成本下降，人们的幸福生活指数上升（如从传统百货商场和集贸市场到现代百货店及开架售货的超市）。接下来我们要问的是：在今后的一二十年中，人们的幸福生活指数在超市所要解决的吃的方面应该包括哪些内容？除了线上服务所能够提供的便利性之外，还包括哪些更重要的内容？

很明显，如果我们假设人们在吃的方面的幸福生活需求主要是吃得便利，那么电商肯定是最佳的解决方案，到家业务所占的比重也就越来越高。但如果是商品的丰富性、关于美好生活的各种生活提案、卖场现场的综合体验感这些因素更重要的话，那么很显然，实体零售还有得玩。

由此，我们不难做出这样一个推论：当零售商只是卖商品，且只是低价地卖商品，而且消费者的主要诉求也就是低价时，此时电商和线上业务将占优势；但是当人们对于幸福生活指数给予更多的定义，在吃的方面，除了方便之外，它还包括吃得健康、吃得丰富、吃得多样性、吃得新鲜、吃得安全卫生、全方位体验感等因素的话，那么，**能够做到低成本地传递这种幸福生活指数的就只有被 52 周 MD 打造过的实体卖场了**，所以，**未来回归实体门店将是消费者的必然选择！**

以往我们在评估一家门店成败的时候，常常会认为：第一是位置，第二是位置，第三还是位置。然而，在现实中我却发现有很多超市位置不佳，但生意却很好，而又有一些超市位置绝佳，但生意却很惨淡。为什么？

在同质化竞争的时代，在大家只是卖商品的时代，彼此竞争的焦点都放在了价格上，此时自然是谁的位置更能吸引顾客的注意，谁的生意更好；但是，现在已经到了体验经济的时代，我们不再是只卖商品了，我们卖的是生活解决方案了，我们开始转向价值营销了，而且不再像以前那样主要局限于价格营销的战场了，此时衡量一家门店成败的关键点不再是网点位置，而是变成了：第一是体验，第二是体验，第三还是体验！

以前，在我居住的小区周围有十多家便利店，上海的各家便利店的牌子都有，丰富多彩，而且所处的位置都还不错。后来全家杀进来了，自然选择的位置都非常一般，然而现在那十多家便利店中生意最好的竟然就是全家的三家门店，因为全家便利的门店体验非常棒，商品很吸引人，会经常变换花样，门店的氛围很能吸引年轻的上班族及学生，特别是门店的即食商品对于目标客群非常有吸引力。总而言之，就是全家便利用它独特的卖场体验打败了周边的竞争对手。

第六节
中国的消费者已经开始变了

实体店必须重新思考：我们对于消费者而言，真正的价值究竟在哪里？

从 2022 年开始，中国每年奔向 60 岁的真正的"60 后"人口将增加 2500 万—3000 万人（图 1-1），而每年出生的人口却只有 1500 万—1600 万人，两者差距每年高达 1000 多万人。未来，面对人口老龄化、家庭小型化（一人、两人的家庭会明显增多）、家庭少子化这种新的人口结构时，我们实体零售企业该做些什么？当老年人明显增多时，你认为老年人愿意做宅男宅女，只是在家里下单，然后等待快递上门？如果只是这样的判断，那就大错特错了！

图 1-1　出生人口趋势

中国目前的人均预期寿命只有 76.7 岁，我们在未来的 10—20 年内完全有可能赶上日本目前的人均预期寿命水平，即达到 84.2 岁。相对于如今的日本，我们至少还有 7.5 岁的增长空间，在这方面除了医学更加发达、广场舞等可以帮助大家更多地运动，能够继续对人们的健康长寿做一些贡献之外，其实实体零售企业，特别是商超行业可做的事情会更多，会更有价值，因为病从口入，"管住嘴、迈开腿"，健康也是从口开始把关的，对于吃好、吃健康这件事情，实体商超企业所担当的使命更大。

如果说过去的 20 年，由于有着庞大人口基数的"60 后""70 后"渐次成为三四十岁的消费主力，其后陆续登台的"80

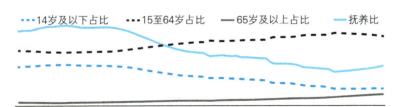

图1-2　各个年龄人口占比与抚养比

后""90后"的人口基数每年也有2000万—2500万人，这四代年轻人口大军浩浩荡荡地走来，加上刚刚从贫困渐渐走向温饱，然后又逐步走向全面小康水平的中国人对于超市商品的主要诉求还是吃得多一点、吃得便宜一点，这两个因素叠加，便助推了国内大卖场（2012年前）和电商（2012年至今）相继高速增长的两波巨大红利。但是从2022年开始，年轻人占比将越来越小，老年人占比将越来越大，对于我们这些勤劳的"50后""60后""70后"们，消费主张中方便便宜所占的比例将会越来越低，而对于吃得健康、吃得丰富、吃得多样性、吃得新鲜、吃得安全卫生、全方位体验感等这些诉求将会比电商擅长的方便主张更重要（电商在生鲜领域是无法做到便宜的，目前消费者感觉到的便宜都是电商企业和新零售企业烧钱补贴烧出来的，一旦不烧钱了，这些伪需求立刻就不存在了）。这些年，我们都在电商的实实在在的红利时代被电商大佬们的主张洗脑了，我们变得不知道自己该做什么好了！实体零售也去做自己的基因中并不擅长的线上购物、跨境购、前置仓、到家业务等等，结果发现这些都是让自己的实体的竞争力更加衰弱的馊主意或平庸主张，**我们把自己的核心竞争力弄丢了！**

那么，实体店在满足消费者的吃得健康、吃得丰富、吃得多样性、吃得新鲜、吃得安全卫生、全方位体验感等这些诉求方面是否比电商更有优势呢？答案是肯定的！

上海一顾客的消费体验：夏日的某一天，某公司白领小王正在发愁是否要去大卖场购物或者去超市购物，她已经很长时间没有去大卖场购物了，洗化用品和日用品基本上都是在网上解决，感觉网上的选择空间更大，价格也相对便宜，至于食品和生鲜，以前每次去大卖场并没有多大的冲动，也看不到多少新商品，超市与顾客的互动很少，地堆的陈列也是与十几年前差不多，确实没有什么能够激起自己购物的兴趣和冲动，好像要买的东西在网上都能买得到，现在上叮咚买菜、每日优鲜和盒马鲜生买菜都挺方便，也没感觉买到的东西有多大的不合适。而去大卖场，好像就只是冲着它们有些东西便宜才去的，但是去了以后也没有感觉便宜到哪里去，加上工作忙，去一趟大卖场还需要花很多时间（一般往返都要2小时以上），实在是难以打起精神去大卖场了。算了，还是到附近的超市或者菜场买点东西就OK了，实在需要补充的，就上网买得了。

成都一顾客的消费体验：秋天的某一天，在伊藤洋华堂的双楠店，一对小夫妻带着两个小孩正在那里的就餐区吃东西，我瞅准空当，就与他们攀谈起来。女顾客说："我们是这里的常客，我老公周末会陪我来一趟，平常我自己可能还会在每周的空当来1—2趟。这里的服务非常好，蔬果熟食水产面包食品这些区域有三四十个免费品尝点，中午如果没有吃饭的话，在这里也能够免费吃个半饱，而且大多是刚上市或者让人感觉很有特色的新东西，体验起来非常爽。这种购物很有乐趣，在其他品牌的卖场是体验不到这么周到的服务的。这里的促销员从来不劝我们买东西，只是告诉我们这些东西怎么好吃，比如梨子多汁又脆又甜啦，苹果的甜度是多少啦，口感怎么样啦，那些促销员都会告诉我们。我们两个小孩也很喜欢来玩，因为能够吃到很多好吃的东西，虽然都不好意思多吃，毕竟商家也要花钱的，我们一般都会至少买两三样品尝过的好吃的东西带走的，不会白占他们商家的便宜的。而且往往这些品尝后再买的，基本上都是没有做过采购计划的，都是冲动型购买的。"男顾客抢着说："伊藤的体验真的做得非常好，我是做 IT 的，常去全国各地出差，但是出去的时候常常发愁，没有几家超市值得我去逛逛、去买东西的。感觉在那些地方的超市买东西真的不如在网上买，太没有体验感了，新东西品尝不到，即使有品尝，也是一个劲儿地劝你买，生怕你占了他便宜一样。"

许昌一顾客的消费体验：河南许昌的胖东来生活广场，在二楼的收银口处，一名三十多岁的男顾客正在排队结算，我乘机与他攀谈起来。他说："我们一家常来这里购物，我老婆孩子他们在外面等我。每次来这里都感觉这里的服务特别好，小姑娘长得很好看，小伙子很热情，他们会向你推荐各种各样好吃的东西，让你品尝，但从来不会劝你买。而且那些东西他们自己都是品尝过的，因为你尝了以后，无论是酸了甜了苦了脆了有嚼劲了，他们都能够说得明明白白的，与你体验到的很一致。我也经常会买一些事先没有计划的东西，小孩子特别希望来玩，因为有各种好吃的东西可以先尝后买，当时尝了就可以做决定，不会买了很多不好吃的便宜东西回去再后悔。东来哥这里的面点熟食我们都非常喜欢，买点回去，请几个朋友聚聚或者一家人聚聚，很得劲儿！中得很！我们很少去网上买东西，我们经常买的东西都不一样，网上的东西也不知道好吃不好吃，也不知道那些东西中不中，虽然现在网上假货也不多见了，但是要合自己的意还是很难的，人家评论的也不敢相信，感觉还是自己看了摸了闻了品尝过了，买起来更放心一些。每次来购物，都感觉像过节一样，很放松，跟出去旅游差不多，出去旅游其实也就是一些人聚在一起吃东西聊天打牌，还不如在这里体验好呢，哪里有这里的东西这么丰富、这么好吃，每个月、每个礼拜都不一样，很得劲儿！"

第七节
实体卖场在打造体验感方面可以大有作为

只要国内的实体零售企业能按照铃木老师的"作—演—调"的工作模式把 52 周 MD 有效地导入到自己的门店，**让门店成为商品表演的舞台、成为秀场，持续不断地高密度、高频率地给到顾客丰富多彩的生活提案，让那些从小康走向富裕且对于每天应该吃点什么发愁的消费者找到归宿感、找到兴奋点，能够在我们的实体卖场去感受生活的美好，**我们就不再是像现在的大卖场和电商那样，仅仅以价格诉求去卖商品给消费者，而是以综合性的价值诉求去卖生活，甚至是卖美好生活给消费者。

那么，怎么才能做到卖生活给顾客呢？是不是每家门店都要达到成都伊藤洋华堂的境界，才算是卖生活给顾客呢？

很显然不是这样的。卖生活给顾客也是有层级的，成都的伊藤洋华堂经历了二十多年的迭代，目前已经达到比较高的境界了，否则他们的领头羊——三枝富博先生也就不会回到日本去担任伊藤洋华堂的社长了，2017年年底由领导中国9家门店变成领导全球180多家伊藤洋华堂店铺的大领导了。

其实，我们只需要勇敢地去面对一个现实：现在几乎所有的大卖场的2周一档的海报，只有开档后的3—4天是有效的，其余的10—11天基本上就是无效陈列，费人费力费钱不讨好，完全是价格比拼/价格诉求。这种拿自己的弱项去与电商竞争的策略真的是大错特错了！（就像十多年前的电影院如果不做系统性升级，而是把票价卖得更低，以便与更低价的DVD/VCD竞争一样，这是自取灭亡！）

那么，如果我们把这种营销方式转化成前述的每周一个主题营销方案，一年52次大变样、104次中变样、1095次小变样，当顾客置身这样的购物环境中时，他们的诉求还会是仅仅价格便宜这一点吗？2019年上半年，乐城生鲜传奇开始全面推进52周MD，仅仅做到了上述的一小步，就已经使得他们的可比门店的业绩增长20%以上了。由此可见，顾客对于这种有乐趣的卖场是多么渴望！

如果我们认真地翻看一下国内包括大润发、沃尔玛、永辉、家乐福等这些有代表性的商超零售企业的海报，就不难发现，除了海报标题，下面的内容（2周一档，一年26档）除了告诉我们"我这里便宜"之外，几乎没有别的更有价值、更有吸引力的信息了！

便宜固然很重要，可以让顾客的钱包相对地经花，让顾客有限的钱包可以买更多的东西，但是渐渐富裕起来的中国人，除了买更多之外，已经开始追求"不要撞衫""我要吃得健康、吃得长寿、吃得卫生安全、吃得美味、吃得每天都不一样"，以前是人家买耐克我也要买耐克，现在我期望我的这款是全世界独一无二的，以前是人家吃什么我也要吃什么，现在则是我的身体在当下需要我吃什么，我的味蕾要我吃什么（味蕾是受视觉、听觉、嗅觉、味觉、触觉、心觉等六觉的综合影响的），我就能够吃到什么！

什么才是门店特别是商超领域的门店的独特的体验感呢？

第一是视觉。门店的主题营销氛围如何？是否有吸引力？是否在提示我该吃什么、该用什么了？什么样的生活方式才是健康的、安全的、令人愉悦的？我们看到门店的货架陈列、端架陈列、地堆陈列，有没有一种赏心悦目的舒适的感觉？

第二是听觉。门店是否嘈杂？是声音刺耳得让你不愿意再多停留一分钟，还是寂静得像是要关门的样子？你所听到的音乐背景、叫卖声、促销员推荐商品的声音是否让你感觉舒适悦耳？周边的声音是否让你愿意在门店里多停留一下？

第三是嗅觉。你闻到的是香味，是让你感觉舒适的味道，还是让你感觉不舒服的异味？生鲜区散发出的食品的特有香味是否让你口水直流，直接刺激你的味蕾？食品区的免费品尝能否让你闻到食品特有的香味和舒适的气味？非食品区中特别是洗化类，你能够闻一闻那些商品的气味吗？那些花香味中有没有你所喜欢的？

第四是味觉。这里有足够多的免费品尝吗？我能够来这里直接就找到我喜欢的那些口味的食物或食品吗？每次会有让我的味蕾心动的新商品吗？只有经过我的味蕾检验过的食品我才能够放得下心去吃哦。

第五是触觉。很多不能闻、不能吃的东西，却是可以通过手感及触碰脸部肌肤的感觉来体验的，比如各种生活用纸、纺织品、日用品，可能都需要我们碰一碰、摸一摸才会有好的感觉。

第六是心觉。这是我在国内服务最好的超市——胖东来才感觉到的，那些小伙子、小姑娘对你会心一笑，犹如邻家小弟小妹的莞尔和亲切，一声哥、姐的招呼，瞬间把你呼唤到了亲情的氛围中。这种亲情体验就是心觉——情感体验，这是只有用心才能表达，只有用心才能够体验到的。

只要实体卖场花心思把这六种体验都做到位的话，我相信，上面所说的"第一是体验、第二是体验、第三还是体验"还是经得住检验的！

实体店如果把这六种体验做到位了，也就突出了价值营销了，只有价值营销，企业才可能实现差异化经营，才可能获得良性的成长和壮大。

第八节
中国特有的饮食文化

关于吃这件事情，中国与欧美是有着很大不同的，这也是国内的菜市场兴旺发达、长盛不衰的关键原因，因为它的新鲜和差异化至今没有哪家超市可以替代（尽管菜市场的菜早已不比超市便宜了，在上海，菜市场一般要比超市贵 10%—30%）。在欧美（主要是美国），中午麦当劳、晚上肯德基，第二天又是麦当劳、肯德基……如此吃上一周，大家都还觉得很不错，营养又健康，可接受！但放在中国，中午麦当劳、晚上肯德基，肯定有90%的人会不开心，如果第二天还是麦当劳、肯德基的话，那么95%以上的中国人会摔碗抗议了。即便我们把红烧肉、烤羊排、大海鲜当作美食，也不希望在家里中午和晚上、今天和明天吃的一模一样，我们期待天天都有变化！

发展成长于欧美的家乐福和沃尔玛们怎么可能理解得了渐渐富裕起来的中国人的这种消费需求的变化呢？其实，在吃的方面，追求不一样、追求变化、追求丰富多彩是中华民族的基因传承下来的！

那么，谁才能够真正做到让富裕起来的中国人对于美好生活的价值主张得偿所愿呢？是一年没变化、二十多年也没啥变化、如今日渐衰落的家乐福、沃尔玛式的大卖场们吗？不是。他们做不到，至少是现在还没有做到，也还没有醒悟到要去做！

因为他们的生活基因中缺乏这个东西，而被家乐福沃尔玛这些老师们培养出来的学生们自然也不会想到或者很难想到要去颠覆自己的老师们的做法了！

中国的饮食文化中最突出的其实就是两点：

一是讲究食材的极度新鲜。为什么尽管上海有这么多的超市，菜市场还是无法被替代，一个很重要的原因就是超市里面的菜没有菜市场的看起来新鲜。

二是食材及加工方法的多样性。在中国，关于热食有 24 种烹饪方法，如炒、炸、熘、爆、烹、炖、焖、煨、烧、扒、煮、汆、烩、煎、贴、蒸、烤、涮、熬、拔丝、蜜汁、瓤、盐焗等；凉菜的主要烹饪方式则有炝、拌、腌、卤、冻、酥、熏、酱、卷、腊、挂霜、灌等 12 种。这些还只是常用的烹饪方法，并不包括全国各省市的各个菜系以及各少数民族所独有的一些烹饪方法。

基于上述这两种独特性，中国有五千年文明所传承下来的八大菜系、5000 多种非工厂化生产的五谷杂粮面点制品。

中国人的饮食文化不仅会在餐馆里体现出来，今后随着生活水平的提高，更会在各自的家庭餐桌上体现出来，这就考验我们这些为消费者提供食材和半成品或者食物的商超企业的智慧了。

第九节
区域零售企业可以超越老师了

我觉得应该是那些渐渐觉醒的中国零售企业开始领航的时

候了，尤其以胖东来、香江百货、湖北雅斯、深圳天虹、北京超市发等本土企业为代表的新一代卖场正在这方面进行探索，他们已经在朝着这个方向走了。有点可惜的是，他们大多只是看到了商品丰富这件事情很重要，但还没有领悟到让丰富的商品表演出来要比商品丰富本身重要十倍百倍！丰富的商品表演不出来那只是静态的丰富，冲击力及现场感受力是不强的，而当丰富的商品以动态的方式展现出来了以后，其魔幻般的冲击力及现场体验感才会通过五脏六腑让顾客感受得痛快淋漓！

所以，用52周MD这个理念和技术去重新改造中国的大卖场和超市、去改造曾经被家乐福、沃尔玛这些师傅们标注的模板式的大卖场和超市，把卖场变成商品的秀场，变成美好生活的展示厅，全方位地满足从小康走向富裕的中国消费者的价值诉求，这是一件比较靠谱的事情，至少对于广大的实体零售商来说，是一件比追求线上销售、跨境购、无人店铺、前置仓、到家业务等更为靠谱的事情。

为什么这么说？

对于广大的实体零售商来说，追求线上销售、跨境购、无人店铺、前置仓、到家业务等，目前都是在赔钱赚吆喝，而且未来赢得的也将只是一个小趋势！因为这些业务只能满足消费者的便利诉求，但这只是消费者所有诉求的一部分。甚至未来就像实体电影院从CVD/DVD的包围圈中重生一样，买便宜的商品——看个故事情节，将会有同样的结局，那就是如同20年前的阶梯教室式的体验感极差的电影院败给更加便宜的DVD一样。

当卖场变成秀场，变成美好生活的展示厅的时候，消费者一定会越来越多地走进实体零售店的，就像用 3D/4D/IMAX/环绕立体声等技术大大丰富了电影的表现形式，用小影厅/沙发座/IMAX/环绕立体声提升了观影的舒适感，顾客被从 DVD 前面线上观影拉回到电影院实体观影一样，未来将会有越来越多的顾客回到实体卖场，因为这里更能让他全身心地感受到生活的美好，体验感更丰富更强烈。

而把卖场变成秀场、变成美好生活的展示厅这件事情，花费并不多，舞台也是可简可繁，北京的大饭店是繁华是丰富，而北京庙会里的各种餐饮绝活儿也同样是繁华是丰富，一年 52 周，52 次大表演、104 次中表演、1095 次小表演，只要我们把这种感觉做出来，那就一定会是有中国特色的卖场，也将是中国实体零售对于家乐福、沃尔玛式的大卖场进行彻底改造以后对于世界零售企业的重大贡献！

该是我们抛弃传统大卖场的时候了，只卖便宜，没有生活质感的卖场，顾客肯定是只愿意待在家里下单的；也该是不被所谓的新零售诱惑的时候了，不要再被一个个只烧钱不赚钱、难以持续发展的坑所蒙骗，重新开创拥有实体零售比较优势的新卖场的新时代吧，让顾客像回归电影院那样再重新回到实体卖场吧！这不仅可能，而且完完全全可以做到！

用 52 周 MD 全方位改造卖场，从可见的硬件升级，到无形的软件——商品的丰富与变化、门店活性化、组织架构、运营流程、企业文化升级，我们是一定可以开创足以让顾客回归实体店的零售新时代的。

这才是零售的真正的本质——卖美好幸福的生活给顾客，

而不仅仅是卖廉价的商品给顾客！只有这样的零售才永远不会被顾客所抛弃！背离这一基本点的所有新零售都将是海市蜃楼！

在我看来，零售有三重境界：第一重境界是卖商品给顾客；第二重境界是卖生活给顾客；第三重也是最高的境界是卖美好幸福的生活给顾客。

只要中国的零售企业能够做到卖美好幸福的生活给顾客了，我们也就超越自己的老师了！期待有生之年就能够看到那一天！

第二章

52 周 MD 的定义、
价值及目的

第一节
52 周 MD 的定义

"52 周 MD"，即 52 周商品规划。我觉得其他行业也是知道这个名词的大概意思的。我对于 52 周 MD 的定义是：以每周的重点商品为中心，联动商品计划、销售计划和促销计划的组织架构。虽然这是我给它下的一个暂定的定义，但由于没有其他人决定，这个定义就沿用至今了。

阅读本周的"卖场制作情报"，不仅要把这些在卖场实现，更要在陈列上下功夫，自己处理品类管理，订购了多少、卖了多少这些事当然是在一般的卖场中要做的事。在此基础上，为什么是 52 周 MD？本书中会依次说明如何建立整体运转良好的组织架构，也就是说，认真地打造智慧共享的连锁店本身就包含了这样的意思。不是单纯只看店铺数量多就好，组织内的每个人都需要承担自己的职责，能分享运用智慧，这样综合去衡量员工数量和店铺的数量才有意义。确认这样的事的工作方法，就是 52 周 MD。也可以这样理解：52 周 MD 和这些全都是有关系的。

第二节
以重点商品为中心的"店铺活性化"

翻新是"店铺活性化"的一种方法。不过,翻新并非只是改变硬件布局,重要的是软件的翻新。所谓软件,是指诸如理念、商品计划、品种齐全、服务、呈现方式、销售策略和传达方法等这些内容。硬件则是指设备,如门店布局、货架、内部装修等。往往一说起店铺活性化,人们马上就想到变更布局。其实,硬件是软件的结果:软件提升后,硬件会随之提升。以商品为中心确认卖场这种每周的工作,实际上也和店铺活性化相关。

以重点商品为中心的 52 周 MD,作为组织氛围改革的一种手段也是有作用的。但遗憾的是,"重点商品"这个词语,正因为容易懂,所以误解似乎还很多,我觉得没低估了它。虽然之前叙述了关于"52 周 MD 和重点商品计划的正确理解和推进"这个主题,但实际上我想和大家说的是:"为什么要实行以重点商品为中心的 52 周 MD 呢?"52 周 MD 是我自身从事咨询工作时的一个有力武器。作为咨询顾问,不仅要道理上讲得通,还要取得成果、得出最终结果。为此,我进行调查并使之体系化。在这十年间,我按照自己的理解方式进行了总结归纳,然后在很多客户企业及门店中进行实践,由此验证了 52 周 MD 的有效性。

零售行业中是没有新的创意、新的技术的。之所以这么说，并不是说这个行业是夕阳产业，而是说基本上类似创意的东西都出尽了。现在面临的问题，不是如何激发创意，而是进入了持续创意的机制竞争。

第三节
52 周 MD 中特别强调重点商品的价值所在

我之所以想把重点商品体系化，缘于如下三个契机：

第一，是否多样化的讨论。

第二，某家便利店的商品采购价目表。

第三，总部和店铺的信赖关系。

首先，大家是否都认为如今的时代是多样化的，不是集中化的？我曾在研讨会上询问参会者"您认为现在的时代是多样化的，还是集中化的"，基本上所有人都举手表示是多样化的，几乎没有人认为是集中化的。我的看法是"多样化中的集中化"。虽然多样化没有错，但是抓取数据、拣取事实来说的话，畅销商品还是相当集中的。比如说，在一家有 100 间店铺的企业里，若把各店畅销商品前五位列出来的话，有 90%—95% 是一样的。

把这个现象视作多样化中的集中化自然就明白了：如果每一间店铺都在卖同样的商品、提供同样的服务，那么，如何在商品和服务方面赢得竞争？这就涉及重点商品（重点主题）的确定。如果你强调多样化，这个是重点商品，那个也是重点商品，所有人都火力全开，在这种状态下，卖场一定会很混乱。但如果你强调多样化中的集中化，"虽然有各种各样的重点商品，但本周首先集中推广这个"，这样就可以使人锁定对象。

为了不陷入想当然的臆测中去，就要从事实的全部入手。我们至今为止已经学习了道理、理论。所谓理论都是由当时的事实积累而成的，只在当时才最为适用，允许理论的独断专行是不可取的。事实改变了，不再适用这个理论来说明的话，该理论也必须随之改变。难道你认为20年前、30年前学习的东西还能行得通吗？我总是在想，这样认为的人是不是没有正确看待事实。我并非要否定理论，理论是会改变的。理论是积累发展而成的，而非一开始就有的。

其次，我询问了某家便利店可乐的采购价目表，感到非常吃惊。的确，店铺中有40%以上的商品不怎么动销，因为售价高，这也许是理所当然的。但如果销售量大的话，成本一定也低，这就是大众优势的产物。如果将这些卖不出去的商品集中在某个地方卖的话，销售额会增加，购买量也会增加，从而也会产生大众优势，所以也可以称作重点商品。这也是我想把重点商品体系化的一个契机。

最后，总部和店铺之间没有构筑信赖关系，这对连锁店来说是个大问题。简单地说，就是两者之间关系很差。就算总部明确说明："这个是重点，要好好做呀"，不予理会的店铺（主管）也有很多。在店铺工作的人，有时候会说："总部一天到晚在干什么？"我自己就担任过总部职务很长时间，负责和店铺相关联的工作（店铺企划），因此非常明白两者的不同立场。

店铺的主管经常认为"总部什么也不做"，然而一旦这些人去总部赴任的话，又会认为"店铺不照总部说的去做"。对于没有成为规模经济（智慧分享）型的企业，虽然看起来所属的店铺数量和员工数量很多，但真正的问题是没有形成智慧的共有化。

我认为有一部分企业破产或者曾经的人气企业发展不顺利也是店铺和总部沟通不良导致的。有人认为企业发展不顺利是因为商品价格降低了，也有人认为是企业不能顺应时代的潮流，但在我看来，总部和店铺之间没有构筑信赖关系是问题的关键：既有按照总部的指示去做的店铺，也有没按照总部指示去做的店铺，店铺间的差距太大了。

总部和店铺之间有没有建立信赖关系是清晰可见的。我在想，如果大家聚在一起，以同样的视角、同样的语言、同样的基准相互交流的话，那么，总部和店铺之间一定能建立信赖关系。当今时代总部和店铺早已不再是上下级关系，而是变成了各担职责的横向关系。基于这一认识，以重点商品为核心，就可以构筑起总部和店铺的信赖关系。这和组织氛围改革密切相关。

第四节
52 周 MD 的目的是什么？

之所以要推行 52 周 MD，目的有三个：

第一，强化以重点商品为中心的营运力。

第二，构筑总部和店铺的信赖关系（实现店铺活性化）。

第三，追求规模经济优势（含智慧分享）。

其中，关于"规模经济优势"，既包含商品的规模优势，但智慧的共有化也是规模经济的优势之一。

基于这样的目的，至今为止我一直致力于 52 周 MD 的推广工作，虽然取得了一定的成果，但还十分不足。今后，我将在改善上下更多功夫，使之进一步系统化。

第三章

以重点商品为主轴
进行店铺打造

第一节
重点商品（重点主题）是什么

一、三个定义

接下来，介绍一下重点商品的定义（现阶段好像还没人对此作出更好的定义，如果有更好的说法，我会向之学习）：

第一，"现在卖得最好的商品以及上年同期卖得好的商品"（这样定义似乎有些抽象，后文会进一步补充说明。之所以这样说，目的在于保证即使是店铺雇佣的小时工也能明白其中的含义）。

第二，"电视或者杂志等大众媒体宣传的、有人气的商品"。

第三，"在时令商品（新商品）以及商品的生命周期上，现在必须介绍的商品"。

基于上述三个定义，把其中销售额构成比高的，或者毛利额构成比高的商品确定为重点商品（重点主题）。所以，重点商品不是门店凭借自己的喜好随意决定的，而是公司分析决定的。

想知道目标、计划是否达成，究竟是畅销还是滞销，要跟平均数来进行对比才有意义。记住：如果不是用数据来说话，就不能成为全员的共同语言。

在零售界，有诸多抽象的语言，比如"推销（销售）""呈现出量感（陈列）""采购的量要不能发生断货"等在自然而然地使用着。那么，怎样才能做到使用同样的语言、同样的视角、同样的基准说话呢？就是尽可能用数据来说话，比如"消化率不满 50% 的商品，傍晚 5 点时小 A 推荐叫卖一下""4 个排面以上，两端陈列展开""以 PI 值 50 为目标采购"等等。

零售界存在很多大家都知道并能接受的语言，比如"80/20"或者"20/80"法则，换句话来说就是"二八法则"或"重点管理法则"。二八法则，简单来说就是 20% 的商品贡献了整体的 80% 的销售额，或者 20% 的人达成了整体的 80% 的工作（不过现实里，因为商品也有不同，我觉得应该是 30/70 左右）。像这样用数据来说话，大家是不是就能理解了？不仅仅是零售业，厂家也好，批发商也好，都是如此。因此，优先着眼于 20%，也就是确定重点商品的原因。

一年是 52 周。按周统计上年的销售业绩，把卖得最好的那一周排在第 1 位，卖得最差的排在第 52 位，如此一来从第 1 位到第 52 位的顺序就排列清晰了。然后选择排位靠前的 20%（52 周×排名靠前的 20%），这样排名在第 10 位的就变成了分水岭。也就是说，按周排列后从第 1 位到第 10 位的周的商品是"上年卖得好的、畅销的商品"，这是确定的。（如果排名第 11、12 位的销售额与第 10 位基本相同的话，那么把它归为畅销商品也可以。）如果不能像这样用数据和事实来说话，就会有人不理解，"哎，这是重点商品吗？""好像别的商品比这个更好吧"，如此一来会在卖场造成混乱。大家都必须用共同的语言、共同的基准来交流，是在相互认同的前提下工作，而不是被强迫着工作。

在组织里能够有效地工作是很重要的。

二、对于重点商品一定要深入分析其畅销的理由

世界上没有卖不出去的商品。我觉得日本有制作做得专业的人，却没有销售做得专业的人。过去我在门店负责家庭用品采购的时候，曾去过位于东京足立区的夜间工厂，去过金属工厂，去过轮岛的油漆喷涂工房，也去过奈良的塑料工厂等等，工人都煞费苦心制作质量精良的产品。

一旦商品卖不掉就马上降价，并很容易把责任推卸到总部头上。相反，一旦商品畅销却很容易认为是自己的销售策略好。这不是有点奇怪吗？我坚信没有卖不出去的商品，之所以卖不掉，应该从店铺的销售策略、呈现方式、传达方式等方面考虑是不是功夫下得不够。为了实现畅销，我们需要寻找更多的销售理由，并赋予意义。我认为这是非常重要的事。

畅销商品一定有其畅销的理由。大家知道为什么每年2月巧克力板都卖得好吗？根据统计，在每一年的情人节期间巧克力板都以1.3倍的速度在增长，但每年巧克力的整体市场规模基本上是不变的。为什么会这样呢？答案在于手做巧克力。手工制作巧克力赠送朋友叫作"朋友巧克力"。因为要送给好几个朋友，不是一块、两块巧克力板就够的，通常都要买五六块，然后溶解了放进不同形状的模具里成型，再赠送朋友。大家觉得赠送朋友巧克力的人有多少？我看了数字后吓了一跳：中学生里面几乎两人中就有一人，53%的人会赠送；高中生是46%，

小学生是20%。其中，初中生最为明显，平均每两人中就有一人送朋友巧克力的习惯似乎固定了。

实际上，在超市里我曾经有过和店长一起巡回卖场的经历。那个时候，店长看到巧克力板断货了，就对相关责任人说"这怎么行？巧克力板是不能断货的。这是畅销商品，要采购很多的"。然后那个时候我觉得是："啊？看来店长事先没有好好地掌握实际情况。"像"不要发生断货"这样的话谁都会说，而相关责任人是想知道其中的原因。如果在烦恼"已经比平时多采购了还是卖完了。这是为什么呢？"的时候，不知道其中的实情的话，那么到了明年，就有可能变成"为什么采购这么多"。

首先，抓住变成怎么样的事实。如果能够稍微明白一点畅销理由的话，那么我会认为采购平常的1.5倍比较好。即使会有多余，这样做也是应该的。但是如果不明白畅销的理由，一味地"为了防止断货而采购"，就会变成家常便饭。所以我希望要努力弄清畅销的理由。

上海尚益咨询公司自2019年7月以来一直在河南百家超市、湖北黄商集团、香江百货、胖东来等企业与他们交流和推广52周MD技术。在我们给客户方做营销主题或者小主题的品类筛选，或者是给出相关建议时，就是基于上述铃木老师分析重点商品的畅销理由。我们有如下心得体会，供大家参考：

先设立备选的重点商品。如何选择重点商品，首先要考虑重点商品备选池，将商品按照销售比重和增长趋势（在52周中的销售排名）分为四个象限进行筛选。

第一象限：一般按照中分类或者小分类进行筛选，比如可以设置销售权重大于2%、在52周中的销售排名为前10名（也可以设置为前15名）的中类或者小类。这些应该是本月或本周开展营销主题活动的核心品类，营销大主题必须从这些备选品类中产生。

第二象限：销售权重小于2%、但是在52周中的销售排名为前10名（也可以设置为前15名）的中类或者小类。这些应该是本月或本周开展营销主题活动中的小主题或者副主题的次核心品类，营销小主题应该从这些备选品类中产生。

第三象限：销售权重大于2%、但是在52周中的销售排名为前10名（也可以设置为前15名）之后的中类或者小类。在上述候选品类不足以开展营销活动的情况下，可以从这个象限中筛选品类，或者本年有特殊情况发生，比如在这些品类中找到了特别有竞争力的商品，或者本年有意在这些品类中做些突破性的尝试等。除此之外，不建议在第三象限筛选营销主题和小主题的商品。

第四象限：销售权重小于2%、且在52周中的销售排名为前10名（也可以设置为前15名）之后的中类或者小类，这些类别应该是不用考虑作为营销主题和小主题的商品的。

再从变化趋势上进行分析。变化趋势有以下几种：

①持续爬坡式：比如最近的四周是第15名、第10名、第8名、第5名，如果在52周中的波动趋势也是呈现这种状态的话，我们就可以放心大胆地选择这些品类作为营销主题，引爆的概率是非常大的。

②直升电梯上升式：比如最近的四周是第 30 名、第 40 名、第 35 名、第 8 名，这种突然上升的趋势大都与上年同期可能举办了某种短期的促销活动有关，那么本月是否选择这些品类作为营销主题，就要看后四周的变化趋势了，如果后四周还是停留在前 15 位，那么选择这个品类作为营销主题或者小主题也是可以的。但如果后四周都在前 15 名之外，就不建议将其作为营销主题。

③波浪起伏波动式：比如最近的四周是第 25 名、第 11 名、第 28 名、第 6 名，如果在 52 周中的波动趋势也是呈现这种状态的话，那么我们建议在选择这些品类作为营销小主题时要慎重，因为这种非趋势性的波动是很难唤起顾客消费的共鸣与共振的，只有更深入地了解上年同期做过哪些活动、选择过哪些单品，才能做出更准确的判断。

④陡峭悬崖下降式：比如最近的四周是第 7 名、第 21 名、第 36 名、第 48 名，如果在 52 周中的波动趋势是呈现这种下降趋势的话，肯定就不必选择作为营促销品类或者单品了。

⑤持续下坡式：比如最近的四周是第 3 名、第 7 名、第 12 名、第 15 名，如果在 52 周中的波动趋势也是呈现这种持续下坡的下降趋势的话，那么我们在选择这个品类作为营销主题或者小主题的时候就必须小心。虽然该品类最近的四周都在前 15 名之内，但从趋势来看，显然已经进入花季的后期了，我们能够享受的顾客消费的共鸣与共振的力度已经不大了，除非是在没有更好的选择的状况下，否则我们不建议选择这些品类作为营销的大主题，最多只能作为小主题，收割一点

消费的尾巴。

商品之所以畅销，通常有以下几种原因：

A. 上年同期做过促销活动所以畅销，而且这种促销活动与节气、习俗、假日因素或者企业自创的各种节没有关系。

B. 与节气、习俗、假日因素或者企业自创（由企划和采购发起）的各种节有关，是因为放大了这些消费热点的效用，所以产生了比较明显的高峰或高潮效应。

C. 由于门店自创的一些营销活动，虽然没有命名为某种特殊的节，但是对于品类的带动效应比较明显。

D. 由于品类的生命周期或者几个重点商品的生命周期在上年同期达到了成熟阶段，所以显示出比较好的效果。

E. 因一次性切货、低价促销等因素而形成的销售高峰。

由于上述 B 类、C 类原因而造成商品畅销的，我们认为本年继续加以利用，成功的概率还是比较大的。对于 D 类原因，则要分析这些品类在本年的表现如何：如果是每况愈下的话，那就必须放弃了；但如果能够维持甚至还有向上走的趋势的话，那么就可以继续保留，持续作为重点商品来推进。

对于 A 类和 E 类这种偶然性原因带来的商品畅销，更要具体问题具体分析了，除非本年我们还能够创造这样的机会，否则不建议把这些品类作为重点品类来推广。

三、商品力＝采购力＋销售力＋支援力的综合

"商品力＝采购力＋销售力＋支援力的综合"是什么意思呢？

首先，采购力是指采购部的购买力、调配力；其次，销售力是指店铺的销售力，即店铺（卖场）在销售策略、呈现方式、传达方法等方面所下的功夫；再次，支援力是指总部职员的支援力，销售促进部和营销企划部是中心。

在畅销时代（经济成长期），商品力主要是指采购力，即购买商品，如何调配商品是重中之重。但是在非畅销时代（经济成熟期），仅把商品的品种备齐是不行的，店铺如何在销售策略上下功夫，有效地利用总部的情报系统，通过 POP 或者传单广告等适时地向客人传达变得非常必要。（**品类管理是把商品规划好，但是如何把这些规划好的商品在门店很好地表演出来，则是做好销售的关键点**）

讲一件数年前我在广告代理店做销售员培训时候的事。在说明了店铺的观察方法和调查方法之后，学员们乘坐巴士前往佳世客、伊藤洋华堂、大荣等店铺见学。回来之后，我让学员们谈一下感想，并让他们发表自己的观点。

当时，大部分人都说"为什么同样的商品在不同的店看起来不一样呢"。包装看起来都很完美，各店事先也都做了陈列计划，然而同样的商品看起来就是不一样，这对他们来说是一个冲击。价格不一样，POP 的种类不一样，排面的数量不一样，陈列的位置也不一样，有正面陈列，也有侧面陈列，陈列方法五花八门，因此商品看上去完全不一样。也就使我明白了无论你认为制作了多少好的商品（包括包装），如果卖不出去的话，不只是商品本身的问题，价格高、时机不对、在卖场显得不引人注目等等，都是在销售策略、呈现方法上下的功夫不够。（**表**

演商品做得还远远不够啊）。

再讲一件某家杂志社专门去某家口碑良好的超市（SM）取材时发生的事。取材的时候已经在事前搜集了各种各样的情报，针对这个企业则是抓取了"滞销品不会马上剔除"的情报，突然跑到卖场询问了在那里的日配部门的小时工。滞销商品——卖不掉的商品也就是用 ABC 分析来说属于 C 的商品。

杂志社问道："滞销商品不是马上剔除，是真的吗？"回答是"对的"。这又说明了什么？尽管多少有些渲染，但我还是要说的确有三个原因。

第一，"客人不知道商品放置的地方，会不会不买呢？"

第二，"客人不知道商品的特征，会不会不买呢？"

第三，"商品的价格太高，会不会不买呢？"

杂志社又问："那么，你怎么办？"

针对第一个原因：

"放置场所不知道，那就试着改变场所。从第四层放到上面的第一层""从两个排面扩大到四个排面"。甚至，"在另一个地方做重复的陈列。"

针对第二个原因：

"努力打招呼做推荐。让客人试吃。做菜单提案。在 POP 上写各种说明。"

针对第三个原因：

"价格太高，和上司商量一周限定降价 50 日元。设置大的 POP，并大声宣传便宜了、降价了。"

后来问起结果怎么样了，回答是"至今为止卖不掉的，被认为是卖不掉的商品（滞销品），现在变得畅销了"。这是个非常好的话题。（**表演商品包括三个层级：一是陈列位置的表演，能够通过位置的改变让商品更显眼，顾客更容易发现；二是商品特征的表演，能够把商品的关键特征、核心卖点给表演出来，有足够的冲击力，让顾客有很深的印象；三是价格表演，能够通过价格促销、POP 提醒等办法让顾客对价格敏感**）

这个世界上根本不存在卖不掉的商品，如果有，那也是因为在销售策略、呈现方式、传达方法等方面下的功夫还不够多。如果定期做动线调查的话，相信结果一定会令人感到吃惊。以一个楼层面积 450 坪（1500 平方米）左右的超市为例，客人会花多少时间来逛这家店（无论在哪个店我觉得都有 3 万到 4 万的单品）？平均只有大约 10 分钟。

假定客人会看全部的商品，那么平均每看一个单品用时只有 0.015—0.02 秒。所以，并非商品卖不掉，而是没有真的在卖吧。因此，如果是同样的商品，就要在销售策略、呈现方式上拉开差距。如果是同样的销售策略、呈现方式，就要用支援力拉开差距。这是当今时代的商品力的必然。

有销售的人、有销售的体制才能卖得出去商品。以前，在商品畅销的时代，商品力＝采购力（或者调配力）。（**在中国，商品畅销的时代也已经过去，仅仅靠采购力来支撑商品力已经远远不够了。**）只要采购到合适的商品，就能实现销售。现在不一样了，到处陈列着相似的商品，与其说是多样化，倒不如说多样化中的集中化才是现今时代的表达。（**这也是为什么在门店表演商品非常重要**）

现如今即使是采购，如果不了解销售策略、呈现方法，那也算不上合格的采购。时代变化了，不伴随销售方法和呈现方法的商品开发也不会成为好的商品。采购力早已不是商品力的全部，而只占到商品力的三分之一，另外三分之一是店铺的销售力，最后三分之一则是总部员工的后备力。请一定认清这一点。

第二节
围绕重点商品（重点主题）开展工作的缘由

一、对于客人来说，现在不知道买什么才好

2020 年，中国全面实现小康社会，接下来要朝着中等富裕国家的行列前进，甚至很多沿海城市和一二线城市早就已经跨过人均 GDP 2 万美元这个中等富裕社会的最低门槛了。那么，接下来会发生什么呢？

大家家中、衣柜里是不是都放满了商品？领带有几条，衬衫或者毛衣有几件？现在早已经不是需要经常购物才能生活的时代了，如今去卖场，一半是带有目的去买，还有一半则是遇到什么好的东西就买。在这种情况下，如果店铺不能做到相隔四五米就让客人注意到某一商品，那么就不会促成该商品的销售。

在中国，20世纪六七十年代，因为物资不充足往往是新三年旧三年、缝缝补补又三年。到了90年代后期，打补丁的衣服已经很少见了。到了2010年以后，在城市的中产阶层中，衣服买来后只穿一两次已很普遍，家中有很多衣服、鞋子买来了没穿过也不稀奇。以前，家里只买苹果或者香蕉等单一的应季水果，现在大部分家庭可能都会同时备着三四种以上的水果，像车厘子、榴梿、山竹这种曾经只有富人才会吃的高档水果，现在也进入了普通老百姓的家庭；以前，松子、碧根果、开心果、腰果、大小核桃、巴旦木等坚果类食品对于普通消费者来说还属于奢侈品，而今已经装入大多数普通消费者的果盘了。在这种物质极丰富的时代，消费者的购买欲望已经很难被激发起来，如果还停留在只是把商品放在那里，不想方设法地让商品"开口说话"，那么想要让商品变为畅销品将是非常困难的事情。

特别值得一提的是，未来无论在哪个店（企业），关于小时工的活用方法都会成为不容小觑的问题。在我看来，是单纯地推行"小时工化"来留住正式员工，还是培养"小时工的战斗力化"，这之间的差别是很大的。

二、对小时工进行重点商品的教育

现在，所有店铺（企业）都在推行小时工化。为什么？因为小时工的人工费只有正式员工的四分之一到三分之一。如果正式员工的时薪是2500日元的话，那么小时工则平均只有700日元左右。为了使经营数据变得好看，简单地说，可以考虑从成本之中削减人工费。但遗憾的是，现在还只停留在小时工化的阶段。重要的并不是小时工化，而是小时工的战斗力化。有很多优秀的小时工，你不要以为她就是一个打零工的阿姨。

比如，我去某家企业调研的时候，有小时工推荐起商品来甚至比正式员工还要详细易懂，问她以前在哪里从事什么工作，回答说"东证一部的上市企业的××"。又如在某些地方，有贸易公司从业经验的人会在育儿后暂时以临时工的身份重返职场。像这类人通常工作态度是非常认真的。显然，这不是小时工，而是小时工的战斗力化。

小时工的战斗力化的前提条件，是企业内有共同的语言，而且是能用易懂的语言来交流。使用横文字（注：日本习惯上都是竖文字）、使用很难的语言并不就是好，现在的问题是如何从"明白了""以为知道了"的语言，升级到"能做""行动起来"的语言。

在做商品知识培训的时候，我认为对小时工进行重点商品的教育是第一位的。一定要非常关注这方面的集中学习。比如说，"请说明一下下周关于自己卖场的重点商品"。重点商品是购买频率很高的商品。所以，即使是卖场工作经验非常少的人，只要了解重点商品是什么，试吃、试用、试穿、试着触摸，并且试着学习销售策略的话，就会掌握一个商品丰富的相关知识，就可以在短时间内自信地完成工作。

三、抓住重点商品，才能事半功倍

之所以要围绕重点商品（重点主题）来开展工作，这是企业在满足顾客需求变化的同时，又能兼顾并平衡效率与效益的结果。正如丰田汽车的广告所宣传的：丰田的每一辆汽车都是不一样的。那么，是不是丰田的每一辆汽车都是非标的呢？若真如此，丰田汽车也就毫无竞争力可言了。丰田汽车有95%的组成部分是共性的、标准化的，只有5%的内饰、车灯、车体颜色等做到了个性化、不一样，也正是这5%的不一样，让顾客产生了自己的车独一无二的个性化的感觉。这就是以小博大、以少博多，如此才可能事半功倍。

同样的道理，如何才能在零售企业的卖场中，以少量的变化（少量的变化也就意味着少量的投入、少量的工作量）来营造一种尽可能大的营销效果呢？

答案只有一个，那就是选择重点商品（重点主题）开展后续的一系列运营管理工作，只有这样才可能在差异化、个性化与高效率之间取得一个比较好的平衡点，从而最终达到高效地、相对低成本地响应顾客需求变化的目的。

第三节
为什么是 52 周呢

　　经营食品的人每周都要让卖场发生变化，对此应该没有特别的疑问。不过，经营服装的人也许会觉得"为什么是 52 周？我不是很明白"，或者"分为上旬、中旬、下旬不是更好吗"。还有，经营时尚家装的人可能会说"以月为单位足够了"。但是，我为什么执着于 52 周呢？

一、只有适应才能领引

　　我们曾经在培训中做过一次很简单的调研（大家也可以尝试一下）：知道今天是几号的人举手，只有大约一半的人举手；知道今天是星期几的人举手，百分之八九十的人都举手了。为什么大家对星期几这么敏感呢？因为家中有小孩的，孩子上学是随着周几在变化的；自己在单位上班的，单位的工作也常常是按照周一、周二、周三……这样排序的。所以，生活中大家对于星期几要比对于上旬几号、中旬几号、下旬几号敏感得多，更要比今天是几月几号敏感得多。

　　在商品滞销的时代，如何才能让顾客更方便地选择来卖场，这是我们必须研究的新课题。

　　从 1995 年家乐福和沃尔玛在中国大陆开店以来，国内的卖场就已经习惯了每两周一档的 DM（海报）了，而且大家都知道，这两周一档的 DM 也就开档后的头三天效果比较好，第一周效果也还过得去，到第二周基本就没啥效果了。即便如此，二十多年来我们还是习惯这样，没有想着去做任何改变，这不能不说是一件很遗憾的事情。

中国经济已从短缺经济的状态过渡到过剩经济的状态，以前那种一个爆款打天下的时代早已经一去不复返。福特的 T 型车已过渡到通用的多车型、多款式的时代，丰田汽车甚至已经到了每一辆车都不一样的个性化时代了，但是我们的大卖场的营销方式还是死抱着 2 周一档 DM 的周期在运作着，依旧是每档覆盖所有品类，一年四季 12 个月的海报，除了标题不同，里面的内容总是"以不变应万变"。这样的卖场怎么可能不引起顾客的审美疲劳呢？

所以，我们必须适应顾客的生活节奏的变化，以多变来应对顾客的个性化、多样化的需求，只有先适应顾客的需求变化，才可能最终引领顾客需求。

二、为了提高购物频率（提升来店客数）

为什么是 52 周呢？为了提高购物频率，提升来店客数。比如说，如果是便利店（CVS）的话，在离家 200 米以内一定会有一家一周四次左右会来买东西。或者超市的话，平均每周来两次。衣服的购买一个月来一次。在这之中，即使是超市，也许也会有人一个月就来购买一次。但我们更想让他们每天都能来卖场。所以，我的理想是一年 365MD、365 个节日的商品计划。但现实是工作的人要休息，店铺也要休息，所以这样不能实现。客人或者在店铺工作的人的生活方式是一周的循环：从周一到周日的一周。那样的话，我觉得以 52 周为单位来考虑的话是不是就比较自然了？

希望客人多光顾几次。提高店铺魅力，让一个月只来一次的人变成每周都能来店铺，所以我们以 52 周来运营就比较好。

三、为了提升购买件数（为了和传单广告联动）

在很多企业里，几乎一周会出一次传单广告，重点商品基本上和传单广告上的商品是一致的。制作传单广告，并不单纯是为了集客，也是向客人传达企业的商品计划、销售计划、销售促进计划的手段。如果本周想重点推广某个商品的话，理所当然地要把它登载在传单广告上。所以，大家不要误以为传单广告＝损耗领袖、传单广告商品＝低价格商品，而要认识到重点商品、重点主题＝传单广告商品、传单广告主题。

客人并不是因为知道企业的商品计划情报、销售计划情报才购买商品的，而是看到传单广告才去到店铺、卖场的。企业的这些情报和传单广告是联动的，但如果不和卖场进行联动的话，企业的想法就不能传达。因此，店铺基于企业的这些情报，把商品陈列得引人注目，在布局上下一番功夫，让看见传单广告后来买东西的客人能轻易地在卖场找到这个商品是非常重要的。最终，传单广告上的商品的消化率上升了（也就是畅销度提升了）。

不过，现在有传单广告上登载的商品数量越多，消化率就越会减少这样的倾向。某家药妆店通过传单广告登载商品，但确认其间的陈列量（在库金额）和销售数量（销售金额）后发现，平均只有20%的消化率，也就是80%没有卖出去。客人不会在卖场里转来转去，即使转了，也不一定会注意到广告上的商品。

某家企业曾就"传单广告上的商品为什么卖不出去"进行过问卷调查。调查结果显示，排在第一位的原因是没有登载有魅力的商品。第二，价格不是特别便宜。排在第五位的原因是仅仅更换了POP而已。第六，甚至销售商品的销售员都不了解该商品，等等。在这些情况下，越发传单广告，卖不出的商品就越会滞留，进而增加了处置和移动这些商品的工作（善后工作）。

四、为了给所有商品制造畅销的机会

如果你定期实施动线调查，相信会感到颇受打击：客人并不会在卖场到处转来转去。采购尽心竭力地采购回来的商品，如果不能被客人注意到的话，也是卖不出去的（这是理所当然的事）。卖场工作人员有时会被客人问到"××商品在哪里"，虽然和客人一起寻找了，却是意外地难找，特别是除两端端架以外的货架更是如此。并不是没有商品，而是不好找。像这样的事是不是经常在卖场发生呢？我认为这是个大问题。因此，定期按照计划变更陈列位置或者布局是有必要的。并不是因为商品卖不掉才要变更布局，而是为了给所有商品制造畅销的机会，为了让客人能留意到所有的商品才变更布局的。

图 3-1 是某家超市经过调查后得出的顾客动线图。由该图可以看出，很多客人都在主通道上走：蔬果区达到 82%，副菜区有 76%，但是食品、点心、杂货区的通道（副通道）则只有 20% 左右。这样的话，卖不掉也许就是理所当然的了。

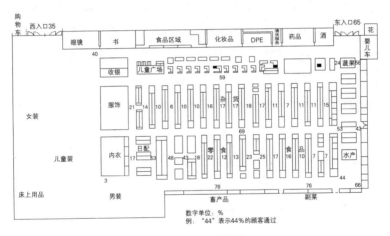

图 3-1　顾客动线图

被一周来店好几次的客人问到"××商品在哪里"，这样的卖场不是用心的卖场。对商品陈列来说，并不是这个也摆那个也放，陈列越多就越好。扩大单品的排面数，使得其对客人来说很显眼，这才是一目了然的卖场。

对卖场而言，首先要明确想要卖的商品。所谓"明确"，并非只是确定商品，同时还要扩大陈列面、维持陈列用的库存、在想要卖的场所进行陈列。换句话说，就是要对商品倾注心意，对顾客倾注心意。

第四节
重点商品和销售力强化

为什么要经营重点商品呢？简单来说，为了迅速地提高销售额。在销售状况不好的店里，因为不知道要卖什么，所以畅销商品和展示商品或者滞销商品的排面数没有太大的差别（张弛无度）。如果是想要重点销售的商品，就必须扩大排面数、增加陈列量、保证足够的库存，并根据情况在适当的时候变更陈列场所。一旦明确了重点销售的商品，工作方法就应该随之改变。

一、让采购与营运同频共振

如前所述，这是一个商品过剩的时代，商品力已经远远超出采购力了。采购在完成其采购工作之外，应进一步与营运很好地互动，把自己对于商品的理解有效地传递给门店，只有这样，门店的销售力才可能很好地建立起来。

在商品短缺或者商品畅销的时代，采购只需要把商品采购进来，门店再按照公司规定的主档添加商品、按时上架、确保不断货，一切也就 OK 了。但这个时代已经过去了。

在这个商品过剩的时代，只有采购和门店协同起来一起表演商品，双方心往一处想、劲儿往一处使，同频共振，这样才可能以比较少的投入让顾客感知到卖场的足够有吸引力的变化。

那么，是不是采购要同时对所有的商品给予同等的关注呢？若真如此，无论是采购还是门店营运都会崩溃。因为这是不可能做到的，也是不会有太大的效果的。

但是，如果可以聚焦在重点商品上面，由采购在某一家标杆店或者有代表性的门店进行打样、做出示范，把自己对于商品的认知及市场变化趋势等一系列的判断传达给门店，在门店形成一个典型的操作示例，然后再通过视频和图片的标准化等手段影响其他门店，就可以起到四两拨千斤的作用，实现采购与营运的同频共振，把门店的销售力唤醒。

二、通过决定销售的商品来提高销售额

有以下五个步骤：

第一，开发商品时要限定主力商品或者重点商品。简单来说，主力商品就是全年经常畅销的商品，即在全年里每周的销售额构成比很高的商品。对于企业来说，就是像销售额构成比前十位、排名靠前的前五位这样的商品。开发商品时要把目标锁定在这些商品上。

第二，搜集客人关于这类商品的意见，特别是不满或者希望。

第三，针对客人提出的意见，从各种各样的角度分析，思

考在所有商品中什么样的商品才算是好商品，以便消除客人的不满（负面影响）。

第四，在商品的名字上下功夫。起名是非常重要的，要起一个让客人易懂的，或者明确体现商品特征的名字。注意，不要试图在起名时体现开发的辛苦和制造的艰难过程，最好是用简单明了的一句话就能让商品的特征浮现在客人眼前。到这里为止，并没有那么大的变化，也许就是理所当然的事。

第五，让商品部的人提起注意。要详细地对销售人员进行说明，让他们试吃、试用，要让他们喜欢起来，然后店铺再进一步、彻底地跟进。这样，商品才能卖出去。

但遗憾的是，有些商品即使被问及，卖场的工作人员却不知道该商品的具体情况。即使该商品设置了POP，但让卖场工作人员好好品尝、试穿、触摸一下商品，总部与之充分交流的机会也不多。比如，某家企业总部的高层干部在巡回店铺的时候，问了店铺的工作人员"这次开发的青花鱼料酒干卖得好吗""PB商品的洗衣剂怎么样"。初次被问及，卖场工作人员可能会好奇：为什么高层会这么问？但如果经常被问到这个问题，卖场工作人员就会觉得"这个必须努力销售"，并会开始留意"绝对不能发生断货"的情况。

一旦工作人员开始注意某些商品，就会进一步关注谁在什么时候买了多少、分量是多少、哪个尺寸最好卖等等，然后把拖到后面的商品往前排列（靠前陈列），来创建一个良好的卖场。有趣的是，这样做的话真的会卖得更好。如果认为采购的工作仅仅是商品调配或者开发那就错了。采购们一定要明确告诉卖场工作人员，"这样做的话就能卖得更好"，像这样好好地交流传达下去。很多人花费时间做的销售计划，不是一次简单的说明就能被理解的。如果不能很好地传达到卖场的话，销售力的强化是无法实现的。

某家企业每年都会就盂兰盆节商战召开汇报大会兼商品检讨会。一开始都是总部的人过来分别讲 5 分钟左右，"是的，今年的盂兰盆节商战请这样实行"，以这样的话结尾。虽然大体上说了商品怎么卖，但具体的几乎没有传达到。卖场的工作人员则是一知半解，想更仔细地听一下具体内容。

于是，采购开始把商品拿到面前，具体讲解"关于这个洗衣剂礼品装，它的优点是……""开胃菜套餐是畅销品"等等，并让卖场工作人员看一下、用一下、尝一下，大家面对面地交流。结果表明，如此一来这些商品都卖得很好。从店铺的角度来看，不了解商品的话，就不能详细地说明；不了解商品的话，就不能对卖得好有自信。因此，订货就容易变得消极。所以，并不是到采购、制作这里就结束，只有伴随着销售的开始才表明开发出了好的商品。现在就是这样的时代。

三、通过售罄商品来提高毛利率

如果确定的重点商品能够售罄的话，不仅销售额能上升，毛利率也有可能提高。一旦留下商品库存，会引起商品鲜度的恶化，没有什么是比降价损耗、生鲜商品废弃损耗等更浪费的事情了。想要在改变销售场所、销售策略、呈现方式之前把商品卖完，的确多多少少都要费点工夫。但是，因为不卖（或卖不掉）而造成商品库存的话，会增加麻烦的善后处理工作，比如商品的陈列替换、商品的移动（根据情况退货回配送中心）、POP 的拆除及设置、发票的处理，等等。通过售罄，即便再降价 1 日元、再减少 1% 的降价损失及废弃损失的话，相应的毛利率也会上升。

现在存在着传单广告商品消化率恶化的问题，消化率这一指标呈现逐年降低的趋势。之所以如此，既有传单广告不是一周发一次、一周发两三次的原因，也有顾客不知道商品摆放位置，找不到商品的原因。卖不掉就降价、卖不掉就移动，相信这样的事每天都在反复发生着。

四、集中精力做好重点管理工作

卖场的工作不仅是销售，还包括在库确认和订货、补充、陈列、POP 的设置、演示、改进卖场、清扫等多种多样的工作。因此，卖场工作人员也许会有销售重点商品会不会增加工作量这样的担忧。的确，销售这个行为本身就是增加了工作量。但是并不能因为推行了自助服务，就可以什么也不用做。为了能够销售出去商品、为了能让客人方便购买，相比直接接待客人，更需要经常检视陈列场所、位置或者排面数，并根据不同的时间、时期、星期、节日，在不同的数量、不同尺寸上做细致的调整。从这个意义上讲，不管商品卖不卖得出去，工作量都会增加。之前说到的销售以外的全部工作，都是为了提高销售的效率和效益而做的，因此，可以考虑作为销售的手段。

为了使工作更有效果、更有效率地推进，确定重点销售商品是非常重要的事。在定义重点商品的基础上，决定、考虑畅销理由的重点主题，并向客人传达，讨论传单广告和 POP 等，在卖场对呈现方式、销售策略下功夫，诸如此类都要变成重点管理的工作。这个也卖，那个也卖，针对每种商品都付出相同的努力，结果只会造成多余的工作量的增加。

第五节
52 周 MD 和店铺活性化

52 周 MD 不仅是销售能力的强化，还和店铺活性化有关系。说起店铺活性化，很容易令人想到布局的改变或者设备的更换等话题。但是，了解商圈的变化和客人的意识的变化并对经营理念（经营方针）加以修正，变更商品的构成，做各种商品的活性化陈列，增强店铺的工作人员工作的动力，也属于店铺活性化的范畴。前者属于硬件上的店铺活性化，后者属于软件上的店铺活性化。说到两者的重要性，我认为还是软件部分更重要。不伴随软件变化的硬件店铺活性化是不能进展顺利的。（**铃木老师的话掷地有声，但是能够做到的却很少。我们大多还是押宝在硬件的店铺活性化上面，因为这个相对容易，一次就能做到，但是软件上的店铺活性化却是一项长期的且非常艰难的工作，对门店店长及团队的考验更大**）

一直以来，我都致力于对商品和卖场进行观察，并根据需要持续地进行必要的变化。话虽如此，但想要这个也看，那个也看，观察全部的商品是无法办到的。那么，怎么做才好呢？

一、店铺活性化对实体店的价值在哪里

在温饱水平和小康水平的时代，由于消费者的收入水平不高，人们的消费具有比较强的共性。此时，欧美零售的代表沃尔玛和家乐福的大卖场模式基本就能够满足消费者的需求了。但这种相对单一的需求模式主要拼的是效率，所以才受到后来在效率方面更具有优势的电商的冲击。电商能够提供大卖场所能够提供的相同服务，而且品种更丰富、成本更低、效率更高，此时如果实体店还是停留在原来的水平的话，那结局一定是被电商逐步替代。

这就像 20 年前的电影院一样，那时只是阶梯排布的翻板椅、宽银幕、大音箱、四五百人的大影厅，所带给影迷们的感受只是提供一个故事情节而已。既然只是提供故事情节，那么我为何不通过 DVD/VCD、自己家里再买一个高品质的音响，最后的效果也不输给电影院多少啊！我为何还要去电影院？但是，2009 年电影《阿凡达》的出现改变了一切，IMAX 银幕、环绕立体声、3D/4D 效果、沙发座/情侣座、小影厅等要素所构成的影院彻底颠覆了传统影院观影的感受，如果说传统影院只是向顾客出售视觉与听觉的体验的话，那么新的影院则出售给顾客身心灵的高级体验，在价值营销的层面高维打击了 DVD/VCD，

尽管后者更便宜、更方便。

其实，同样的情景也将发生在零售行业中的商超领域，作为给顾客提供饮食解决方案的提供者，如果只是满足于过去大卖场所能够提供的那种服务模式，无疑会被电商这种更有杀伤力的情敌所替代。但是，如果我们升级提供给顾客的价值，通过店铺活性化，让顾客在门店内体验到视觉、听觉、嗅觉、味觉、触觉、心觉等六感体验的话，无疑就是在升级顾客购物的深层体验了。事实上，顾客购物并不仅仅是为了买东西满足其日常需求的，这只是浅层需求，顾客实际上还有深层需求，那就是在购物时能够体验到生活的美好，能够在购物时发出一声声的赞叹："每天起来最发愁的事情就是不知今天该吃什么，到了这里一切都明白了！""这东西原来这么好吃！""这东西我没有见过，味道怎么样？""这些东西还可以这样用！""我每天还可以这样过日子，真是太棒了！"

想要顾客在购物时能够有这样的体验，这是只有做到六感体验才可能带来的，这也就是我们所讲的店铺活性化。

所以，当我们的店铺能够做到店铺活性化的比较高的境界时，顾客是没有任何理由只是拿着手机下单购物的，他一定是以到门店现场体验购物为主，然后再附带着在网上购物的。很多人都以为"80后""90后"变懒了，都不愿意去超市、去实体店购物了，这其实与20年前的电影院抱怨年轻人都不愿意出门看电影、都迷上DVD/VCD一样，不是顾客不愿意去实体店购物了，而是实体店的购物体验已经让他们深感审美疲劳了。你去胖东来的超市感受一下，那里每天都门庭若市，因为胖东来已经超越了卖商品给顾客的境界，已经达到了卖生活给顾客、卖各种饮食生活、解决方案给顾客的境界了，此时顾客如何能够抛弃它？

二、店铺活性化包括哪些要素

VMD 阵型的作用见表 3-1。卖场根据各自的目的大致分为三种：VP（视觉演示）、PP（重点对象演示）、IP（项目演示）。说得通俗易懂些，VP 是"展示重点主题的卖场"，PP 是"展示重点商品的卖场"，IP 是"展示每个商品的卖场"。

总而言之，根据不同的目的，在哪里陈列怎样的商品是不一样的（图 3-2）。还有，根据商品是食品、服装还是和居住相关的不同也是不一样的。比如说 VP 把重点主题用视觉表现出来是目的。VP 的场所举例可以是舞台、平台、平柜、特设区域等。在这里，展开空间很大，只有一个部门的重点商品的话陈列量会不足，所以会和其他部门联合陈列（集合展示）。这种情况用同一主题进行分类比较好。

PP 是宣传重点商品，食品和日用品的话陈列在两端或迷你桌子上等，服装的话挂一件在迷你舞台上，此外家装时尚商品可陈列在两端平台上。

IP 则是在常规商品所在的地方，追求容易看清商品、容易触摸、容易选择、容易拿、容易放回的陈列。这里最引人注目的是黄金线。根据客人的身高，虽然有些许不一样，但一般指的是从地面 60 厘米到 120 厘米之间的距离。(让和主要客层差不多身高的销售员站着，笼统地说从肩膀到膝盖之间的距离就是黄金线，这样考虑的话会变得比较容易明白。）

表3-1　VMD阵型的作用

	阵型	目的	表现方法	布局的位置
V M D	VP视觉展示：静态展示、橱窗	·以实际需求的商品（重点商品）为重点课题的基础直观的表现	·在卖场最显眼的地方展开 ·把客人关心的商品和相关联的商品进行组合，并进行有生活提案的陈列展示，然后根据POP的情报来宣传	橱窗（店全体） 舞台（衣服） 桌子（居住关联） 平台、最高端（食品）
	PP立体展示：模特等	·宣传新商品、CM放映商品话题商品、店长推荐品的价值打造	·让人非常明白使用这个商品给生活带来的方便和愉快的展示 ·突出商品特征的POP和演出展示	两端舞台（衣服） 两端桌子（居住关联） 最高端或者两端柜子（食品）柱子周围、墙壁面等
V M D	IP：单品展示	·客人比较购买场所 ·商品易于发现、易于触摸、易于选择的陈列	·根据客人的需求备齐商品种类 ·POP要一眼就能辨识与其他商品的区别 ·商品的陈列要在客人易于选择、易于触摸的货架	专业卖场（常规）

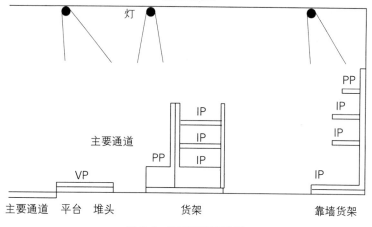

图 3-2　商品的陈列位置

　　墙面的话，是以手能够到的地方是 IP、上面手够不到的地方是 PP 这样来区分。从 IP 中，把现在想卖的重点商品陈列成 PP。为了即使从远处看也显得很显眼，也可以代替品类的招牌。

　　所以，重点商品确定了的话，VP 或者 PP 等，不仅要更显眼，而且要绞尽脑汁地考虑如何首先用 IP：陈列位置怎么样、排面怎么弄？如果想卖得更多，在两端或者迷你桌上也挂一件陈列。如果还想卖得更多，观察周围，如果正好在收银台旁边有平台、在特设区域有舞台，也可以在那里陈列。但是，光有重点商品，卖场是填不满的，应该和其他部门一起，以联合展示营销主题来做。如果真的想卖，不光是一个地方，有两个地方、三个地方不是应该的吗？这不是个人比赛，以组织来运营是很重要的。这样，即使在不好卖的时代也是能畅销的。

　　用别的话来说，我觉得担当服装部门的人是知道的，存在有计划地改变陈列的日升现象。太阳上升叫作日升。把商品从看不见的地方搬出去移到看得见的地方，从后面移到前面，从下面移往上面。卖不掉的话，就移到卖得掉的地方。有计划地去做这些事，就是52周MD。

三、基本货架配置的确认

尽管我们经常要求确认基本的货架配置，但没有确认的事也经常发生。我觉得，针对应该销售的主题、应该销售的商品，以这些为中心确认基本的货架配置是否像样地完成，是很具体很容易做到的。

严格遵守以每周的重点商品为中心的基本货架配置，首先从确认是否在保持这件事开始。基本的货架配置是采购在季度开始时设计好的，所以需要让店铺按照这个来实施，如果没有遵守该方案，发生故意变更卖场的情况，就容易错过畅销商品的销售机会。在店里根据需要（地域特性上、各店特性上）变更没有关系，但理由如果不明确就很让人为难。因为采购是通过分析数据（实需矩阵图等）或者把控商品动向而设计的基本货架配置方案，所以就算是属于一般的、平均的水平，首先也必须坚持到底。

四、每隔52周重新评估重点卖场

52周MD是每周的重点商品（重点主题）都会变化。如果需要的话，持续两周、三周选择同样的商品也没有关系（不过，要稍微改变一下呈现方式或者销售策略，在改变主题上需要下功夫。比如说，把"锅"的主题从涮锅变为寿喜烧锅）。为了销售更多的重点商品，考虑把相邻商品（也包括关联商品）集中、捆绑起来。虽然会用到聚集、群、角落化等词语，但从显眼、能让人注意到这点看，商品是能卖出去的。还有，相关商品也顺便能让客人去买。

基本的货架配置和陈列指示书，确实是采购最初做的，但通过在卖场上下功夫，应该更能提高精度。当然，若是让卖场工作人员随意按照自己的喜好来改变的话会很为难，如果每周以重点商品为中心持续观察卖场的话，就会发现问题。采购，虽然具有全部商品的知识，但我认为如果没有集中讨论是无法把确定为重点商品的商品卖好的。采购应就卖场的好的事例（最佳实践）与卖场工作人员集中讨论后，在全店加以运用，然后再向各店发送信息，辐射开来。

五、根据排面的扩大和缩小设定合适的空间

按照基本的货架配置，哪怕一段期间不去变更，也没有发生卖断货的事，这未必是好事。当然，因为地域特性、客人特性和竞争店状况而造成畅销商品、滞销商品之间的差距也是很自然的事情。也存在采购讨厌变更基本货架配置的情况，但我还是希望他们能从现场的角度来考虑问题。作为卖场，订购了很多畅销品，但在货架放不下的情况下，一般会放在仓库暂时

保管。而作为订货的担当者，比起放在仓库则更希望陈列在卖场，并会认为如果排面数能扩大的话就更好了。

从观察的结果来看，很多企业和店铺最初的货架基本配置是比较平均地划分的（比如说两个排面、三个排面，类似两个排面的很多，看起来保守、美观）。但是，从销售额的实际情况来考虑的话，我认为还是更加动态地变更比较好。甚至连工作日和休息日、工资日前和工资日后、情人节和纪念日的当天和前后的日子、早上、中午、晚上、夜里等等都可以不一样。在畅销的时候进一步扩大畅销品的颜色、分量、尺寸（相反，滞销时缩小），会令销售额明显上升。刻板的想法只会起到妨碍的作用。

我们把扩大排面、缩小排面叫作扩缩，定期反复操作的话，货架、道具和台车的数量也会相应地发生变化。再进一步反复操作的话，会涉及区域和部门的空间（卖场面积）的扩缩，就成了改变布局（卖场配置）。这是正确的店铺活性化的步骤，如图 3-3 所示。

我们重新说明一下店铺活性化的步骤。活性化时要注意一点：硬件是软件的结果，绝对不是店铺布局优先。店铺活性化步骤如下：①商品按摩①；②商品群（品类）按摩；③部门按摩；④在销售策略、呈现方式、陈列上下功夫。到这里为止，前四项属于软件方面。

———————————

① 按摩，是指用手或特殊的器械对身体进行摩擦、揉捏、拍打的治疗方法，以促进血液循环，提高肌肉功能。把这个动作应用到商品销售上，就是商品按摩。

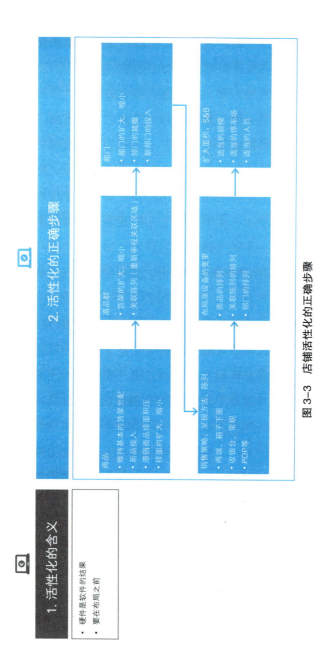

图3-3 店铺活性化的正确步骤

108

接下来的⑤卖场布局以及设备的变更和⑥增加地板、天花板、工程附属设施等属于硬件的活性化。

因为现在是卖不掉、不好卖的时代，很多企业、店铺、卖场为了促进销售（为了能更多地卖出去），常常变更布局，每次都花费金钱和精力，对于客人来说也会造成找不到商品的困扰。至今，凭借直觉和经验决定布局的情况仍不在少数。我认为，决定布局还是应该基于事实，比如说做动线调查，或者做货架配置分析等的调查。如果事前不能好好地进行调查的话，就不能达成目标数字（投资的效果）。

1. 商品按摩

就商品按摩而言，要遵守基本的货架配置原则。可能有的店一开始就不遵守、随意变更，这是不对的。但是，像之前提到的那样，如果是按照事实来改变的话就没有关系。

事实上，各店铺和卖场的情况都不同，这就涉及各店思考的问题。所谓各店思考，就是基于各店的现场、现实、现实实物中的事实，比如温度的不同、习惯的不同、客人的生活活动不同等，进行思考并发起相应的行动。无论在哪个店，都是上午60岁以上的人很多，中午从幼儿园回来的年轻妈妈很多。但是，也有的店是中午OL（办公室女职员）和男性上班族在增加。还有，如果是车站前的店铺，6点以后年轻人就会变多。如果你强迫各店铺全部做成一样的话，他们是不能理解的。对于客人来说，超市里，中午是副菜的加工、增加卷轴类食品，傍晚有的时候也多放生寿司。而且由于店铺的地理位置不同，客人的购物方式也不同。

从某种意义上讲，总部的工作在于提高平均的（标准的）工作水平，然而忽视了地区情况的话，店铺就不能顺利运营。店铺应首先认可基本的货架配置，然后在此基础上考虑对应地区的特性，这对维护组织氛围来说是非常重要的事情。如果各店思考过多，就会只顾自己方便，对总部的好的提案就会视而不见。不用鸟的眼睛看（俯视），只用虫子的眼睛看（平视），明明是畅销品却没有放在好的位置销售的情况也是很常见的。所以，在进行商品按摩时，一定要重新审视一遍，并遵守最初的货架配置。

之后，积极地进行新商品的投入。新商品和话题商品加价率很高，对于提高卖场新鲜度来说也至关重要。为了早一点导入一些令人兴奋的新奇商品，即使扩缩也是好的。对于滞销商品（因人为的因素而滞销），可以把商品的表面凸显出来，或在显眼的地方陈列，扩大排面以引人注目，也可以变更陈列位置、场所。我一直认为，商品之所以滞销，不是卖不掉，而是因为没有让客人注意到，这才是问题所在。

2. 商品群按摩

对商品群而言，其实施方法和前述的商品按摩相同。

3. 部门按摩

完成了商品群按摩后，就到了部门按摩这一阶段，其实施方法与前者也是一样的。

4. 在销售策略、呈现方法、陈列上下功夫

虽说这个步骤被独立出来，但它和前述的三个步骤也都有关系。在按照这个步骤做的时候，如果想把卖场面积扩大一点，

台车想稍微减少一点（比如说拉面的台车数从 9 减少到 7，或者内衣、袜子从 20 台减少到 17 台，等等），那么，不言而喻，布局不得不随之改变。这才是正确的、本来就必须做的店铺活性化。

以重点商品为中心的 52 周 MD 正是抱着这样的想法推进的。如果想展现所有的商品，不但工作量很大，而且还是不能持续的。与其如此，不如以现在必须卖的商品（重点商品）为中心进行观察，这样就能清晰地看到商品的动向，同时周围的关联商品也能一目了然。

第四章

52 周 MD 的运作思路

第一节
52 周 MD 的大框架

52 周 MD 的大框架如图 4-1 所示。

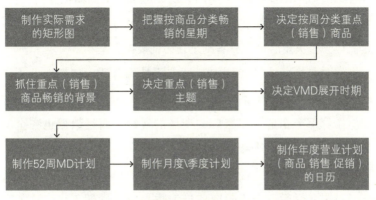

图 4-1　怎样决定重点（销售）商品（主题）

但实际上很多企业并不是遵照图示的顺序，而是首先制作年度的商品计划（日历）。虽然叫作商品日历，但却是基于上年的实绩和今年的市场动向预测。然后，大约在实施前 6 个月制订与计划相近的草案。接下来在 4 个月之前，再详细地制订季度计划（13 周份）。在 3 个月前，慢慢地决定详细的月度计划。在 2 个月前，具体地决定周计划。所谓"具体"，是指包括促销主题、热门商品、POP 等媒体计划以及卖场的展开方法等详细内容。

按这样的步骤来制作是很普遍的，但精度不高。这样的话就变成了按年、季度、月、周来制作资料。从 11 月份的忙碌时期就开始制作来年的资料，我知道这种心情会极其郁闷。还有，如果从年度计划入手的话，那么，几乎全日本的主题会变得一样：2 月的情人节、3 月的白色情人节、7 月的中元节、12 月的年终，或者娱乐、回老家、盛夏避暑、度假村度假等，主题都是一样的（时间上多少会不一样），所以应该卖的商品也变得一样。为了和竞争店拉开差距，锁定在价格和品种上应该怎么做？前者是靠体力来决定胜负，后者则是在店铺规模上基本就决定了。

我总是怀疑这样的计划制订方法是否合适。如果选址不一样，客人也不一样的话，那么各地的门店的实际情况也会不一样。了解那个企业、那家店的现场的实情，而且数据也齐全的话，是不是从第一个步骤开始进入更好一点呢？当然，从第一个步骤逐步归纳总结后，出于确认和市场动向预测等方面考虑，再反过来从最后一个步骤向前推演也是应该做的工作。这个时候的要点是明确实需矩阵图能做多少事。比如说上年同期部门中这个分类销售排第八名，但根据店的不同，畅销的周也是不同的，即使在同一周没有销售的店和有销售的店之间的差别也是很大的，因此重点商品、重点主题也需要变化。

一、实需矩阵图是什么

以表 4-1 为例。这个登载着某店铺一年 52 周按商品分类的销售额和销售排名情况的表格就是我所说的实需矩阵图。

表 4-1 一年 52 周按商品分类的销售额和销售排名表（实需矩阵图）

商品分类	27W	28W	29W	30W	31W	32W	33W	34W	35W	36W	37W	38W	39W	40W
	9/25	10/2	10/9	10/16	10/23	10/30	11/6	11/13	11/20	11/27	12/4	12/11	12/18	12/25
香肠	43	26	21	1	27	4	34	29	2	35	50	47	46	5
里脊火腿肠	30	36	32	37	34	45	38	44	43	4	46	7	33	5
培根	19	2	33	22	30	39	31	37	38	36	43	50	49	48
肉丸	5	13	14	9	10	30	15	20	19	22	35	40	49	51
肉酱汁	27	31	20	35	25	32	21	37	7	17	9	10	4	1
鱼肉火腿肠	5	24	23	27	30	37	32	44	31	42	48	49	50	51
里脊火腿片	11	29	43	35	44	37	40	33	28	17	9	7	2	1
羊肉	21	22	32	16	2	34	25	19	30	23	9	35	14	1

■ 表示一年里销售额排名 1—10 位的星期

117

实需，是指上年或者以前发生的事实，特别是销售额的实需数据。发售新商品的时候，虽然没有上年的数据作参考，但基本上可按同类商品上年实绩的九成左右作计划。在制订计划的时候，再加上当年的 MD 动向讨论，这样一来，即使商品多少变化一点，但我觉得大的趋势是不会变的。

在上面的实需矩阵图中，最左边的一栏是商品分类，往右依次是按周划分的销售额排名。27W，是指第 27 周，从 9 月 25 日开始。这家企业是以 3 月 21 日算作第一周的开始。各周的排名统计是按全年间各周划分的销售额卖得最好的那周就是第一名，卖得最差的那周就是第五十二名这样决定。然后，对全年销售额排名靠前的 20%，即从第一位到第十位打上网格线。以香肠为例，第 30 周是第一名，第 32 周是第四名，第 35 周是第二名，这些地方打上了网格线。

观察实需矩阵图就可以了解商品寿命（生命周期）。以表中的肉丸为例，第 27 周是第 5 名，往后依次是 13、14、9、10、30、15、20、19……为什么第 27 周是第五名，第 30 周是第九名，第 31 周是第十名呢？我认为是出于娱乐、便当和秋季运动会这些理由而畅销的。也就是说，畅销商品肯定是有其畅销的理由的。在这之中，由于加入了传单广告、在电视上被介绍从而变得畅销的商品也是有的。即使只是这样看着排名，畅销的理由也能很有趣地浮现出来。所以，应该更深入地挖掘畅销理由。同样，如果商品卖不掉的话，也一定有其卖不掉的理由。**（如何挖掘商品畅销的理由，这是一个很关键的点，也是很容易被大家忽略的点，前面我们已经就此做了比较深入的分析）**

再看一下表4-1中的肉酱汁,第35周是第七位,第37周是第九位,第39周变成第四位。这种排名变化是由于同期日式牛肉火锅、涮锅、烤肉等卖得好。第40周是第一名,达到顶峰,这是缘于年末的需求。纵向来看,同样是第40周,实需矩阵图中销售额排名第一的还有其他商品,比如羊肉。这样的话,我认为羊肉和肉酱汁就可以与烤肉相关菜单一起联动起来。这样纵向和横向综合观察的话,相关联的畅销商品就明确了,畅销理由也就浮现出来了。

同样,也能发现错过销售机会的商品。再以鱼肉肠为例,第27周是第五名(和肉丸一样),但自第28周起排名没有上升。我认为鱼肉肠和肉丸一样,是具有同样销售趋势的商品,同时和其他部门比较的话就会有各种各样的发现,比如日配部门的韭菜和福神咸菜也卖得很好。

我一直坚信,像这样观察实需矩阵图的话就不会存在卖不出去的问题,而是没有去卖。这个世界上没有卖不出去的商品。我们的工作就是要努力寻找畅销的理由、不畅销的理由。如果卖不出的话,就是没有找出畅销理由,就是没能将商品的好处以及让客人购买的理由传达给客人。只要根据这样的运营方式采购,那么采购进来的商品就会变得更畅销。

二、把握按商品划分的畅销周

图4-2所示的"年度52周MD的步骤(1)"是某个家电厂商参加零售项目时做成的。之所以会做这样的资料,是因为至

今为止家电业（即使现在也许还是）的促销主题仍是一月一次左右，一年12次是很普遍的。只能说7月是夏季奖金、11月是冬季奖金、12月是圣诞节、1月是新年，像这样可以说只有月度主题。

如果一个月只有一个主题，那么在客人看来卖场没有什么变化。若能设法每周变换一次主题的话，客人不是就每周都来店里了吗？然而想按周来获取数据并不现实，因为数据都是按照月度统计的，而不是以每周来统计的。因此图4-2的制作是相当原始的，是用手动计算的方式进行的（现在，我们可以很容易地看到数字）。但是，与观察从机器里打出来的数字相比，分析自己搜集到的数据更便于了解卖得好（或卖不掉）的背景。真的，用手动计算的方式更有利于发现问题。而这也正是建立52周MD的组织架构的契机。

我们再来回顾一下从实需矩阵图的制作开始，到制订年度计划的大致步骤：①制作实需矩阵图；②抓住按商品分类的畅销周；③找到重点商品候补（目标）；④决定按周划分的重点商品；⑤抓住重点商品的畅销背景（重点主题候补）；⑥决定重点主题；⑦决定VMD的展开时间；⑧制订年度52周（包括月度和季度计划等）的VMD计划。

我们之前已经对实需矩阵图作过介绍，现在这个资料上再确认一下：统计销售额，然后加入排名、把握按商品划分的畅销周。在121页下面的"按周划分的重点商品一览表"里、标颜色的是排名靠前的20%（第1到第10位）。在这个实需矩阵图中，电视机的排名是19、31、17、14、11……如果对11、13、

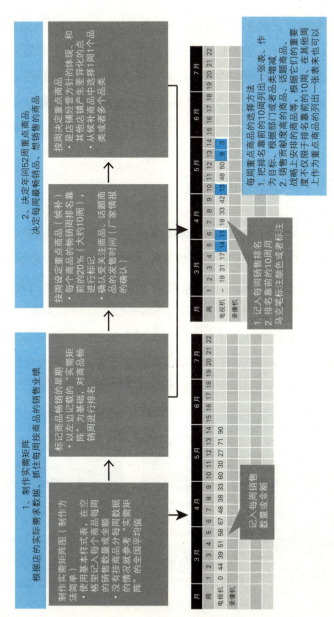

1、制作实需矩阵 根据店的实际需求数据，抓住每周按商品的销售业绩

制作实需矩阵图（制作方法简单）
· 使用基本样表，在空格里记入每个商品每周的销售数量或者全额
· 没有按商品分商品数据的情况就参考"实需矩阵"的全国平均值

标记商品畅销的星期
· 以左边记载的"实需矩阵"为基础，对商品畅销周进行排名

记入每周销售数量或金额

2、决定年间52周重点商品 决定每周最畅销的商品，想销售的商品

按周设定重点商品（候补）
· 每个商品的畅销周排名前的20%（大约10周），进行标记
· 确认受关注时间（厂家情报）和品的发售时间的确认）

按周决定重点商品
· 是店铺经营方针对的体现、和其他店铺产生差异化的点
· 从候补商品中选择1周1个品类或者多个品类

每周重点商品的选择方法
1、把排名前的10周列出一张表，作为目标。根据它们的重要度来限于排名前的10周，在其他周上也可以
2、销售贡献度高的商品、话题商品、战略上安排高的10周，根据商品类来增减度不仅限于排名前的10周，在其他周上也可以

1、记入每周销售排名
2、排名靠前的10周用马克笔标注颜色或者标注

月		3 月				4 月					5 月				6 月				7 月			
周	-	19	31	11	17	14	11	18	33	42	13	48	50	9	3						
电视机																						
录像机																						

月		3 月				4 月					5 月				6 月				7 月			
周	1	2	3	4	5	6	7	8	9	10	11	12	13	14	15	16	17	18	19	20	21	22
电视机	0	44	39	51	58	67	48	38	33	60	30	27	71	90								
录像机																						

图 4-2 年度 52 MD 的步骤（1）

14 也标颜色，对比销售额的话，10 名也好，11 名也好，13 名也好，14 名也好，基本上都一样。这个环节并非确定为重点商品，只不过是确定重点商品的候补，是决定重点商品目标的阶段。设定完目标的话，在全部商品中哪个卖得好就能看得很清楚。

三、按周决定重点商品

接下来是按周决定重点商品（图 4-3）。这既是店铺和企业经营方针的反映，也是它和其他店铺、其他企业的差异化所在。不只是卖商品，还要把大家的意见集中起来决定要卖哪些商品。这样追溯畅销事实的话，说不定会发现畅销可能还有别的理由。比如说，某些商品畅销可能不是因为国内的回乡，而是因为去海外旅行，不是出于白色情人节的原因，而是因为寒假里的需求量增加了。这就体现出零售业的趣味性了。

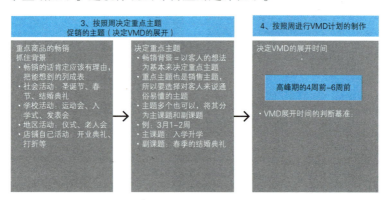

图 4-3 年度 52 周 MD 的步骤（2）

我认为，从现场的事实里仔细追溯畅销的原因，向前推进的话，不仅能提升店铺和企业的销售力，自己的能力同样能够得到提升。不仅是基于直觉和经验，还要基于数据，这样才能自信地做决定。如果自己不了解事实的话，就会变成这个也卖、那个也卖，不知道以什么为重点来销售，结果卖场也变得没有特点了。

有人可能会提出："那不用卖其他商品也可以，是吗？"当然不是，我并不是说不能卖重点商品以外的商品，因为重点商品并非只有一个，而是多少都可以。但在有限的时间、有限的卖场、有限的人员条件下，这个也做、那个也做是不行的。应首先重视现在必须销售的（销售的话比较好）、优先顺序最高的商品，这个如果完成了的话，再好好设定第二优先的重点商品。如果还想做的话，第三优先也可以。如果还能够设定的话，设定 300 也好、400 也好，都可以。

正如我之前所说的，卖场中的所有商品都可能成为重点商品的候补。采购是认为能卖掉才进货的。觉得卖不掉而又进货的人应该一个也没有。只要有畅销理由，所有的商品都是重点商品的候补。但是，卖场面积也好、时间也好、人员也好，都是有限的，我们应该更有效率、有效果地工作。所以，把众多商品同时作为重点商品可能是不现实的。但如果把重点商品的筛选机制建立起来了，再增加重点商品数量的话会怎样呢？

四、抓住重点商品畅销背景

重点商品决定后，接下来就进入到构思其畅销理由的阶段。

畅销商品，一定有其畅销的理由（表4-2）。畅销理由应该有很多，请列举能够想到的。需要注意的是，在这个阶段还只是重点主题候补，并不是重点主题。

表4-2　52周VMD计划一览表

以3月的入学升学相关联的打折促销（家电商品）为例

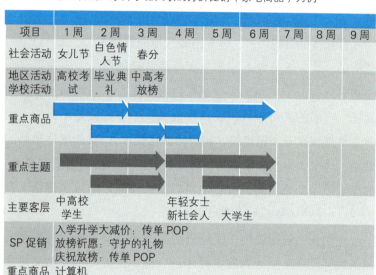

项目	1周	2周	3周	4周	5周	6周	7周	8周	9周
社会活动	女儿节	白色情人节	春分						
地区活动学校活动	高校考试	毕业典礼	中高考放榜						
重点商品									
重点主题									
主要客层	中高校学生			年轻女士新社会人	大学生				
SP促销	入学升学大减价：传单POP　放榜祈愿：守护的礼物　庆祝放榜：传单POP								
重点商品销售目标	计算机50台								

在畅销理由中，有新年（压岁钱的需要）和成人日、情人节和母亲节等社会活动，或者入园、入学和毕业式、运动会、修学旅行等学校活动，庙会节日、老人会等地区活动也在其中。盂兰盆节属于社会活动，同时也是地区活动，因为地区不同也会带来大量的需求（新盂兰盆节和旧盂兰盆节区域的不同）。甚至，本门店（本企业）活动、公司成立纪念日和新店的开店（包括改装后重新开业）等通常的促销等也是畅销理由。还有，

随着气温的变化（地区差别很大），畅销时期、畅销商品也会发生变化。

如果从一开始就使用现有的主题（特别是促销主题）的话，畅销理由就会固定，可能会发生机会损失。截至目前，我们的工作就是这样周而复始的。不过，现有的主题并不是 100% 变化，因为根据不同的地区、店（企业）等，商机的增加是毫无疑问的。正是这样一套机制和流程，如果我们好好地执行的话，一定可以改进我们现有的重点主题的完善和提升工作的。

五、决定重点主题

挖掘重点商品畅销的背景，决定重点主题。从许多重点主题候补中，选择对销售额有很大影响的、影响部门数值的、客户所关心的主题。在这个时候也请鼓起勇气，加入主观意愿来决定主题。当我们过集中要点来确定主题时会有各种各样的不安吧，首先在所有候选主题中决定应该把哪一个作为优先的重点主题。我在给客户企业做咨询时，如果问他们的话，觉得什么事也没有。决定主题的时候，他们会说我一直在做啊。但是，站在组织的层面来看，真的是经常在做这些事吗？是不是就仅仅想想、不做任何推敲就结束了？有没有穷尽所有的想法和技术去认真地确立主题？所以，现在问题是：怎样建立继续提升组织的创意力的架构机制？

不过，重点主题并不是不管怎样都必须锁定一个。像在前述"按周决定重点商品"时所说的那样，如果卖场能做好的话，三个主题也好、十个主题也好，都可以。如果企划也好、商品也好，都有魅力，卖场也能想办法传达给顾客的话，可以试着全部做做看。那个时候，设置主主题—副主题—副副主题，以这样的优先顺序来排列的话就可以了（比如像主主题是入学升学、副主题是春天这样）。

登载在传单广告上的时候，表面和里面、最显眼的上段和下段的具体位置是由主主题、副主题还有副副主题决定的。主主题是由销售额和毛利率（或者是构成比）占最多的东西（或者是最高的东西）构成的，是比较普通的。当然，也是指目前虽然还没有卖出去，但是政策上应该介绍的主题，比如说，11 月 15 日的753 节（注：日本的传统节日，即 3 岁 5 岁男孩，3 岁 7 岁女孩，穿和服和父母到神社祭拜，祈求身体健康等，然后再拍个全家福），或者"某某店的圣诞节"等。无论如何，重点主题是指重点商品最大的畅销理由，商品部也好、销售部也好、销售促进部（营销企划部）也好，都要将工作的重心集中在这里。

六、决定 VMD 的展开时期

在这个阶段，如何在卖场把店（企业）的意图传达给客人变得很重要。考虑什么时候开始陈列商品（展开时期）、在哪里展开（场所）、怎样呈现（展开方法、企划、装置等）、怎样传达（媒体、促销等），我们把这样的工作统称为 VMD。VMD 是视觉效果的意思。

VMD 绝不是新词，最早在美国被认知，三十年前开始在日本的百货商店使用。特别是服装部门和家装时尚部门，我觉得是了解这个的。分解 VMD 的话，就变成"把 MD 放入 VP"，其中 MD 是营销，VP 是视觉展示的略称。

MD 是指和商品相关的全部事情，包括商品本身、它的特点、商品构成（品种）、价格、商品的呈现方式、销售策略、传达方法等。从大的方面来说，还包括商品计划、商品政策、采购政策等。

VP 则是"让眼睛看"的意思。所以简单地说，VMD 就是"把商品给别人看"。我平时对它的翻译就是"把商品的原味通过来店客人的五感传达给客人"。

重点商品（重点主题）的展开时期是怎样决定的？生鲜食品的话，特别是鱼、蔬菜和水果，出货、陈列在店头的时候就是展开的时期：和前一年度的实需数据做对比，由于气温等的影响多少会有些差别。还有，零食、食品和日用品的话，厂商的新商品发售时期就是展开时期。另外，电视等大众媒体上介绍的商品，也必须迅速地、适时地在店里做陈列。

其他，比起那些商品回转率低的商品（家庭用品、家装时尚、外套—衣服等）的话，基本是客人购物高峰的时候，为了提高销售额，决定好销售的日子。太早的话不能唤起客人的购买欲望，如果你有其他的重点商品，因为重点商品的陈列空间会减少，变得不显眼。还有，相反地，如果过分考虑卖场效率的话，在到达顶峰的时候，客人觉得没有商品，就有可能会去竞争店铺。最近的倾向是——无论在哪个店铺，开始销售的日子都变得早了。我认为在高峰到达的四周之前是比较适合的时机。把上一年度的 52 周实需数据做成图表，观察高峰前的销售额推移的话，就能很清楚地看到商品的动向。观察图 4-4 的话，会发现从高峰的 6 周前和 4 周前开始有上升的倾向。如果对从 A 方案的 6 周前开始拉升，还是从 B 方案的 4 周前开始拉升感到迷惑的话，可以根据和其他重点商品的兼容来决定。

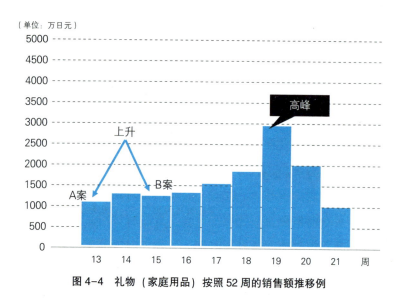

图 4-4　礼物（家庭用品）按照 52 周的销售额推移例

不只要考虑客人的心理，还必须考虑到卖场空间的制约（介绍期间如果很长的话，就会使其他商品的销售额减少）。此外，竞争店的动向也不能忽视。因此，决定从高峰到达的 5 周前开始拉升的话就可以了。

如果能将全部门的重点商品全都集中在一处地方的话，就不需要考虑整体的卖场。比起让客人转遍整个卖场（不勉强），有必要考虑使卖场所有的地方都很有魅力。

七、制订每周 VMD 计划书

每周 VMD 计划书是保证重点商品的销售策略、呈现方式、传达方法在卖场实施的提案书（指示书）。根据企业不同，对它的称呼也是各种各样：有的单纯地叫作"重点商品销售计划书"，而为了让卖场彻底了解，也称为"彻底情报"，或者店铺指南、操作指南、周报等等。

关于详细的内容后面会说到，先看一下图 4-5。VMD 计划书的构成包括：重点商品（重点主题）是什么；为什么选择这个商品、这个主题（选定理由）；在重点商品中特别想卖什么（单品、分量、尺寸、价格、颜色、设计等）；想卖多少的目标金额、目标数量（PI 值——千人购买指数），以及基准在库数量；在哪里以怎样的布局展开；用怎样的展开方法呈现、销售；用什么方法来向客人传达（SP 促销计划），等等。

图 4-5　每周 VMD 计划书内容

因为企业不同，VMD 计划书的格式和写法当然也会不一样。尽管如此，制订计划者的意图和想法能多大程度地传达到没有参加计划的人那里却是最重要的。应以制作简单易懂、视觉化、不翻译也能马上执行起来的计划书为目标。

第二节
如何实施营销计划书

前面讲述了"重点商品是这样来决定的（商品的选择方法）"相关内容。但是无论多好的选择方法、制作方法，如果不能在卖场里实施、演示，并传达给客人的话，那就没有任何意义。

既然已经确定了重点商品，接下来要做什么呢？

不是简单地交给店里的负责人想办法，告知总部现在也正在销售就可以了。"请积极地销售""A 店的成功事例，请大家模仿着试试看"，像这样是不够的，对于店铺一定要从销售策略、呈现方式、传达方法上进行提案。我们已经进入了只摆放商品是卖不出去的时代。总部应站在卖场的立场上，从各店铺那里搜集情报，好好制作销售策略、呈现方式、传达方法的提案。从卖场角度来看，如果不明白制订计划者的意图，也就不知道怎样卖才好，就会提不起劲来。

我已经反复说过多次，商品力＝采购力+销售力+支援力，这也是企业力的本身。所以，为了卖更多的商品，大家要同心协力在销售策略、呈现方式、传达方法上想办法，互相分享。

一、销售怎么做

实现销售要做到以下几点：在显眼的地方；使得显眼；增加商品的多样性。其中，增加商品的多样性的方法有两种：一种是增加 SKU，另一种是把同样的商品、相似的商品、关联的商品放在一处集中起来。下面详细地说明一下，在确定了重点商品之后在卖场要做的事。

（一）在显眼的地方

哪里是显眼的地方呢？进出口周边、沿着主通道的端架、平台、桌子、特设区域、活动场、收银机旁边的口袋型货架等等，这些地方就是显眼的地方。虽然这是事实，但只考虑这个的话就变成重点商品全部必须只能在上述地方陈列。

说明一下简单的确认要点。试着做做看：去到卖场，距离 5 米左右时如果注意到了"那里在做什么"的话，我认为就是"合格"的一种评价基准。约 5 米距离的标准：如果顶部是 90 厘米×90 厘米的吉普顿天花板，那么就是五六块的距离；如果地上是 30 厘米×30 厘米的瓷砖，那么就是十六七块的距离。并不是绝对的 5 米。这并没有确凿的根据，但去卖场的时候凭感觉就可以了。

我们即使相距 5 米也能注意到，但客人从 5 米之外却未必注意到。也就是说，就算店铺的人相距 5 米能注意到，但客人可能会在接近一半的距离即 2~3 米的时候才终于注意到。或者，店铺的人相距2~3米在想"那里在做什么"的话，客人却可能在接近1~2米的时候才注意到；店铺的人相距1~2米时在想"这里在做什么"，客人却可能完全没有注意到。像这样的事，实际上是经常有的。自己以为知道了，实际上客人是不知道的。也就是说，我们并没有像自己想的那样，把卖场制作完成得那么好。

　　店里的人和客人之间经常存在着很大的认知差距。这并不是因为客人不好，请坦率地承认是我们在销售策略、呈现方式、传达方法上下的功夫还不够。所以，意识到显眼的地方是非常必要的。只有做到这一点，才会被客户认可为重点商品。所以，对于重点商品要考虑实现2倍、3倍的销售，而不是1.1倍、1.32倍等似是而非的数字。对于重点商品如果能做到这么彻底销售的话，那真的是2倍、3倍也不是梦。像这样取得如此实际业绩的实例有很多。

　　"什么吗，那是理所当然的。"虽然是理所当然的，但是做了吗？有人表示已经知道了，这不是什么大不了的事情。还有人说大家都知道了。那么到底是知道还是不知道呢？大家大概是都知道的。但现在的问题是：是否做了？是否变成了可以持续运作下去的系统？不是停留在做不做的阶段，而是是否有持续运作着的系统，这将会使企业间拉开差距。我一直强调："做了吗？不做的话就等于不知道。"

　　如果实施客人动线调查的话就会发现，即使在真的很小的店铺，客人也不会逛遍整个卖场。这样的结果让人很受打击。卖场的所有位置都会发生费用，如果客人不来或者不去，那么一切都是空谈。所以，并不是店开得大就好，我想建一个能好好地让客人进入里面的卖场。为此，并不只是布局的好坏，商品的销售策略和呈现方式、商品的价格、适当的分量、陈列场所、陈列排面数等等，需要注意到彼此之间的相互关联。

（二）使得显眼

为了看起来显眼，我们有各种各样的方法，比如设置 POP。POP 是指购买时的广告。不过对于 POP 而言，有客人注意到的时候，也有客人没注意到的时候。接下来是打招呼。打招呼也称作不花钱的促销方式，我真的是这样认为的。比起采用 POP 的方式让商品显得醒目，打招呼的方式更能引起客人的注意。虽然 POP 也是重要的，但如果卖场担当者在的话，还是打招呼更引人注目。

我在某家超市里进行了如下实践。关于是否裁掉商品（从卖场中撤出）应在考虑了场所、商品的特征以及确认价格的好坏之后再进行。也就是思考：客人是因为不知道那个商品的位置而不买吗？客人是因为不清楚那个商品的特征而不买吗？客人是因为商品的价格高而不买吗？针对这些我们要做什么呢？

针对第一种情况的话，试着变更场所（从上部移到下部，移到拿起来比较容易的地方等），试着在多个地方陈列；

针对第二种情况的话，打招呼和试吃（不是无人时试吃，而是限定在高峰时段内做有人的试吃），实施菜单提案；

针对第三种情况的话，划分时间区间降低价格，应该用 POP 来强调。如此一来，卖不掉（被认为是）的商品也就变得能卖掉了。

这确实是"为了引人注目"的实践。看似有点多余，但关于试吃和菜单提案，无论在哪里都有做的和没做的，我认为没有完全落地。为什么呢？因为没有规则。对此，我制定了以下的规则来说明一下。

试吃的规则

1. 决定商品的选定基准

并不是什么商品都可以拿来做试吃的，我们要锁定"时令""新""珍""C 级别商品"：时令是指现在是应时的商品，新是指新商品，珍是指珍贵稀有的商品，C 级别商品是指用 ABC 分析被定为在 C 级别的、所谓的卖不掉的商品。问题在于：是不是真的卖不掉？因为没有注意到而卖不出去的情况实际上有很多。因为做试吃、大声打招呼而卖出去，这样的情况也多了起来。

2. 决定提供时间

一天中，从开店到闭店（或者到傍晚高峰结束为止），是否只在高峰时段（中午、傍晚）、客人的肚子稍微有点饿的时候（中午前、下午 3 点左右、下午 6 点左右等）实施试吃活动？为什么呢？因为肚子空的时候就会觉得食物很好吃。从开店开始到闭店为止，因为卖场内没人的时候很多，以及其他原因，当然也可能有人手不足的问题，所以我觉得在有人的时候做试吃的话比较好。

3. 考虑提供方法

是由促销员（由厂家、供应商提供）还是公司职员提供，有人服务还是客人自助。如果有人服务的话，需要花费人工费，但效果是客人自助时的三倍以上。客人自助的话，不需要花费人工费（只是做些添加试吃商品的工作），但如果不注意维护的话，恐怕就会使试吃区域变得很脏。

菜单提案的规则

最近，设置厨房支援柜台、持续进行菜单提案的店铺正在不断增加，包含人工费和设备折旧费等在内，一年下来好像要花 500 万日元左右。但重要的是，要能够做到坚持下去的水平，也就是在各个卖场使用重点商品锁定菜单提案。

1. 制作简单的料理样品

电视上有一个"3 分钟烧菜"的节目。那么在 10 分钟左右的时间内，使用重点商品就能完成一道菜的菜单怎么样？客人在店内逗留的时间有减少的倾向（平均为 10 分钟），对于太复杂、太费事的菜品是敬而远之的。

2. 准备食谱

准备食品制作方法的说明书。市面上的烹饪书有很多，也有企业和烹饪研究家签约的情况，所以用现成的食谱并不费事。食品制作说明书里面既可以有小时工自制的原创食谱，也可以复制已有的其他食谱。

3. 陈列关联商品

为了让客人有试试看的想法，同时也省去购物的时间，把制作简单的料理样品、食谱和关联商品一起陈列的话比较有效果。关于关联陈列后面还会讲到。

进行菜单提案比较费事。最终菜单提案能否继续下去，也和是否会带来销售相关（费用对照效果）。如果提案的商品和菜单所需要的其他相关商品畅销的话，那么菜单提案应该就会得到支持。以上就是为了让菜单提案能有效运用的三件套。

安装 POP 的原则

设置 POP 时必须遵守以下原则（图 4-6）：

第一，让商品自己说话。如果商品能做到这一点的话，那就没有必要安装 POP。

第二，仅对不能自己说话的商品设置 POP。

第三，设置 POP 的时候，给好的商品加上看上去更好看的 POP，给便宜的商品加上看起来更便宜的 POP。好的商品是指比较讲究、特征明显，除了价格之外还具有其他优势的商品。

在上述 POP 的安装原则中，最重要的是第一个。让商品自己说话，是指真实地展示商品本身的特征、姿态、形状，让人们看到商品包装的表面。靠前陈列会使商品看起来有很多，如果扩大排面数可以把不显眼的商品也变得显眼。实际上，用两个排面来陈列商品，如果卖不掉的话就缩减成一个排面，这是通行的做法。相反地，如果下定决心扩大到三个排面以上的话，也有变成畅销商品的。因为不显眼，客人没有注意到，所以才卖不掉。以服装为例，从肩膀向外露出的陈列（侧面陈列）变为面向外陈列（正面陈列）的话，也有卖出去的经验的。在这样的事情做好的基础上，再制作和安装 POP 的话就可以达到很好的效果。店内的 POP 有可能会变成洪水，过多的 POP 反而成为公害。

对于客人来说、有效的展示商品本身、根据商品的特征和情报的传达、获得共感，在为了促进购买动机的店内展开

图 4-6　POP 的基本想法与诉求方法

值得一提的是，即使是好的商品，如果突然设置手写的 POP，一旦 POP 弄脏的话，商品价值也会降低。

所以，强调便宜的时候，数字要放大，商品说明要设置成最小；强调商品质量的时候，商品说明就要变得比数字显眼了。

（三）增加商品的多样性

增加商品的多样性，是指感到很多、有丰富感、有量感。因为有量感，所以会感到很放心，会想试着买一些看看，感受到能从很多东西里选择的满足感。在零售业中会经常使用量这个字，但我认为把量和量感分开来比较好。店长和总部、总部的干部、经验丰富的老手来到店里，提出"没有量的话就卖不掉"这样的说法。根据这个，卖场增加了商品的阵列量，这样做的结果，不仅商品没有卖出去，反而使库存周转率恶化。量不是关键，量感才是必要的。如果没有营造出满满的感觉的话，

客人是不会注意到商品的，也不会涌现出购买的欲望。靠前陈列正是在显现出色的量感上下的功夫。

我是这样来区分的。量是指"与销售量（销售额）不相称的陈列量（在库金额）"，量感是指"与销售量（销售额）相称的陈列量（在库金额）"。像这样来决定定义，在卖场确实是有必要的。"因为没有量、没有数量所以卖不出去"有其一定的道理。商品的量没有很多的话，就不会引人注目，所以也就卖不出去，也的确是这样。但是，如果说因为有量就能卖出去的话，即使卖出去了，一旦商品还剩下较多的话也就没有什么意义。量感却是不一样的，巧妙地利用陈列的方法、使用假体和掩体、把肩膀露出陈列变为面朝外陈列，就会看起来满满的。工作量是和陈列量成正比的，为了使工作更有效率，要有意识地做好库存管理工作。相比量，更加注重量感，试着在这方面下功夫，以便能够轻松愉快地工作。

增加商品多样性的方法有两种：一种是增加 SKU；另一种是把相同的、相似的、相关联的商品都集中在一个地方。

增加 SKU

SKU 是 Stock Keeping Unit 的简称，是"不能再进行分割的、商品的最小管理单位"的意思，也就是所谓的单品。

增加 SKU，是指增加尺寸和分量、颜色和样式、价格带和品牌、种类。这是因为，为了让客人购买重点商品，相对应地就要设法满足主要客层的全部要求。比如说，服装的话"尺寸就是命"，以"新鲜人"为重点主题把彩色衬衫作为重点商品的情况下，领口的尺寸从 36 到 46 都要备齐。这意味着回转率的确可能会恶化，但是在如今商品难卖的时代，尺寸的多样性能增加多少销售，对于获得客人对店铺的信赖（店铺忠诚度）和与竞争店之间产生区别是非常重要的。

比如，当食品里"咖喱"是重点商品（重点主题）的时候，家庭用度的甜味、中度辣、辣味这三个 SKU 要好好地备齐；根据情况，如果有特辣的话，就加上特辣一共四个 SKU；再进一步，也有加上餐饮业务用度的甜味、中辣、辣味在卖场提供的情况。再如，生鲜食品中的鱼，平时切一片、二片、三片盒装（三个 SKU），在周末，要加上五片以上大型尺寸的盒装。里脊肉也是，切薄片分为小、中、大三个 SKU，如果有机会的话在卖场提供特大装。特别是对超市来说，从所处的基础商圈考量，为了让所有经营饮食生活的人来购买，要增加 SKU，对于生鲜食品，有可能会发生降价损耗或者废弃损耗的情况，但是对于客人"绝对会购买的"商品要都备齐。

然而，增加 SKU 是手段而不是目的。即使增加了 SKU，也一定会有某些（没有人气）尺寸、分量、品牌、颜色、样式、味道等卖不掉的情况。但是，试着增加一次看看，观察客人的反应这一行为是必要的。如果进展不顺利的话，那个时候再裁减缩小。尽管如此，一旦重点商品确定了，请一定要遵守"一、二、三（一片、二片、三片）的原则""小、中、大（S、M、L）的原则"。对于现在一些少量或者小尺寸、散装售卖（生鲜食品的情况）等，与其认为是非正常尺寸，倒不如理解为"适量"的尺寸。

相同的、类似的、关联的商品集中在一个地方

量感要通过增加 SKU 和把相同的、类似的、关联商品集中在同一个地方来实现。在部门内部从类别分类里捆绑、整理、搭配，或者超越部门、类别分类，集合重点商品（重点主题）联合展开，目的是让客人多买，提高销售额。这样做对于购物的客人来说，也具有便利性，省去为了找想买的商品而到处转的麻烦事（有时候没找到会失望）。

在卖场，考虑到商品的关联性和邻接性，比如说衣服洗涤剂和柔顺剂、防寒小物品和口罩、文具和玩具等，理所当然地被陈列在一起。但是，购物方式变化了，如果连买东西的时间都变了的话，卖场也需要相应的陈列。通过晚上 7 点半左右在某家超市里实施的动线调查，我发现，逛遍卖场的客人很少，都是非常直接地走向目标货架区域（当然，滞留时间也变短了）。最常光顾的卖场区域是副食品、蔬菜、寿司、面包（包括商店里的蛋糕店）、饮料、冷冻食品（包括冰激凌）。也就是说，像这些畅销的品类在各个卖场最好陈列在就近处、关联着布局陈列。我明白了不仅是布局的配置，商品也是一样的，同样的、类似的、关联的商品集中在一个地方卖得比较好。

可是，部门不同、担当者不同的话，地盘意识就会起作用，即使知道对客人来说是必要的，也经常会因感到太麻烦而不做。所以，在重点商品（重点主题）确定之后，可将相关品类部门及相关商品聚集在一起，试着做一下，即使多少花费些工夫，但好的地方是能让客人开心，我认为最终还是会提高销售额的。

这样的操作就叫作搭配或者关联陈列，并不是特别新的词和技术。

关联陈列的原则

第一，陈列 PB（自有品牌）。价格便宜而且加价率高的 PB 商品要好好地陈列。

第二，如果还有陈列空间的话，接下来陈列在 NB（知名名牌）之中市场占有率最高的商品，也就是畅销品和人气商品。

第三，如果空间还有多余的话，就放吃了就没了的、使用了就没了的商品。对于入秋时节的秋刀鱼，就是把橙醋作为关联商品进行陈列。有 PB 商品的话就首先陈列，如果没有则陈列 NB 商品中的人气商品。如果还有空间的话就把柠檬、萝卜和盐也放置在一起，这些都属于吃了就没有的、用了就没有的商品。

第四，如果还有多余空间的话，再陈列吃不掉的、用不掉的东西。研磨萝卜泥的工具就属于具有代表性的商品。

如果不遵守关联陈列的原则，各种各样的商品乱七八糟地陈列着，反而会变成难买的卖场。

二、重点商品的库存保证

一边说着"重点商品"，一边部件（物）的准备还没有完成、很少或补充没有完成的话，等于空谈。一般年度销售计划、商品计划的大框架在大约 6 个月之前就制订完了。特别是服装部门或者运动服装部门、家装时尚领域，这种倾向似乎更强。

食品的话，则是在大约4个月之前制订的。

企划则制定全年度的生活日历、各项营销活动的展开日程和这些活动中的季节商品所包含的单品计划。

这个时候重要的是对销售数量甚至销售额的预测。恐怕有人会基于上年的实需矩阵图，考虑由于上年卖了多少、卖了多少钱，"今年也这个程度吧"。但是，销售数据的统计如果过于粗略的话，销售计划的精度就会变得很低。还有，如果畅销的理由模糊、错过很多销售机会而没有实现销售的话（本来明明应该能卖出更多的），就不能满怀信心地制订计划。即使按单品抓取了数据，如果不能很好地把握畅销的理由、滞销的理由，预测也是不理想的，从而会发生机会损失（断货）和降价损耗（商品剩余）。当然，因为零售业是预估订货，所以不会刚刚好。因此，如果不能从所有的角度抓取商品的动向的话，就不能积极地制订切实的计划。

为此，并不是针对全部的单品，而是对以每周重点商品（重点主题）为中心建立的计划与店铺进行确认，持续追踪在卖场卖了多少，为什么能卖出及卖不出的原因。这样的话，针对重点商品（重点主题）就能获得精度较高的情报，进而运用到来年的计划中也是可能的。正确的计划流程是：在正确（被认为）预测之前，好好地观察现场、现场的东西以及现场的实际情况。还有，基于预测的计划也不单纯是上年的延伸，一个有意义的计划是必要的。所以，在制订计划时要说"绝对要卖到至今为止的×倍，好好地干吧"，请确保库存量。不要说类似1.02倍、1.15倍这种用计算器算出的确切的数值，而是打算卖到上年的 2 倍、3 倍。

　　某家超市就有过这样的实例。熟食部门提出了"打算把饭团作为重点商品提高销售额"的计划，总部商品部预测的销售额是上年的 2 倍，然后向各店发布这个指导方针，并进行"店铺准备卖多少"的问卷调查，一统计结果变成了 3 倍。实际的销售额则是上年的 4 倍。说到计划，如果是"1.12 倍"这样具体到小数点的数字，那么试着做的话就能达到 3 倍、4 倍的效果。我们要明白"严密地制订计划是什么"。我们的工作一直是预估采购，但往往带着消极的想法进行采购，对此应该予以反省。

　　还有最近，特别是在食品部门普遍使用 PI 值这个指标，也就是千人购买指数的意思，即每 1000 名来客数的销售数量叫作数量 PI 值，每 1000 名来客数的销售金额叫作金额 PI 值。这个指标非常直观，即使对规模和来客数不同的店进行比较的时候也能成为通用的标尺。如果 PI 值是 50 的话，那么当一天的来客数是 1500 名的时候，销售数量 = 1500/1000×50 = 75，即销售了75 件。

　　由于 PI 值的使用方法的不同，容易变成"只能卖到这个量"的消极的数值。在总部计划决定目标 PI 值的时候，一般是把畅销的店和不畅销的店的数值合计起来，除以店的数量，也就是算出每个店的平均值。这样的话，对于不同的店，哪怕原来有 5 倍左右的差距，却都想着只卖这个量，或者不由得你考虑、不得不卖这么多。即使是在几乎同样的店铺面积、几乎同样的总销售额的两家店铺里，同一个商品的销售额也可能有 5 倍的差距，这是为什么呢？一方面，是因为有的店在销售上下功夫；另一方面，是因为好不容易播放了电视广告的商品，有的店却没在卖场里展开，或者虽然卖场里有但却不在显眼的地方。

哪怕所有门店中高、低店的 PI 值相差 5 倍，却不由得用平均值来说话。根据店铺不同，如果有 PI 值 20 的地方，就有 PI 值 100 的地方，这个时候平均 PI 值就变成了 60，我认为这是错的。为什么这么说？所谓 PI 值，努力卖的结果是 PI 值，不努力卖的结果也是 PI 值。因为有努力卖的实绩，所以这应该是全店的目标 PI 值。在同一家企业的不同店铺里，因为有以同一个商品、同一个主题努力卖的事实和标杆，所以这家店的 PI 值应该成为大家共同的目标。

如果门店不努力的地方很多的话，结果就会造成 PI 值下降。这样的话，就会变成"哎，只卖这个量嘛"。不是的！设定一个共同的 PI 值目的是让重点商品（重点主题）的构想在组织生根，这是非常重要的一点。店铺很多的情况下，就会有努力卖的店，也有不努力卖的店。所以在卖场里要常常确认销售策略、呈现方法、传达方式，把目标和结果的数值对照一下。即使商品很好、价格很便宜，但如果销售策略、呈现方式、传达方法不好的话，PI 值也会下降。我们一定都希望找到很多的畅销事例，希望找到商品畅销的理由。（**千人购买数量指数、千人购买金额指数，也有简称为渗透量和渗透额的**）

三、促销部是串联部门

把重点商品、重点主题的 POP 做成和部门串联的企划变得很有必要。这项工作的中心作用应该是由促销部门担任的。比起单纯的传单广告设计制作、POP 设计制作，促销部的工作是确认商品部的商品计划和销售部的立案销售计划，找出相互间的矛盾冲突点，比如说，调整展开时期、重点主题和重点商品的不同等，然后修正、统一制订出更好的促销计划。

也就是说，促销部（根据不同的企业，又称作营销企划部、SP 部门等）应该成为连接总部和店铺的、串联的部门。

促销部门的作用（各部门的串联）见表 4-3 所示。这是一般每周的重点商品和重点主题决定的过程，包括单品计划、生活周期（展开时期、高峰结束期）、立案企划销售策略、呈现方式、促销媒体（传单广告、POP 等）等内容，展现了商品部和店铺的磨合（实施确认会）、重点商品（主题）情报的提案和反省等流程。组织，本身就具有纵向分割、情报传递速度很快、容易彻底贯彻的优点。但是，同时也存在对其他部门的想法、行动无动于衷，或者难以合作发挥综合能力的缺点。在商品难卖的时代，如果不发挥专业力和综合力的话，就不能赢得胜利。没有负责调整、协调的部门的话，就不能发挥综合力。由商品部进行协调的话，容易偏向商品，由销售部进行协调的话，则会偏向店铺，两边都有不满。

促销部的部门间串联作用如下：

1. 在年度商品计划（商品日历）制作的阶段，不仅接受商品部的说明，还要调查宏观的动向（气温等的变化、上年的活动、传单广告、商品的畅销或滞销、当年的市场情报等），必须积极地传达。

表 4-3 促销部门的作用（各部门的串联）

计划情报	实施频率	相关部门	内容
1、年度商品计划（商品日历—52周）	6个月前企划	商品部	所有计划的基础。采购根据不同的商品政策、重点商品的年度进货、销售计划、年度活动安排的商品展开时间表
2、季度商品计划（分13周）	6个月前企划	商品部	月度每周的重点主题以及每个类别重点商品的销售计划。年度生活活动根据年度商品计划时间表从单品计划、生活周期到销售策略的企划
3、月度店铺运营计划（分4周）	2个月前企划	商品部门店	以月为单位的重点商品销售计划（3个月前采购做好后，和店铺开了确认会）
4、月商品计划（分4周）	3个月前企划	商品部	下月重点商品的采购、销售计划的确认（销售会议）
5、反省和本周重点商品情报	每周三发布	商品部	以上周的反省和重点商品的产地、卖场、厂家情报为基础，提出的在销售层面的解决方案

2. 在季度商品计划（13周份）制作的阶段，根据周、月、季度的重点主题，按类别介绍重点商品和销售策略提案的说明、投入（展开）计划时的呈现方式，了解高峰时的呈现方式，讨论媒体等的传播方法。如果促销部对商品（至少是重点商品）不了解的话，请理解为促销部不作为。

3. 制作月度店铺运营计划（四周份）的时候，了解重点商品的销售策略、布局（展开位置）、使用道具等，把握 POP 的安装位置和使用数量。促销部采用照片的方式收录上年实际在店铺展开进展顺利的好事例（最佳实践），同样记录竞争店的样子，传单广告等也制成文件存放，对于分析销售主题的不同、想要卖的商品的想象空间、价格等是有必要的。

4. 在制作月度商品计划（四周份）的时候，一起开会详细地商谈、确认变更点（特别是生鲜食品，由于天气原因，重点商品会发生变化）等，月度店铺运营计划和月度商品计划的磨合应该能在会议上确认。制作月度商品计划的时候，既不偏向商品部的立场，也不偏向销售部的立场，而是作为企业整体推进销售利益上升的计划。

5. 巡视以当周的重点商品销售计划书为基础的样板店铺：情报是否简单易懂地传达了、确认是否在卖场实现了、和竞争店相比是否优胜、主题是否契合传单广告的内容等（过早、过晚、内容是否有魅力等），让关于促销上的好事例迅速传播至全店。

在以上的各个过程中，希望促销部发挥重要的作用，对企业力＝商品力＝组织力＝综合力的水平提升做出贡献。

还有，促销部必须更好地推进有效的媒体计划，目的是提升顾客对于店铺的忠诚度。当然，想要提升顾客忠诚度的话，不只涉及 POP 的问题，现有的问题还包括 POP 过多、过少，没有成为方便顾客购买的卖场，没有成为本来应该让客人心情舒畅地购买的卖场等。有效的媒体计划应该以在组织内持续贯彻正确的媒体应有的状态，以商品为中心，能看到好商品的卖场，而便宜的商品能让顾客感觉到更便宜的卖场制作为目标。关于 POP 等内容已经说过了，销售促进部的作用（有效果的媒体计划）如图 4-8 所示。

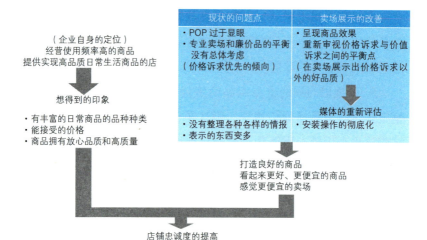

图 4-8　销售促进部的作用（有效果的媒体计划）

148

第五章

构筑有效的作—演—调
的组织架构

第一节
构筑作、演、调的信赖合作关系

在作—演—调这三者中间有三个问题：作的问题、演的问题，以及调的问题。虽然使用了像作、演、调这样抽象的称谓，但组织内的职责分担简单易懂，因为我比较喜欢就使用了。

一、作—演—调的定义

作：制作、计划，也就是制订计划的意思。在组织内，总部特别是商品部（或采购部）担当这个职责。商品部制订的商品计划，也包括重点商品销售计划书。

演：表演、进行、做，也就是实施、实践的意思。在组织内的话，销售部、店铺的店长以下，成为担当者。

调：调查、调整、协调的意思。作、演之后就是调，在组织中，由总部职员，特别是促销部（企划部）担任这个职责。为了让重点商品（重点主题）在组织内落地，展现出效果，作、演和调的信赖关系是不能欠缺的。

作、演、调的含义和职责分担如图5-1所示。拿餐厅打比方的话，作是备齐食材的人（食材的采购担当），演是烹饪食材添加味道的人（做菜人），调就变成提供菜肴确认客人反应的人（店长）。用什么样的食材、怎样来烹饪料理、怎样招待客人，欠缺了任何一样餐厅都不能运营。

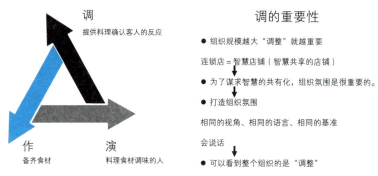

作、演、调的含义和职责分担

调
提供料理确认客人的反应

作
备齐食材

演
料理食材调味的人

调的重要性

● 组织规模越大"调整"就越重要

连锁店＝智慧店铺（智慧共享的店铺）

● 为了谋求智慧的共有化，组织氛围是很重要的。

● 打造组织氛围

相同的视角、相同的语言、相同的基准

会说话

● 可以看到整个组织的是"调整"

图 5-1　构筑制作和表演和调整的信赖关系

即使有优秀的领导（说的人），如果没有实践的人（做的人）的话，也不会诞生好的事例。还有，即使有优秀的说的人和做的人，如果没有人才辈出的组织氛围，我想也不会取得优异的业绩。

为什么"调"在三角形的上面呢？这样做既不表明上下级关系，也不表明工作的重要程度。了解计划（作）的事情是否完成、在做（演）的过程中是否遵守，是最低限度的组织规则。但是，如果不调查为什么进展顺利、为什么进展不顺利的事实的话（调），原因和结果就没有联系，就变成了唯结果论。这样的话，即使做了很多次，智慧和经验技术也不会储存起来。更简单、更快乐、更高效地工作，是从很多的实践中作为好事例提取出来的，想要实现规则化、法制化，的确只有通过调才可以做到。这就是调的职责。再进一步，要把好的事例尽早简单易懂地传达给全店、全员，并得到反馈。越是大的组织，"调"的存在就变得越重要。之所以说企划部应该成为串联部门，就是站在调的立场上，因为这是能做协调工作的职位。

观察很多企业的各个店铺的话，就会明白好的企业和差的企业之间的差别。好的企业，店铺间的差距小是其最突出的特征，差的企业则相反，好的店和差的店之间的差距很大。比如说决定重点商品、提案"在全店展开"的话，首先试着做的是好的企业。无论去哪个店都是一样的，可以说就是一家很好的金太郎糖果企业。既有做的店也有不做的店，即使做了也是简单按照上面说的做，而没有基于店铺自身下功夫，这样在同一个企业有很多完全不同的店的话也不是好的企业。

虽然各店特征和地区特征是非常重要的，但能就全店共同事项予以优先完成，这是组织的规则。全店试着做一下，就能知道第一次的计划是好还是不好。不好的话，下次改进就可以了。不完成的话，就不会诞生好的事例。为什么呢？我认为好的企业，调的机能很优秀，反馈好事例使其落地，而且反复地反馈并贯彻到底。也就是说，好的企业是调>演>作的顺序，而不好的企业则是作>演>调的顺序。

在作、演和调的关系中，组织内容易在作和演之间产生不和谐的声音。即使有商品等的提案（作），店铺（演）却没有看、没有做。店长没有把意图和内容的说明充分地传达给卖场负责人，所以卖场负责人只是和小时工转述，并没变成"明白了""能够完成"这样的词。为什么呢？店铺觉得商品部都是只讲大道理（不了解现场的事情），没有想过这是把自己的意愿强加于人。相反，商品部却觉得，关于提案的事有一半左右的店铺不会照做，即使说了店铺也可能觉得不行。这样的话，虽然把 52 周 MD 等说得很酷，但等于在起跑线上就跌倒了。

二、构建作—演—调的机制，我们必须做什么呢?

（一）制订小时工能够演示的计划

通常，商品部的提案、通知文书或者重点商品销售计划书（这些被统称为作）里有很多难懂的语言，使用着需要翻译的文字和业界特有的习惯语。所以，组织内从高层开始到干部、小时工、兼职员工，首先必须使用意思相同的语言（同样语言）。很难的语言如果不能转变成简单的表达的话，对于经验少的人来说是很难理解的。但在很长一段时间内，这种情况并没有得到改善，然而随着近年来小时工的激增，各企业已经开始注意并准备养成用简单易懂的话来交流的习惯。

我经常感受到，从"知道"到"明白"、从"明白"到"可以"的词汇转变，虽然读上去觉得这个意思好像是一样，但落到实际工作中却是完全不同的事情。"知道"是指"你说的事情我知道了"，几周后，请理解为就是"这样说的话，听说过"这种程度的认识。所以，如果他们说"知道了"，你不能随意解释成他"知道了、理解了"。在这里有一个沟通交流上的难点。像"说了""没听到"这样的话在组织内经常引起沟通的问题：实际上说了，实际上听到但忘记了。

"明白"，是指"理解领会了，并且向自己周围的人进行了同样的说明"。那么，"可以"是指什么？"理解、领会并可以向自己周围的人进行同样的说明，可以移动自己的手和脚让别人看到背影（以自己为榜样）"。像这样考虑的话，就会明白在组织内如何进行消化不良的对话和说明。

如果自己想要传达的东西只传达了一半，这样的话，决定的事就不能传达到全员，既不能扎根，也不会渗透。

现在是一个从个人技能转向组织技能的时代。虽然个人的能力很重要，但我认为组织技能（综合能力）更重要。有了组织技能，才能产生个人技能。借助更多人的智慧，让更多的人理解，自己的工作也才能顺利进行，不是吗？

请务必用大家都会说的语言来交流。发出重点商品销售计划书的时候，请时刻注意要保持小时工能看懂的水平，就算是上周进来的兼职员工也能看懂的水平。说"明白"的话很简单，说"可以"的话却非常难。但是，如果不能做到这一点的话，就不能成为好的组织。

（二）建立能够100%呈现计划的体制

我坚信，厂商不会做卖不掉的商品，采购也不会订卖不掉的商品。如果商品卖不出去的话，要考虑是不是店铺（卖场）的销售策略、呈现方式、传达方法不好。可是，从店铺角度来看，容易认为卖不出去是因为"厂商不好""把这样的商品送到店里的采购不好"。更何况，在面对比自己经验浅的年龄小的采购时，门店员工会变得不合作。

尽管如此，我总是对店长和卖场的负责人说："按照所说的先做做看。"首先按照总部发来的提案做，这个是很重要的。试着做一下，如果觉得奇怪的话可以抱怨，但在做之前不要说"这种卖不掉的"之类的话。无论在哪个企业都能看到很多这种事情，对此我总是很在意。请先做做看。不做的话怎么会知道结果如何呢？不做的话也不会知道进展是否顺利。

为此，重要的事情是什么呢？来自总部的重点商品销售计划书应该是可靠的情报，是能让人接受的情报。要说是先有鸡还是先有蛋的话，这种情况就变成了先有鸡。对店铺说要好好地做，但如果内容不好，就会变成了强制、强迫，无法长久。在店铺照做之前，首先要保证发出的情报是真的，基于这样的情报，卖场才能做成。情报没什么大不了的，但说了就要做到，可实际上并非如此。虽说"如果觉得奇怪的话可以抱怨"，但反复几次，就会想要在现场好好发布有用的情报。尽管如此，对卖场还是要说"请先做"。忙、没人、地区特征不同等等，店铺与其强调这些不行的理由，还不如努力找些行的理由。总部和店铺不是上下级关系，而是为了让客人高兴共同进行职责分担、制订计划并通过表演呈现发挥自己各自的作用。

（三）建立调查问题、调整问题的机制

建立调查问题、调整问题的机制，指的是作、演、调中调的部分。很多时候信口开河、放任不管，其根源就在于缺乏调查进展是否顺利的事实。还有，如果知道很好，也不要只在一个店铺或一部分人中结束。我总认为，反馈不非常充分是个大问题。总的来说，在作、演、调中，好的企业是指其在调的方面表现是优秀的。

一部分人的智慧变成组织全体的智慧，这样做，对于连锁店来说有很大的意义。对个人技能进行评价，这并不是随心所欲的。店铺之间的差距很小或没有差距的是好的企业；店铺之间差距有且很大的，是不好的企业。反馈是否尽早、迅速地传达到每个角落了，传达到的话是好的企业；如果不是这样的话，就是不好的企业。好的事情，要能够在全店、全卖场施行水平展开，好的事情，要能够做到垂直展开延伸到总部。

为此，设置同样的基准是有必要的。预算100%达成是基准，在全店、全卖场里把同样的重点商品用同样的方式展开是基准。虽然调是以销售促进部等总部职员为中心，但我们要考虑，拥有多家店铺的地区长（区域经理）或者拥有多个地区长的销售部长也应该要发挥调的作用。不只是在接收报告的时候，在巡店的时候，如果有基准的话，就容易比较，可以很清晰地看到差异。不同的店铺做同样的事，怎么都会有差别的。是做了还是没做，可以认为是彻底的还是没有彻底的差别。虽说店长是演的中心成员，但在店铺的话，作为最高责任者在发挥领导能力的同时，对于各部门、各卖场的担当者的实施计划和内容也有调整的必要。这正是店中的串联部门（调）。

举个例子，某家超市在传单广告上登载了"欧洲食品展销"的信息，集合各部门的担当者讨论展开计划。以加工食品为中心，畜产、日配、农产品中除了红酒、奶酪、果酱、红辣椒等广告商品外，还将意大利面和火腿、火腿肠、利口酒、矿泉水等作为关联食品，进行联合展开和各个卖场的关联展开，同时进行有人推荐的试吃。联合展开设在入口处的活动区域（当初预定是居住关联的收纳品），两端是生鲜那边的两个地方，关联陈列是以生鲜卖场为中心进行的。如果只靠卖场担当者事先商量，是归纳不起来的，因为展开规模很窄、很小，无法对客人形成一种冲击。正是由于店长发挥了调的作用，才终于实现了。像这样的事情，店铺也好，总部也好，如果日常都能进行的话，业绩应该会变化的。

如果作、演、调能在组织中进展顺利的话，就是好的企业。你的企业情况怎么样？调和作、演比起来，是不是偏弱，或者不足呢？

第二节
作—演—调运行中容易出现的问题

前面讲述了关于想法的重要性和组织氛围（作和演的信赖关系等）的相关内容。下面说一下和技术相关的话题。

一、作的问题

总部和卖场的沟通，除了通过电话和直接的商谈以外还有邮件、书面等方式。前者省时省事，说话人的想法也容易传达，因为是在当时的气氛中说的，所以很容易让人以为明白了。可如果回头想一想的话，就不是很明白了，不能付诸实施的东西有很多。所谓以心传心这样的东西，想要传达给很多人的话还是采用后者比较好。可是，和说话的时候一样，利用书面形式

158

也会存在词汇意思模糊不清、词语生僻不好理解、提案不明确（发送情报的人以为知道了）、与店铺事前无沟通的情况。

　　请看表5-1，这个格式与其说是基本型，不如说是把多家企业做的东西给公式化了。各个部门每周发送重点商品（主题）情报，我认为在实施日的一周前送达店铺是合适的时间。因为两个月前已经商量好了，只要没有太大的变更（天气、气温等自然因素或者营业方针的修正等等），就不会影响准备工作。如果太早的话，因为店铺要集中于现在（本周）的工作，所以结果也只是放在各负责人的桌子上。

表5-1　重点（销售）商品情报的格式示例

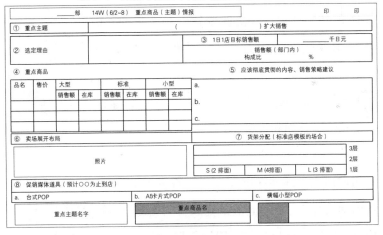

　　"重点商品（主题）情报"是传达重点商品和重点主题的展开方法的情报，我这样称呼它，只是坦率地表达而已。请理解为是和之前说的VMD计划书同样的内容。称呼的话，融入各个企业的"想法"命名也是可以的。因为是商品部的提案，所以单纯地叫"商品情报"也可以。为了让决定的事贯彻到底，如果把重点放在"商品情报"运营方法和展开方法上的话，使用像"卖场展开情报"等容易记住又有亲切感的名字，也是可以的。

表 5-1 里的"14 周"，是指从新年度开始起计算第 14 周（WEEK）的意思。因为一年是 52 周，所以以 1 周到 52 周的顺序来分配号码。由于企业不同，可以考虑"月—日（周一开始、周日结束）"的模式，配合广告传单发布的日期"周五—周四""周四—周三"的模式等。现在，已经作为系统编入一个星期的周期（比如说"周三—周二"等）。有的企业会设定销售额统计日和会议日程，变更就变得麻烦，我推荐的是"周一—周日"。在很多店里，周日是一周中最大的高峰，我认为从周一开始准备卖场的工作来考虑，慢慢调整计划是很自然的。从周日过渡到周一的时候，客数减少了一半左右，因此周日和周一相比应该改变计划和策略。

从客数方面考虑，可以把周一到周五叫作平日，周六、周日叫作周末。即使在中途（周三或者周五）举行"百元均一"等活动或者有"传单广告的登载日"，我还是觉得采取从周一到周日的循环周期比较好。因为企划会改变，有时候传单广告也并不会每周都放。特别是在超市的生鲜食品部门，如果没有把平日和周末分得那么清楚的话，就会产生平日的降价损耗或者废弃损耗，以及休息日的机会损失。即使在建材中心，因为高峰是周末，所以从周一开始准备，在客人很多的周日全部卖完，这样不是很好吗？

情报中包含哪些内容呢？

在重点商品（主题）情报中，①重点主题、②选定理由、③一天一家店的目标销售额、④重点商品、⑤应该彻底贯彻的内容和销售策略建议、⑥卖场展开布局、⑦货架配置、⑧刊登了促销媒介等提案，都全部写在一张纸上。虽然没有必要全部塞到一张纸上，根据不同的内容，两张、三张也可以。但考虑到易读性的话，我认为比起跨页、许多提案写得很长，还是把最低限度的内容收纳在一张纸上比较好。

还有，为了整洁地写在一张纸上是有必要下功夫的。语句太长的话，很难读，读起来也花费时间（当然，写起来也花费时间）。认为不写长文章的话就传达不了自己的意思，这种想法是因为自己模糊不清。大小的话，A4尺寸是适合的。为什么要讲究这个尺寸呢？因为容易用OHP（投影仪）放映、容易发表、是比什么都携带方便的手提类型、容易制成纵向型文件（容易看标题）、谁都容易阅览（和书店的陈列一样）。B4、A3尺寸的话，太大了，很难制成文件。制作这个情报仅有商品部的话是不行的。只有促销部或者营业企划部（促销物等）和店铺运营部或者销售部（展开方法、陈列方法位置等）都参加了，才能制作出清晰明了、让人接受，并且打动人心的情报。

那么让我们来具体看一下资料的格式例吧。

（1）重点主题是重点商品畅销的理由、至今为止畅销的理由、从今年的销售理由中选择对部门的数值（销售额构成比、毛利率构成比高的）最有影响的主题。如果还有其他想实施的主题的话，则以第二重点主题、第三重点主题等方式另行提案。

（2）选定理由是选定重点主题的理由。基于店铺的担当者，在能够接受的类似"去年这个周的销售额是全年第五位""预计是前一周三倍的销售额""现在在电视或者杂志上等很有人气"等，能够激起店铺担当者努力奋斗的意识的事实的理由中加以选择是必需的。

（3）平均每天每个店的销售额目标设定是比"这点卖得出去"的预测要稍微高一点的数字。为此，在重点信息中加入销售方法、销售策略。有些企业会用部门内部相对全店销售额的构成比来表现，也有写每百名顾客的购买件数（或金额）PI值的情况。

（4）重点商品是从多种商品中选择"我们特别来卖这个商品吧"的东西。全店（小型店、标准店、中型店、大型店）无论在哪个店都是共同的商品。根据店铺的不同，地域和竞争店特性等，可以增加商品，改变尺寸、分量，也不介意改变价格。但是，请在好好调查这样的事实之后，再进行变更（决不能以自己的想法和自己的方便为优先）。

（5）应该贯彻的内容、销售策略建议：销售重点商品时的方法，比如说，两端或者平台等的陈列场所的制定，最低4个排面以上、最低20个以上这样的陈列量指示，把关联商品放在一起陈列，这类陈列方法的提案等放入这个项目。

（6）卖场布局：卖场配置图、展示卖场的展开场所的东西。很多是用插图和照片表现的。为了添加照片附在上面，可以先选一家样板店铺，利用这个店的布局图，持续记录每周的好案例放在布局图资料中。

（7）货架分配：货架的商品配置图和排面的表示。虽然把标准店和中型店样板作为参考示例放上去，但是在各店的规模差别太大的情况下，有时候也把小型店和大型店放上去。日本的情况和美国不同，各店的规模和布局差别太大，在参考样板的基础上发生微调整是有必要的（加入店铺的意见）。这里也是用插图和照片来表现的。

（8）促销媒体物：写明使用 POP 和促销面板、贴纸的种类、安装方法等。基本是每周从总部送到店铺。这样一来，店里打印的工作增加了，但是对于店铺的手写，不仅会增加工作量，还要注意不要因为脏字而损害商品价值。

以上是重点情报的内容，要明白、理解这个主旨，每周让总部发送。虽然店铺也有自信去实施，但还没有达到这个水平。

下面简单地归纳一下作的问题。

1. 情报不具体。

比如说布局难懂、货架分配的排面数没有写。照片很暗、看不清，字很小之类。像这样的问题有很多。

2. 没有显示目标。

卖几个、卖多少钱，每家店的销售额或者销售数量是多少。不知道保持多少在库数量（标准在库）比较好。不能在订货上活用等。

3. 销售理由、畅销理由不清楚。

这是最重要的。店铺负责人能否自信地实施、令人信服。理解的话就真的能卖。但是，如果思考"这个商品好吗？这个主题好吗？"的话，订货就变得消极了，在卖场制作上也不会花力气了吧！反过来说，任何商品、任何主题都可以，但是必须有根据。如果决策的根据不确切就很为难了。从某种意义上说，用数据和事实说话是确实的方法。所以，制作实需矩阵图分析的话，就能说出令人信服的话。

请看表5-2，这是某家企业不怎么好的重点商品的情报信息。在展开方法、陈列图中写得很亲切，"④在两端处用一些道具呈现量感的陈列"，但没有量感陈列的具体方法。在零售业，有些说法虽然是像理所当然一样被简单地在用，但如果几个排面、几个、叠几层等不用具体的数字表示，不同的人看法也不一样，会被个人的直觉所左右。如果无论如何都想用量感这个词的话，写成"做成排面数是四个排面叠三层这样的量感"的话，读的人就能够理解了。两端的图也是各个商品的排面数没有写出来，即使陈列完成了也只是变成了单纯地摆放，是没有任何魅力的卖场制作。向店铺的担当者扔皮球，并非"活用店铺的主体性"。

表 5-2　不好的例子：重点商品信息

零食部门重点商品（主题）信息			
重点 主题	薯片节		
推广 理由	①推广各种口味，让客人开心。 ②现在销售良好，请积极购买。		
重点 商品	品名	售价	毛利率
	A 公司矾贝口味薯片	98	21%
	A 公司海带口味薯片	98	21%
	B 公司海盐味薯片	108	26%
	C 公司关西酱油味薯片	108	23%
展开方法、陈列图	③销售目标 PI 值 20 以上 ④在两端处用一些道具呈现量感的陈列 ⑤在堆头正面贴上写着薯片节的 POP 矾贝味薯片　海带酱油味薯片 关西酱油味薯片　海盐味薯片 贴上写着薯片节的POP		

在重点商品中，写着"③销售目标 PI 值 20 以上"，翻译过来的话，"在每 1000 个客人中销售 20 个以上"。PI 值是销量目标，店铺不同，也许会卖得更多，也有可能相反。虽然有过去的数据为基础，但薯片是 4 种合计的，每个具体商品的数据不清楚。这也算不具体，在店里的话属于"不可用的情报"。

在推广理由（销售理由、畅销理由）中，有"①推广各种口味，让客人开心"，特别是决定重点主题为"薯片节"的理由比较弱、模糊。要让客人高兴的话，4 个品项（4SKU）还太少，没有做到介绍各种各样的味道。黄油、辛辣、酱油味等各种种类。干脆印上"××厂商赞助区"的字样，商品的种类也好，POP 或者面板也好，也包括活动，能打造更醒目的、更畅销的卖场。

在推广理由中，还写着"②现在销售良好，请积极购买"，现在、多久（多少）、在哪个店（在行业里）、卖出去几个都不知道。类似"一周每个店铺平均卖了 100 个"之类，"现在，电视上有宣传广告，在专业杂志的销售排行榜上排名第一"等，希望把畅销理由明确地表示出来。还有，即使要求"请积极购买"，意思好像懂了但还是不明白。在后面也会说道，像这样的"抽象的语言"我们理所当然地在用着。如果是一个人工作的话姑且不论，但是在组织中如果不使用对很多人来说是同样的语言来工作（相同意思上的共同语言）的话，综合能力就不能被发挥出来。

二、演的问题

问题并不全是在"作"上。在表演上也存在问题。假定作很优秀，但是演没有发挥表演作用的话，组织也不起作用。演的问题如下：①没打算看"作"，也没有指望。②不能感受到卖出去的快乐、工作的快乐。③没有反映在业绩评价里。

（1）没打算看"作"，也没有指望。也许是缘于迄今为止对作的不信任感（即使表达意见也不会被接受，打电话也不接，没有把握店铺的实情等）的坦率的心情。还缘于作（重点商品销售计划书）的精度没有提高，即使看了也没用。或者，成为资深担当者的话，也许会认为"关于这个还是我比较清楚"。

像"作也在努力做，演也按照作说的首先试着做做看"这样的事经常发生。在这种时候，要调查实际情况，我认为只有展示出做的店铺数字在提升这一实绩才可以。

图5-2所示是"【重点（销售）商品情报】活用率实际调查"的资料。

调查一下，情报是否好好地传达到卖场，卖场是否看这些情报、是否按这些情报去做。请看图5-2中最左边的蔬菜水果：重点商品销售计划书导入第一年的时候是25%，也就是说四人中只有一人看；第二年一下子变成90%；到了第三年，终于全员都看了。对于这件事组织就需要花三年时间，不是一朝一夕就能做到的。

有趣的是，最初不看计划的时候，销售额并不好，销售额

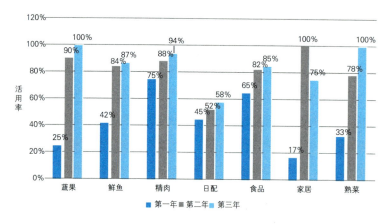

图 5-2 【重点（销售）商品情报】活用率实际调查

比上年跌破50%；当开始看计划以后，销售额就成比例地上升了。好的结果出来的话，卖场担当者就认为"这个情报必须搞清楚"。而且总部的人员也是会变化的。原来有"即使向店铺发送情报，店铺也不看的"这样一种放弃的感觉，但店铺看了并且做了的话数字就会上升，这样一周花费一两天，制作重点商品销售计划书的努力就有了回报。然后总部商品部的采购就会认为"店铺看了，也按照要求做了，那就再制作些更好的情报吧"，这样良性循环下去，销售数字就上升了。

无论没有看到情报的情况有多么多，达到活用率90%左右都要花一年半的时间。要在组织内使情报做到众所周知，真的需要花时间。要不断重复着首先要做的是什么，不管店里怎么做"都要先让顾客看着过眼"，对于总部来说则是"情报要更加容易明白"。这样一来，越过变化的分水岭的时候，销售数字也就一下子上升了。

还有，如果提问"看情报了吗"，即使回答"是的，看了"，也不能高兴，我们对此曾进行过实际调查。所谓"看了"，有各种各样的意思："看到贴在墙壁上的情报"也是"看了"。花费3个小时做的情报仅仅花两三分钟看，是不可能明白的。为了能使情报彻底传达，开会时必须说明"这个是这样的意思"，包括简单地"看贴在墙上的东西"。即使调查问卷的结果显示活用率达到了100%，也不能太高兴。因为如果问起"卖场有没有照做"的话，多数回答是"还没有做"。这样的话就什么也干不了。尽管如此，如果你坚持不懈地去检查实现度的话，实现度越是无限接近100%，销售额就越是确定无疑地上升。于是我们可以说：作和演的信赖关系构筑成了。

（2）不能感受到卖出去的快乐、工作的快乐。必须读从总部发来的全部情报（包括通知）、上面决定的事就必须做，带着这样被强迫的感觉去工作的人有多少？本来，情报不是强加于人的，"这样下功夫的话，就会卖得更多""这样做的话就能让客人高兴，对于工作的人来说也会变得很开心"，这样的情报才是有用的情报（激动人心的情报）。

如果不能感受到把商品卖出去的快乐、工作的快乐，问题肯定发生在发送情报的一方，但是表演的一方是不是也存在问题呢？我们常常说，没有快乐就不是店铺，不能愉快地工作的话就不是工作。试着做做看，客人的反应是否会变化？稍微下点功夫的话，数字是否会变化？在现场，用现实的东西，在现实的基础上持续确认经常做的事怎么样了，有没有改进。这样的话，工作是不是就变得很有趣啦！或者，把要做的事和竞争店做对比，知道是好还是不好，这也是对于工作的鼓励。

请看表5-3，这是有关自店和竞争店在呈现方式、销售策略、传达方法上做比较的调查。实际上这是就家庭用品部门本周的重点商品学生保温杯对自店和竞争店所归纳的调查资料。

表5-3　重点商品（学生保温杯）促销宣传调查

内容	店铺名	自有店铺	竞争店
常规（一P）	促销主题	新学期好商品	Everyday Low Price（EDLP）
	促销（陈列样式）	主通道旁的货架陈列	扩大单品陈列面大量陈列
	使用广告方式	竖牌POP	黄色面板以及POP
	推广重点	两面，强调价格和商品说明（强调价值）	一直以来主打价格
非常规【N架、平台等（PP、VP）】	促销主题	①新学期特集②秋游、运动会	出游&运动会
	促销（陈列样式）	野餐盒以及便当盒之类与秋游、运动会相关的商品联合陈列	在促销场一同陈列出游&运动会有关商品。另展示各学校举办日的提示
	使用广告方式	普通的POP，内容仅为品名、销售价格	POP内容：①推荐商品②出游③EDLP
	推广重点	不只是追求价格便宜，相关的物品全部关联陈列，方便顾客购买	学生保温杯单品大量陈列，确保量贩的优惠价格

170

首先，到自有店铺的常规（货架）和非常规（两端、平台等）位置，确认促销主题、促销（陈列样式）、使用广告方式、推广重点。门店负责人按照重点商品销售计划书的要求做了，连我都觉得好像做得很好。然后，再按照这个调查表格到竞争店调查一下，结果发现了其中的差异，这让我大吃一惊。

虽然自有店铺在以较少在库量打造购买件数提升的卖场制作上很自负，但在廉价感上和即使从远处也能看到醒目的表演这方面却输了。进一步，调查学校的秋游或者运动会的举行日，却没有用大 POP 来表示这点，这应该是马上活用的课题。于是，我们立即返回店铺，和店铺的其他同事解释说明了卖场中一部分需要变更的地方。方案实施以后，比起以前客人的驻足率确实上升了。首先，试着做一下（并不是被迫做的），不仅仅是为了做好，还要确认客人的反应和竞争店的方式，再下一番功夫。门店在采纳来自上面的智慧的基础上，再加入自己的智慧、地域商圈特征等，商品也好、卖场也好都会发生变化。

（3）没有反映在业绩评价里。有没有反映销售人员业绩的评价体系？有没有评价实现销售的人员的组织氛围？本来是有基于谁卖了多少这样的记录，或者个人的提案的预算制度，虽然也进行了业绩评价，但前提条件是：现场第一主义是否渗透于组织全体之间。并非全都是在总部的桌子上决定，如果有不知道、决定不了的事的话，请在现场确认。一定要抓取现场的数据及事实，以后再决定组织氛围。

对于连锁店企业，要讲的道理增加了，要说的话变长了，这样就容易造成脱离现场来讨论。零售业是"卖什么"（如今的时代卖不出的话连饭都吃不上，不论是厂家也好，批发商也好，都是一样的）。正因为这是难销售的时代（包含卖的意思，并且要想办法卖出去），在这里，关于业绩评价制度，不讨论固定部分和成果部分的比例，"卖出去的人得到回报，卖不出的人没有回报（当然，没有做败者复活战的准备）"，这些更应该是演的问题。

表 5-4 是某企业的小时工发表的内容。

表 5-4　业绩汇报会的报告案例

主题：和家人一起的烧肉料理（精肉卖场）

1. 展开前的思考	2. 展开方式	3. 展开结果	4. 接下来这么做
①地域特征表明：家庭成员的人数结构多为3~5人，本次的烧肉企划正是针对4~5人用的600g的大包装商品的展开。 ②商品陈列不够丰富的话不能满足客户的需求，可增加食谱以及试吃活动。	①平时的陈列：把精肉打包成各种大、中、小包装陈列。小包装（150g）、中包装（300g）以及3个SKU大包装（450g）。没有特大SIZE的包装精肉（600~700g）这一品类。 ②发现有顾客购买2个大包装精肉。从主妇的角度来看，比起2个包装，1个包装的商品会比较不容易散，也减少垃圾产生，所以合适的包装尺寸很有必要。	①在烧肉企划里面我们特选牛的肋扇烤肉去展开活动。 ②促销结果：特大包装是平常销售的2倍，大包装的销售对比平常增长1.5倍，小包装是平常销售的一半。这表明，大包装更符合客人现下的需求。	①接下来一定要确保实行关联陈列以及试吃（12点、16点），让客户全面体验到商品应有的美味。另外，我们提议的菜单会让客人联想到，也许今晚的晚餐可以考虑这样做。

　　通过①打算这么做（计划），②这样做的话（实施），③变成这样（结果），④进一步、打算这样（回顾和计划），这样简单易懂的程序，门店里活泼开朗的工作作风浮现在人们眼前。

　　这里厉害的是：小时工的销售意识很强。不是比正式员工（也许称为全职员工比较好）都顶着大梁奋斗着吗。还有，具有生活实感的小时工非常清楚周边商圈特征（客人的年龄层、口味、购物习惯等的不同），并想坦率地运用在卖场。我觉得小时工是 4 小时的正式员工，正式员工是 8 小时的小时工，如果可以实行限定时间范围内的销售竞赛和重点商品竞赛等的业绩评价的话比较好。

　　与其采用 Plan-Do-Check 之类计划—实施—评价这样陈旧的语言（我觉得是又旧又新）来交流，还不如采用更明白易懂的语言，像"我打算这样""这样做的话，会变成这样""甚至我想这样"的话就比较具体。我甚至觉得这比我使用的作—演—调更容易明白。

　　总部和店铺不是上下级关系，而是共同实现让客人能够愉快地购物这一目的的社会分工关系。我希望店铺能以实现专业销售、成为销售专业人员为目标。

三、调的问题

　　我认为，越是好的企业，调就越能发挥功能。信口开河、放任自流在各个部门中或多或少都存在，但在组织全体中的话，个体的强势与全体的强势不打通，组织甚至会成为弱势。也可以说这是大企业的弊端，最近，小企业也好、大企业也好，都时常为这种病所扰。

调的问题是：①未能总结、②没有串联、③没有活用智慧优势。

（1）未能总结。是因为组织的智慧没有被发挥出来，多可惜啊！仅仅是依靠人数、头脑的数量，也必须让智慧运转起来。

图5-3是某家企业的例子。

重点主题	娱乐休闲用品的销售策略的彻底贯彻
选定理由	• 在迎来夏季娱乐休闲用品的最大高峰的本周、下周里通过大幅度改变常规商品的销售策略实施相邻展开、最大限度地赚取销售额、利益 • 由于相邻店铺和分散的店铺之间销售额会产生很大的差异，本周必须实行

（1）上周的状况……平均1个店铺158千、同比上周132％、同比去年102％、部门内构成6％。在娱乐休闲用品整体里占23％的构成。

销售额靠前的店铺	单位（千日元）	同比上周	同比去年
1.A店	441	193.1%	110.7%
2.B店	427	160.0%	–
3.C店	407	135.8%	125.6%
4.D店	376	185.2%	177.0%
5.E店	352	135.4%	179.6%
6.F店	351	127.9%	88.1%
7.G店	335	125.0%	90.6%
8.H店	325	150.4%	182.5%
9.I店	324	152.3%	146.2%
10.J店	315	177.0%	129.6%

采访了店铺上周的状况：
1.平台、常规货架、瓶子是邻接在一起的店铺
2.推销重点商品的店铺
3.在卖场前面完成了扩大排面数的店铺数字同比上周、上年都有所上升。

图5-3 重点（销售）商品情报

好的事例：两周前，有一次"休闲娱乐用品的扩大销售"的重点商品销售计划书出来了，之后再次发出来，是同一个部门的情报。

这个情报，"虽然上回情报已经发过了，但在卖场做了没有？实行了的店的销售额上升了，没有实行的店没有上升"。很好地

实行、成绩上升的店铺的特征是——就像这个资料上被围起来的部分写的那样："1. 平台、常规货架、瓶子是邻接在一起的店铺，2. 推销重点商品的店铺，3. 在卖场前面完成了扩大排面数的店铺的数字同比上周、去年都有所上升。"

其实这还没有结束。虽然资料上没有说明，但这之后还要继续。"虽然上次的情报是发出了，但有的店还没有做""还有从数字看的话，认为这些店没做，像 M 店、O 店、P 店等等"，要这样不厌其烦地不断总结。

只有做到这一点，业绩数字才会改变。实际上，读情报的话就要认定：发一次情报，门店也许不会读。这样想就比较好，因为这其实就是组织的现实。

对于必须卖的重点商品，无论如何要坚持到这一步。有的商品卖四周就结束了，但更多的是四周以上的，因为它是以生活周期来循环的，第一周的情报（导入期）、第四周的情报（成长期）、第八周的商品面向结束期的情报，像这样发出好几次是当然的。做到这种彻底的程度就会很好。但是不要单单作为习惯而发情报，那么是为什么而发呢？是因为没有传达到而发呢？还是因为没有做而发呢？或者是因为希望模仿好的事例而发呢？像这样考虑的话，内容就会改变。

（2）没有串联，意思是某家店铺的好的事情没有传达到其他店铺，也没有反馈到总部。店数越多，各个店铺间的差距就越大，想要迅速地在店铺之间传递好的事情（水平展开），构建起店铺和总部间传递好的事情（垂直展开）的组织，定期地进行事实确认和课题反省是有必要的。

表5-5体现了某家企业店长使用店长（或者 SV 用）的确认表确认在自店的各个卖场里是否好好地展开每周的重点商品。○代表完成了（我认为的），△代表虽然完成了但不是很充分（我认为的），×代表没有完成（我认为的），按照这三个阶段评价按每家店、每个区域汇总的内容。

表5-5　第21周重点（销售）商品的各地区经营状况一览表

店名	A	B	C	D	E	F	G	H	I	J	K	L	M	N	O	P	Q	R	S	T	U	V	W	X	Y	Z
蜜饯	△	△	△	△	△	△	○	×	○	×	○	×	○	△	△	○	△	○	△	△	△	○	×	△	△	△
桃子	○	○	△	○	○	○	○	×	△	○	△	○	△	△	○	○	○	△	○	○	△	△	○	△	△	×
黄瓜	○	○	○	○	○	○	△	×	○	△	○	△	○	△	○	○	×	○	△	○	△	△	○	△	△	△
带骨鸡	△	△	△	△	○	○	△	×	△	○	△	△	×	△	×	×	△	×	△	×	△	△	○	×	△	△
法兰克福香肠	△	△	△	○	○	△	×	×	○	△	△	△	△	×	×	×	△	×	×	×	△	△	△	△	×	△
贝类	△	△	△	△	△	○	△	△	△	△	△	△	△	△	×	×	△	△	△	△	△	△	△	△	△	×
鲜鱿鱼	△	△	△	△	△	○	×	○	△	△	△	△	△	△	×	×	△	△	△	△	×	×	△	△	△	△
加热虾	△	△	△	△	△	△	△	×	△	△	×	△	×	×	△	×	×	×	△	△	△	△	×	△	△	△
鳗鱼	○	○	○	○	○	○	△	△	△	△	×	△	×	△	△	△	○	○	×	×	×	△	×	×	×	×
饭团	○	○	○	○	○	○	△	△	△	△	△	×	×	×	×	△	×	×	△	△	×	△	×	×	×	△
油炸鸡块	△	△	△	○	△	△	×	×	×	△	△	△	×	×	×	×	×	×	△	△	×	△	×	△	△	△

	东部区域	西部区域	南部区域	北部区域
关于评论	・平日橘子600g展开不行 ・炸鸡块320g的量多了 ・贝壳类平日卖不掉	・熟食区域的展开各个店铺都不足 ・重点商品的主题分类弱 ・集合展开需强化指导	・整体上来说，农产、水产展开得非常好 ・畜产、熟食的运作很好 ・重点商品的试吃、样品、关联陈列不足 ・重点商品的饭团在高峰期断货的事情也有 ・在游玩区域展开时要注意	・整体运作不是很好 ・特别是Z店的运作很弱 ・强化贯彻指导

评价基准：
○按照重点商品的要求实现了　　△虽然按照重点商品的要求实现了，但还是很不足　　×按照重点商品的要求没有实现

A. 在东西南北四个区域中，既有完成的区域，也有没完成的区域。东部区域是出类拔萃的，各店都完成了；北部区域的话，了解到很多店没能普遍完成。从中也可以看到区域长对于重点情报的态度。在营业会议上能够了解内容是怎样的。作为营业干部——区域长管理上的差距会加大店铺间的差距。

B. 每个区域完成的店和没有完成的店之间的差距的事实。北区21周没有完成，或者在存在很多不足的店铺之中 V 店评价很高。我想参考这里店长的工作方法，但是很在意存在和区域长的意见碰撞等问题。

C. 由于选址、客层的不同，会产生完成的店和没有完成的店之间的差距。南区 P 店熟食部门的三个商品都是×。这家店的商圈特征是位于高龄人士多的农村地区，夜间来店客人少。基于现在的状况，熟食一定难以卖出去的。因为卖不出去，所以无论是卖的数量也好、策略也好都变得消极。还有，北区的 X 店，开在离住宅区很近的住着很多大学生的区域里，所以熟食畅销。因为畅销，所以要在重点商品的销售上加大力度。因此，按每个选址、每个客层来变更重点商品的地区性也许比较好。

另外，在同一周里重点商品销售计划书的水平以及实现程度存在差距也是事实。农产的桃子，水产的贝类、鲜鱿鱼等等，完成的店铺明明很多，畜产的带骨鸡肉和香肠、熟食的饭团和炸鸡块等等，实现度就不太好。确认情报是否是合适的主题（过早、太迟），商品包含 SKU 是多还是少，卖场制作的指示是否很弱，店铺下的功夫是否不够等，是有必要的。

3. 没有活用智慧优势，意思是没有活用连锁的优势。店数增加、商品量增加的话，通过大量采购、降低采购进价，结果是加价率上升。甚至，集中于总部各职能部门（商品部、促销部、人事部、开发部等）的运营效率提高，结果是成本费率降低。

由连锁展开带来的这些优势（优点）是众所周知的。但是，除了大量采购、大量销售的优势，零售业更是和人相关的商业，不能忽视每个人的商业价值。在现在店铺数过剩的时代，如果单单是把商品放置好的话，就和其他店铺没有差别，商品就会变得很难卖。在已有畅销店铺的数据和事实的基础上，借助至今为止的经验（借助很多同事的智慧），在不增加人手的前提下通过"改善办法"成为积极的销售店铺是很有必要的。

表5-6是和重点商品销售计划书一起送到店铺的确认表格。商品部事前记录每周的重点主题和重点商品、设置的理由、销售策略、呈现方式等应该彻底贯彻的内容，然后发送到店铺。店铺的各卖场基于重点商品销售计划书来制作卖场，并根据不同的情况加上自己的办法。然后，店长和SV（周末的话采购也参加）检查卖场时使用。

表5-6　卖场彻底贯彻确认表格式示例

部门：蔬果部	期间：第36周11月3日~11月9日			记录日期：		记录人	
重点商品以及重点主题：时令蔬菜水果的扩大销售				评价方法：	自店评价的时候	○表示完成了　×表示没完成	
					竞争店评价的时候	○表示完成的比竞争店好 △表示和竞争店一样 ×表示比竞争店差	
设计理由、销售策略、呈现方式等彻底贯彻的内容	可以完成的事是什么	自店评价	完成不了的事是什么	竞争店评价	没有完成的理由和对策 输的理由和对策 进一步取得胜利的理由和对策 （根据作、演、调来总结对策）		
1、橘子 （1）利用水果台的最前面和单面展开 ※把向阳橘子放在销售的中心、在最显眼的地方展开 （2）周末5公斤一箱橘子一排展开 （3）按各个产地注明甜度和实行试吃							
2、长芋头 （1）土芋头的单个销售在蔬菜区的最后的柜台、用单面展开 （2）洗净的长芋头单个销售是在土芋头隔壁的柜台上展开							

根据情报，完成的话就把这个内容和○印记入"自店评价"栏里，没有完成的话就把这个内容和×印记入"自店评价"栏里。再去竞争店，把自店完成得很好的地方和竞争店进一步做对比，输的话在"竞争店评价"栏里记入×印，赢的话记入○

印，哪个都说不准的话记入△印。因为是基于自己公司的情报进行确认的，如果和竞争店相比不是△印或者○印的话就很难办；如果有打上×印的事项的话，就被认为存在很大问题。

为了使○印每周连续，就变成了从竞争店那里争夺客人的事情。如果根据不同的周，有时候是○印，有时候是×印，就是辜负了客人的期待。门店水平忽高忽低的话会给大家带来困扰，恐怕会认为卖场负责人对于商品也有喜欢讨厌、擅长不擅长。或者，管理者在和不在的时候，以小时工为中心做的时候和加入正式员工做的时候等，也许会使卖场存在差别。

这张表的重要部分是：持续确认事实和怎样活用、怎样采取措施。最右边写着"没有完成的理由和对策""输的理由和对策""进一步取得胜利的理由和对策"等，记入各自的自店评价中存在没有完成的情况、存在在竞争店评价中输了的情况。除此之外，还记有虽然赢了，但为了更好地拉开差距，问题点和改进课题是什么，应该采取怎样的对策。

这也是根据各自的作用，即作（重点商品销售计划书是否明白易懂等）、演（店铺在卖场内是否相互确认情报等）、调（促销道具是否被安装得醒目等）分别写出对策。店长也要检查这张表格，在总部传阅，或者由所属部门决定什么时候采取对策。

52 周 MD（以每周的重点商品为中心打造卖场）本身并不是特别的技术。至今为止，把行业的前辈们做的事体系化，也可以认为是给我的口味调味。即使大声叫喊"重点商品"，如果不能成为系统化的话，也和以前没什么变化。实行"52 周

MD"，即使每周的重点商品销售计划书都被送入店铺，但没做，或者好的事例被迅速地反馈，但不持续加入修正、变更、微调整，那么也和以前一样没什么变化。如果不能伴随组织氛围的改革的话，就不过是一次单纯的技术性讨论罢了。

第六章

52 周 MD 的技术

第一节
重点商品销售计划书的内容

一、设法提高精度

我认为每周的重点商品销售计划书是企业（店、卖场）每周的经营方针。在以信息为中心的时代，要和很多人有效地打交道，完全遵守、彻底贯彻执行计划或指令是最基本的前提条件。尽管如此，我们看到的现状却是：在卖场中，没有看重点商品销售计划书、没有按照计划书去做、没做到位的事还有很多很多。商品部和销售部的关系总是很差，过度的总部中心主义、过度的店铺随意主义等，都还是随处可见的。我一直坚定地认为，作为组织，不能没有一个完整的身体。

那么，究竟是哪一方出了问题呢？

首先，高层及干部没有注意到这方面有问题，这是事实，所以我认为认定在作的方面有问题会比较好（虽然不想承认）。在现实情境中，由于销售计划书的内容差、在现场没有发挥出效用的例子很多，这种状态如果持续的话，不只是销售计划书，总部也在门店面前变得完全不可信。其中有门店（卖场）自己的风格任性地蔓延的原因，即门店有对于自己的风格的坚持，我觉得其中既有创意功夫也有自己的随便性（包括寻找不行的理由）这两种意思，但不能一概而论认定这些全都是不好的。我认为，店铺自己的风格随意蔓延是因为总部没有发出正确的、能在现场使用的有效的销售计划书。当然，到现在为止，总部并不是没有发出过有用的销售计划书，但我要说的是，总部要比现在，还需要更多的磨炼，如果我们不逐步提高一切工作的精度的话，就缺乏了为了在这残酷时代里能够生存下来的组织力（包括企业力、综合力、商品力等）。

所以，我们必须尽快在提高重点商品销售计划书的精度上下功夫。

我曾在某家企业，让采购和店长看其他部门的销售计划书，并让他们坦率地指出"容易看的点"和"难读的点"。接下来列举，括号内是难读的点。

（1）重点主题简单易懂，容易产生对卖场的印象（重点主题难懂，冲击力比较弱）。

（2）重点商品、重点主题的选定理由能够接纳（选定理由模糊不清）。

（3）针对本周的重点商品、重点主题，如果努力一点去做的话，数值能够变化多少是很明确的（数值目标模糊不清）。

（4）重点商品被锁定（重点商品太多）。

（5）销售计划书内容简洁（销售计划书内容太多）。

（6）布局或者排面数等的展开指示比较具体（没有展开场所、排面数的指示）。

（7）贴着好事例的照片（全都是文章）。

（8）文字比较大（文字很小）。

如上所述，虽然好的和坏的地方都有，但整体来说还是问题堆积如山。既然当事双方（制作销售计划书的人、看销售计划书并按要求展示出来的人）都这么说，那么相关的责任人是以怎样的心态来使用销售计划书的？而且我们发现，当事人好像没有意识到重点商品销售计划书的重要性。

二、重点商品销售计划书为什么是必要的

在这里，我再次强调一下重点商品销售计划书为什么是必要的。

（1）目前我们处在一个竞争高度激烈、依靠综合实力来拉开差距的时代，所以从高层到现场的智慧共有化是必要的。

今后我们更要以同样的视角（要始终保持内外合一的现场第一主义和顾客至上）、同样的语言（无论谁都能够听明白、表达的意思相同、且能用企业内共同语言来交流）、相同的基准（一定要达成预算、重点商品等的最终目标，贯彻到底的精神和要求）来衡量自己的一切，这是很有必要的。请一定要意识到这一点——制作重点商品销售计划书的重要性。

（2）由于小时工的增加，我们需要把具有生活实感的女性智慧打造成工作的中心。

我们能不能不使用抽象的语言，而是使用具体的明白易懂的语言；能不能不采用模糊不清的表现方式，而是更多地采用数字或者图表照片等视觉的元素来表达，来制作重点商品销售计划书。还有，我们要活用菜单提案或者生活活动、地区特征

等女性（特别是家庭主妇）的情报网。以上我所说的话，有可能会被大家误解，但由于小时工增加了，我们确实就需要更简单易懂地表达或需要生活实感作为表达的基础。原本，至今为止我们使用的比较多的语言是横写的文字，没有准确地翻译出语言的意思就稀里糊涂地就过去了。因此不要总以为门店总会有办法的，这种想法真是不可思议！我认为到了零售企业应该重新开始给销售计划书的内容动手术的时候。

（3）为了维持顾客什么时候去都不负所望的店（卖场）的水准。

现在，门店休息日没有了，营业时间也变长了，从业人员的工作体系也随之发生了变化。门店里有13点上班22点下班的人，也有8点上班12点下班的人，等等，于是就会产生各种各样的排班表。这样一来，就会出现卖场内的交流不完备或者卖场之间的经营管理水平的差距拉大等问题。对于顾客这个买方来说，于己无关的卖方是不能强加给自己任何东西的，那么如何能始终维持卖场的水平、让买方感到购物很舒心就变得很重要。今后，按时间段的MD（每个时间段禁止脱销的单品、每个时间段扩大的商品和缩小的商品等）和对于按时间段MD的人员排班的组合被加入到销售计划书中去，就变得很有必要了。

三、想要掌控的内容是什么

为此，关于重点商品销售计划书的内容，我们怎么做才好呢？稍后，我们会以好事例为中心来具体说明一下。

以下是三点主要的想法。

1. 把显眼的东西、想传达的东西放大。

如果这个也不行那个也不行的话，我们就不可能对所有正确的东西进行确认，所以我们要让显眼的东西、想要传达的东西变得清晰。只有从高层到基层现场都贯彻这一思想，对重点商品的选择和集中才会变得可能，对于重点商品的经营运作才会集中更多人的智慧。

2. 先弄清变化的东西和不变的东西，只将改变的东西作为销售计划书来传播。

一般来说，总部提出什么建议，在卖场应该都会相应有所改变，所以，总部发送的销售计划书越多，卖场的工作量就越大。但是，如果有需要的话，比如总部预料到有商机的话，还是应该发出销售计划书，这时我认为是允许增加卖场工作量的。不过，从有意义的工作出发，从投入产出比的角度来考虑，如果不是门店应该做的工作的话，门店就不希望总部发出多余的工作指示。

如果只有增加东西、没有减少东西的话，卖场的工作量就会有增无减（包括善后处理工作），所以，总部只需要把必要的、变化的东西作为销售计划书来进行提案。这样做的结果，是搜集特定的资料及销售计划书的制作上花费的时间、在卖场看销售计划书的时间等都变少了。

3. 弄清楚维持最低限度的标准水平所必要的内容。

站在顾客的角度看门店，非常重要的事情是：任何时候去店铺都有想要的东西，是一个能容易找到商品、便于购买的卖场。如果卖场的营运标准能够做到在从早到晚的每个时间段上没有差别，也就能够不辜负顾客的期待，能给顾客带来对店铺的信赖（店铺忠诚度）。

然而，卖场经理不可能一直都在卖场工作着，即使在一天当中，由于商讨事情或者吃饭、休息的时间，他们有时候也会离开卖场。和预约销售不同，因为不知道客人什么时候来店，如果卖场经理在卖场的时候商品被好好地摆放着，但经理不在的时候，卖场就变得乱七八糟的话，那就比较难办了。无论谁当班，都可以做到一样的营运标准，特别是关于本周的重点商品，要能够最低限度地、以同等标准做到，这是非常重要的。在这样的基准之上，卖场经理在的话，如果能更好地提升卖场营运标准的话，就再好不过了。

四、来自卖场的意见

关于重点商品销售计划书，在卖场积极忙碌的人（卖场的课长、经理等）也提出了一些意见。对于这些意见，如果负责销售计划书作的那一方不好好地回应的话，负责演的那一方即配合的人——重点商品想法的强力实务推进者就会受到影响，销售计划书的执行效果就会大打折扣。

以下三项是来自卖场的具有代表性的意见：

1. 资料太多

资料太多，并不是简单地加以删减就能解决问题的。我认为，如果是必要的、有用的、即使认真读也不会感到累的内容的话，即使资料很多也没关系。无论哪个企业都有这样的情况发生：高层或干部一说"内容这么多，谁来看"的话，采购们就会有把销售计划书的内容减少的倾向，而可怕的是，此时内容也会变得很粗糙、质量低下。

至今为止，我们零售业的坏毛病好像还在，比如说，关于POP，上面某个领导如果发出了"量多、乱七八糟"的声音，门店就会粗暴地马上把好不容易安装好的 POP 取下来。然而，第二天别的干部来巡店时说了"POP 太少了、卖场太冷清了"的话，POP 便又增加了。这种恶性循环应该已经持续几十年了吧！

重点商品销售计划书的命运也可以说是与之完全相同。大家不是按照内在想法和内容进行评判，而是以事物的表象进行判断的。也就是说，比起销售计划书的内容质量，关注资料数量的话题有点多。

为什么资料增加了呢？站在作的一方会出于好意地说：我们是从"亲切地、手把手地，这个也教，那个也教，要仔细地传达"这个角度来考虑的。如果确实是为了能成为小时工的教科书，让小时工明白易懂、很具体，那就非常受欢迎，但我总觉得好像并非如此。因为总部采购不是聚焦在一件事情上进行归纳总结，很多事都半途而废，结果资料就增加了。

再举一个相反的例子。在某家企业，当我们问起完全没有卖场经验的小时工，他们说上面让他们把很重的货放在小货车上，对此他们感到很为难。像他们当时那样在货架两端或者平台、舞台的陈列和展示的工作质量是不过关的，目前店铺已经处在比实际情况更低的营运水平上了，出现了上述消极的情况，是否是对资料过多的反应过度呢？所以，在我的建议下，该企业增加了各种各样的资料。这样过了一年，我发现有超过正式员工水平、对企业的经营感兴趣、带着使命感工作的小时工出现了。与此相关，有没有人认为"不指示这个那个的话，店铺就不做、做不了"？我认为，总部提案是最低限度的标准水平（资料就到这个限度），之后就委托给店里想办法比较好（95∶5的理论）。如果总部不明白这个道理的话，资料就会陡然增加。

还有一个是建构的问题。虽然前面我已经讲过了，但很多零售企业的商品计划、销售计划的制订方法仍然是先做成年间的草案，得到高层、干部和各部门的认可后，再慢慢地导入细节，于是每次都要做大量的资料，在短期内制作了相当庞大的资料。虽然用长远的眼光看全局、以大趋势来看是很重要的，但实际上我们无法仔细预测未来的一年所发生的各种情况，基本上，由于每年的大部分情况都是重复的，所以我认为没有必要特地重新从零开始。

作为总部，好好地建立每年的高层方针和部门理念，如果是为了实现这些方针而制订相应计划的话，那就可以了，并不是这个和那个都写出来（我不认为把全部写出来有什么价值），而是应该以52周每周的重点商品（主题）为中心好好地制订计划。与其从年间（52周）→季度（13周）→月度（4周）→周这样具体地、细致地考虑的话，不如从4周是一个月度、13周是一个季度、52周是一年这样考虑，也能明白大的趋势，和各部门的联系不是也能看清楚了吗？在我看来，我们好像制作了很多多余的资料。

2. 重点商品太多

这个之前也讲过，从上年的实需矩阵图了解"畅销商品（今年也是销路看好的商品）"、从业界的 MD 动向那里预测"今年销路看好的商品"、从当前的 POS 数据里确认"现在畅销的商品"、抓住现在的确是"有人气的话题商品"，我们要从这四个方面来决定重点商品。

在选择重点商品的过程中，如果不能对某商品表明企业（店、卖场）的意图，或者采购自己的意图的话，该商品就不能成为重点商品。因为采购们只是把"候选的重点商品"直接当作"重点商品"，"重点商品太多"那是必然的。

如果只是减少候选的重点商品的话，只是简单地把范围缩小的话，所得到的商品也不能成为重点商品。作为重点商品，理由一定要明确，像之前所说的几个条件是必须满足的，甚至，类似"本周要在这上面献出最大的生命（表述稍微过激了点）"这样的企业意图也是必要的。

我曾说过很多次，重点商品并不是必须只有一个。这个世界上的所有商品，厂商都是认为能卖掉才生产的，采购负责人也是因为觉得能卖得掉才采购进来的，所有的商品理论上都是重点商品的候选。如果某商品的畅销理由能够明确的话，该商品就能成为重点商品。也就是说，即使有多个重点商品也是可以的（但前提是要能够在店铺好好地展示出来），如果我们按照这样的程序来决定重点商品的话，因为重点商品是和企业本周的销售政策相协同的，所以我认为要全员一起把重点商品的销售计划贯彻到底。

所以，我觉得重点商品的过多增加主要是所选择的商品的畅销理由模糊不清，对该商品的畅销度的预测模糊不清，销售的意图也模糊不清等因素造成的。

3. 重点商品销售计划书到店太迟

重点商品销售计划书一般是在实施前的4—5天到达店铺，但各企业情况有所不同，听说也有企业是在实施之前（当周）才到达店铺的。理由也是众所周知，连锁超市的生鲜部门是靠天吃饭的，由于天气的异常变化和时令商品无法进货，重点商品直到实施之前都没法确定的情况也是有的。尽管如此，我不认为像这样的情况每天都有，万一发生了这样的突变情况，发出紧急重点商品销售计划书（变更版）的话，应该是可以解决的。由于市场是会不断变动的，所以我们应该随机应变地应对这些情况。当然，如果事前的情报也没有，只靠紧急重点情报来制作卖场的话，门店准备的时间是很短的。

很多企业会定期举行一个月两次的店长会议、一月一次的部门长会议，在会上说明企划等是非常普遍的。在这些会议上，销售计划书会传达给店里的干部，大概就算是门店知道了，可是门店直到临期才开始当周的准备（相当机械地）。如果门店店长回到店铺之后，和卖场的人员开关于后面一两周MD活动的企划会议（展开场所、关联商品、POP、店铺独自想的办法、和其他部门的联动等），大家交流为了能更多地销售出重点商品该怎么办才好的话题，这样做就很好了。门店是不是做到这步了呢？

恐怕因为店长要做的事情太多，就在短时间内将总部的会议内容讲出来，之后就交给各自的负责人去处理了。关于这点，总部可能也有问题：总部制作了很多资料，无法在短时间内说明，最后总是以陈词滥调"稍后请看资料"结束了会议。由于门店是在消化不良的状态（没有充分地理解）下实施重点商品销售计划书的，最终门店能按照总部提案做的事情很少。或者，门店管理人员并没有在店里下功夫，就会发生根据店铺的情况（担当者的情况）而走样的情形。

虽然有些采购和总部职员总是发牢骚"店铺不配合、不做"，但其实他们自己也是有问题的。

总部商品部和销售部和促销部（营业企划部）在 9 周前（约 2 个月前）开了碰头会（调整会议、联络会议等），把各自部门的内容向其他部门说明，互相确认和其他部门的矛盾点（诸如明明实施内容是相同的，但重点主题却不一样，等等）、是否有能联动的地方、确认开始时期步调是否一致等。在总部内，如果这方面都没磨合好，我觉得在店里肯定会引起很多混乱。所谓的没有时间、很忙等完全不能成为理由，店长以自身消化不良的状态就对属下各店铺发出情报的话，店铺的工作量就会急剧增加，打造具有魅力的卖场就成了空话。如果能够在店里举行会议，确认那些企划下了功夫的内容的话（在 60 分钟以内提出结论），这是最好的。

最近我比较在意的是，在卖场中心的工作（版本）日程或者工作改善（总觉得是从形式上进入的）中，疏忽了总部内、总部和店间、店内、店和客人之间的沟通。这么说可能会被大家误解，但我觉得为了能有效地开展工作，充分的沟通是最基本的。科学的建构是：对于迄今为止零售业不擅长的一类，诸如零售业的 IE（科学的管理法），也叫 RE，我们要高度重视起来，这些都再次变得越来越有必要。

顺便说一下，我成立公司的时候很烦恼该给公司起什么名字。虽然容易记、容易懂、简单的名字等都成了候补，但最后，我想把"自己想做什么"体现在公司名上，就起了 REA 这个名字。这不是单纯地凭直觉和经验，而是重视以现场的事实和数据为基础的直觉和经验，意思是为了建立销售利润高的店铺而做贡献。不是为了效率而效率，我认为零售企业应该以拥有让客人满足的商品和卖场的效率化为目标。在这一点上，也可以说是会议改善，不是更应该采取和沟通相关的全部改善吗？

根据以上内容，我希望零售企业总部能制作出包含这些内容的重点商品销售计划书。

下面根据每个点来介绍一下好事例。

第二节
以重点商品（重点主题）为核心的前提条件

一、在组织内形成变化的分水岭

如果没有把重点商品（重点主题）作为理所当然的东西的前提条件准备好的话，那么 52 周 MD 的效果是不会出来的，这就是所谓的组织氛围。这个事情不是一朝一夕就能完成的，在某些方面比的是耐力，单单提高销售额并不难，但想稳定地、持续地提升销售额的话，就要考虑商品力＝企业力，完全取决于企业的组织能力。特别是组织越大，往往协调就越差，本来这些大企业明明只是店铺的数量增加了、人的数量增加了，但还必须用智慧运转起来（智慧型店铺）才行，所以反而是大型组织的弊端比较显著。

我喜欢的词语里有一个叫"变化的分水岭"。分水岭，是指区分水流的山峰。比如说登上山顶，说起水是往哪里流的话，应该是流向倾斜的那边（低的那边）。这中间的区别可能只有一毫米、一厘米。在组织里，即使是 51 对 49 的话，趋势也会发生变化；相反如果是 49 对 51 的话，就会发生逆转。仅仅只是一分、1%这么小的差别，但在组织中却是巨大的事。

假定店中有 100 人在工作。关于客人的投诉，总部指示今后要重新考虑、予以改进，在 100 人里如果有 49 人是理解的，51 人不理解，这个时候 51 人变成了多数派，所谓的理解的 49 人就变成了少数派。在组织内少数派渐渐地就减少了，因为大家都觉得在多数派里容易待。此时，就需要企业的领导者发挥强有力的领导能力、一气呵成，把理解自己的人增加到 51 人（51%），这样的话，剩下的 49 人（49%）就像被打了一记耳光一样，就会逐渐变成理解的人。这就是组织原则。

二、为了推进重点商品的 10 条

请看图 6-1，也许有人会问：为什么会做这样的总结？虽然至今为止，我已经说了不下上百回重点商品的话题，但一定还会有人对此提出疑问。对于重点商品的话题关注度高是非常好的事，在这些疑问中，有我自己还想进一步说明的事，包括自己的意图还没有传达到位的，也包括自己原先没有预想到的提问。对于这些疑问，我总结归纳并一个个地回答出来的话就变成了下面的 10 条。当然，这个关于重点商品的话题的总结并不是完成时，我认为现在也仍然是进行时，也许今后会变成15 条。

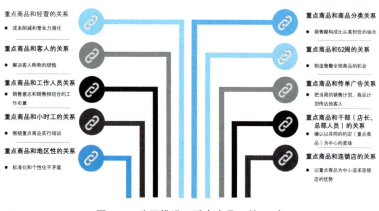

重点商品和经营的关系
● 成本削减和营业力强化

重点商品和客人的关系
● 解决客人购物的烦恼

重点商品和工作人员关系
● 销售意志和销售相结合的工作布置

重点商品和小时工的关系
● 围绕重点商品实行培训

重点商品和地区性的关系
● 标准化和个性化不矛盾

重点商品和商品分类关系
● 销售额构成比从高到低的场合

重点商品和52周的关系
● 制造售罄全部商品的机会

重点商品和传单广告关系
● 把当周的销售计划、商品计划传达给客人

重点商品和干部（店长、总部人员）的关系
● 确认以共同的约定（重点商品）为中心的卖场

重点商品和连锁店的关系
● 以重点商品为中心追求连锁店的优势

图 6-1　为了推进（重点商品）的 10 条

1. 重点商品和经营的关系

以重点商品为中心计划 52 周 MD 的话，会存在"是否要花费人手（麻烦）""会不会增加成本"这样的提问。

的确，由于卖场要制作、变更关于重点商品的相关信息，仅仅就这部分而言，就是会关系到成本上升的要因。我们日常所说的"低成本"这个词，其概念是包括经费额削减和经费率削减两个方面的。前者是进行工作的重新评估，由于减少工作时间而降低了人力成本费用（额），减少打传单广告的次数、降低促销费（额），返还没有被使用的停车场、降低房租（额）等，这些降成本的工作很多的企业都在做。因为成本的三大要素是①人工费用、②房租、③促销费用，说到低成本的时候，进行以上经费的重新评估是很普遍的，也就是所谓的小气鬼作战方法。我把这叫作防守型的裁员，裁员是用组织机构瘦身的办法来实现组织机构变革的意图，可能不是正确的方法。但是，接下来我要说的，想和我抨击的裁员方法对比一下，就让我用这个吧。

经费率削减是通过售卖更多的重点商品提升销售额，从而降低经费率的方法。

我这样说可能会遭到很多人的反驳："当今时代提高销售额不是那么简单的""增加人手的话销售额可能会提高，但人手增加不了"等。真的是这样吗？客人想询问某个商品而店里的人却不在卖场，顾客晚上 7 点左右去买东西却断货的情况是否经常发生？机会损失变得多了，是否是在销售上下的功夫不够？我把经费率削减叫作进攻型的裁员。如果零售企业和获得销售实绩的供应商或者厂商交涉价格的话，难道不是可以在相互同意的情况下毛利率更容易提升吗？所以，我们的目标就是进攻型的裁员。

如果能够降低一个点的人工费率，我认为是非同小可的事情。固定费本身不经过相当大的改进完善是不会降低的（不只是小时工化、小时工战斗力化、总部职能的重新审视和人员削减等）。虽然这么说，但我深深知道毛利率提升一个点也是非同小可的事。但是，现在不确立商业模式（事业构造）的话，企业就不能生存下去。如果我们卖出去原先销售额的 2 倍的量的话，以这个为基础去与相应的供应商或者厂商交涉"我们卖出了 2 倍的成绩，请考虑一下"，这是被允许的交涉，一定可以换来他们在毛利率（一般是进价降低）上的让步的。

当然，如果我们不卖商品的话，就不能上谈判桌与供应商或厂商交涉。相互之间发展双赢关系，在积极销售重点商品使成本削减的同时，营业力也得到强化了。

2. 重点商品和客人的关系

客人的烦恼是来到店铺（卖场）"不知道该买什么"。我们通过问卷调查发现，对于"今晚做什么菜好，很迷茫"的家庭主妇占 80％以上的比例，这一数据相当令人吃惊。还有，顾客来店寻找商品，却不知道放在哪里，登载在传单广告上的商品顾客没找到、引发客人不满的同时，对于店铺来说也会发生销售机会损失。

就像之前我所说的那样，持续做客人动线调查的话会发现客人并不是转遍卖场的每一个角落。为了让客人能转遍整个卖场，确保主通路、各个角落都配有磁铁般的卖场区域和商品是非常关键的。尽管如此，顾客还是有相当多的不满是关于在哪里有什么商品不是那么简单明了。

至今为止，我们还在理所当然地使用顾客短时间购物这个词语，只有语言在独立行走（因为是简单易懂的语言，所以大家好像明白了似的）。实际上，我认为在技术上好像并没有使用除排面数扩大，或者单品大量陈列以外的其他办法。我们不能仅在门店品类布局上下功夫，如果不能在销售策略、呈现方式上下功夫的话，别说解决客人的烦恼，对于卖场（店）来说也是和顾客购买件数（客品数）的增加没有关系的。而且从中长期来看，还有可能会得到顾客的"那家店买东西不方便""那家店的传单广告是骗人的"这样的坏的评价。

所以，当顾客说"现在不买的话什么时候买"，或者店铺说"现在不卖的话什么时候卖"这样的话的时候，也就是所谓重点商品要放在显眼的地方、要使得它们更显眼、要增加商品的多样性，这样展开是有必要的。

3. 重点商品和工作人员的关系

有人担心："如果基于重点商品的想法去工作，工作量不是都会增加吗？"的确，①如果在两端或者平台等显眼的地方展开重点商品的话，要花费移动和陈列等的时间。②如果扩大排面数、设置 POP、菜单提案等把重点商品弄得显眼的话，这也要花费成本。③增加 SKU、关联陈列、增加商品多样性的话，人手也要增加。

但是，我们卖场的工作是：盘点、订货、补货、陈列、修正、POP 的安装等每周有规律地进行。上述的①、②、③或多或少并不是每天都要做的。或者即使我们不用"重点商品"这个词语，比如说销售圣诞礼品优选品的时候，在显眼的地方、为了看上去显眼，不是会使用圣诞树的演出、圣玛丽或者圣诞袜等一起关联陈列，芝士风味等的试吃提案吗？如果我们因为要花费成本又费事而不做的话，是不是就不能在这么冷清的卖场（店）里让客人感到高兴了？在现在这个过剩的时代（店铺数过剩），无论在哪家门店都是摆放着相同的商品，别说消费者进行简单的品牌切换很容易，就连顾客进行店铺切换也是常有的吧？我们把至今为止的工作方法以 52 周每周的重点商品为中心，有意识地做的话，我认为零售企业就能打造更好的卖场、更方便顾客购物的卖场。

还有，"销售重点商品"的时候扩大排面数、增加 SKU 等，容易被误解成只是扩大强化的意思，在有限的卖场中扩大什么、不缩小什么的话，在库量就会增加，溢出陈列会增加就是理所当然的事了。当我们想要卖更多畅销品的时候，这个时候就要缩小滞销品的陈列。相对于欧美各国，在房租等基础设施成本高的日本，我认为零售企业有效地活用卖场这样的想法是有必要的。工作量是和在库量（陈列量）成比例的，如果我们这样想的话，有扩大也有缩小，工作量不是没有什么变化吗？甚至可以说彼此抵消就是零，也不过分。

4. 重点商品和小时工战斗力化的关系

小时工的技能提升如果不和提升小时工化的比率平行地进行的话，卖场的魅力就会降低，营业力也会下降，销售额就不会上升。对于小时工的教育来说，只有刚进公司时有研修，而且也是以就业规则和店内规则、打招呼、仪容仪表为中心的企业培训居多。关于实际业务的培训，还是所属部门的领导用自己的那一套来教的为主。当我们面临这个也不行那个也不行的困境时，选择只针对重点商品好好地聚焦视线，实施商品知识也包括体验教育的话，门店针对重点商品的工作就变成专业的了。

实际上，我就在某家店里观察到：对于刚来店里打工的店员，担当负责人会教他们"这是本周的重点商品"，不使用卡路里之类成分比较难的词语，首先让他们试吃（新发售的商品）。这一天，小时工在卖场被客人问到"这个新商品的口味怎么样"时，小时工立即回答"对于我来说比较好吃，甜度正好"，客人当即表示"这样的话那就买点尝尝"，而且好像还买了两个。关于重点商品如果没有人介绍、没有试吃的话，大概就不能让客人决定购买了吧。还有，当顾客问及新商品的口味如何时，如果小时工强调"因为客人喜欢这个，所以我们推荐"等的话，就可能立刻会招致顾客的抱怨。

重点商品是畅销概率高的商品，也是被客人询问概率高的商品，即使我们只是把这点传达到位，也可以说是短时间内出色的即战力培训的教育。

我们的采购是一直和商品打交道的，但可能根本没有研究商品知识之类的东西。如果采购能针对重点商品进行试吃试用，研究销售策略、呈现方式、传达方法，而且还调查竞争店的价格、品种、销售策略等，也就是彻底学习研究关于这个商品的深层知识的话，我们的采购就变成专家了。在这个残酷竞争的时代，采购们必须把自己升级到专家的水平，而不仅仅是采购员的水平，才能够带领整个公司提升商品竞争力。

对于小时工来说，要让他们深度掌握：上周门店开会，定期举行的本周的重点商品是什么？这些重点商品的选定理由是什么？应该采用怎样的销售策略？对于具有生活实感的主妇

（小时工）来说，如果能够让他们领会并掌握采用什么销售策略能让客人高兴的话，就比较有效果。

5. 重点商品和地区性的关系

为什么重点商品没有渗透进全店？其中的原因是存在几个误解："总部把想卖的商品强加给店里""在店里想卖的、畅销的商品不是重点商品""说是只能卖重点商品（其他商品怎么样都行）"等等。

连锁企业的门店，店铺规模也不是公司所有店统一的，如果面对的竞争店不同的话，客层不一样、顾客的口味也不一样，有些重点商品的想法，对我们店来说想表达比较困难，所以门店有上述的想法是很正常的。

由于各店的情况不同、客人的生活方式也不一样，总部要求"公司所有店一律照办"这样的做法是错误的，这也就是所谓怎样看待重点商品和地区性的关系这个问题。关于这点，并不是现在才发生的事情，而是个店是否重视连锁店理论的陈旧争论，遗憾的是，我觉得业界还没有得出结论，大家就在半途而废的时候对立起来了。

从理论上来说，即使是面对上述那样的差异化的状态，在实际业务运作中，不是去分辨哪一派更合理，而是把两派融合在一起的想法更能扩展开来、更具有生命力。即公司所有店共有的好东西——普遍被全体消费者接受的好东西（其实是相当多，正变得很多）和活用个店情况的特殊东西这两方面，都是必要的。比如说"运动会"这个重点主题是全国统一的，在我们哪个县没有实施的事例是没有的吧？但就具体日期来说，北海道地区 5 月份举办的比较多，关东地区 9、10 月份举办的比较多；又比如"浴衣"这个夏季的重点商品是全国统一的，但有的地区是在 7 月举行花火大会或者盆舞蹈（盂兰盆节），有的地区则是在 8 月举行（旧盂兰盆地区），所以重点主题（重点商品畅销理由）在不同的地区、不同的周也不一样。像这样很明显地存在地区差异的，却要求全国统一运作的想法就是错误的。

相反，圣诞节的畅销商品、卡通人物（玩具车托马斯等）在全国无论哪里都是同样大量采购的，那些说"我们店完全卖不掉"的店长，可能因为该店所处商圈的情况不同（孩子极端的少，65 岁以上的人多的地区等），若是这样的话则另当别论，但我认为更大的原因是门店错过了销售机会。对于电视上宣传的商品或是杂志上的话题商品，在媒体高度发达的今天，无论在国内哪个地区都是同样众所周知的。

店铺仔细调查地区特性后（不是凭直觉和主观臆断），向总部传达相关的情报，总部一边参考各店各自的情报，一边决定企业的重点商品和重点主题，计划全国统一的重点主题和地区特有的重点主题。尽管如此，能够通用的重点主题占比仍达到了 95% 以上。用某家情报数据公司的话来说，"全国畅销商品的 95% 都是相同的，不同的仅占 5%"（可能这个数据仅限于食品，是否和衣服或者包括住居商品关联，我忘记了）。我把这个叫作"95 比 5 理论"，从中可以看出标准化和个性化是不矛盾的。

我觉得从总部管理方便来考虑的"全部统一的想法（标准化）"是有点懒惰的，同时，"店铺的全部想法（完全个性化）"

也是为了自己方便而任性的成分比较多。最近让我在意的是，如果店铺好好地按照总部提案做的话，完全能够卖得更好的案例越来越多。所以，我觉得门店面对总部提案，先要抱着试着做到底的心理，接下来店铺再下功夫修正完善，以这样的顺序推进会比较好。

6. 重点商品和商品分类的关系

我看到有不少企业把重点商品和重点单品一样对待，不区别不定义就这么稀里糊涂地使用了。这个行业存在着即使好不容易有了定义也不打算好好使用的坏习惯。换作是工厂的话，只能按照上面所决定的那样去行动，如果上面下达了模糊不清的指示，下面是绝对不会行动的。今后在零售企业，小时工会不断地增加，所以我们必须用正确的定义、用共同语言来相互交流。

我们订货的时候或者客人购物的时候的单位是单品（SKU），SKU 是 Stock Keeping Unit 的简称，是"不能再分割的商品的最小管理单位"的意思。但是，说到制作卖场的时候，卖场的分类（分割）的基本单元是品种。比如说，顾客购物的时候，去到中华冷面（品种）区域，从这里面选择○○冷面（单品），采取这样的行动。但是，如果顾客不知道冷面陈列的地方的话，在这之前首先要寻找面类（产品群）的卖场—选择冷面（品类）—中华冷面（品种）等，零售企业是以这样的顺序把商品分得很细的。

也就是说，零售企业决定"重点商品"的时候，有按照产品群（面类）设定的，也有按照品类（冷面）设定的，按照品种（中华冷面）或者单品（○○中华冷面）设定的情况也有。设定重点商品的基准是能否让客人留意到、是否显眼。也就是，①在显眼的地方，②使得显眼，③是否能像增加商品的多样性一样地展开。即使门店意气风发卖的是"重点商品"，若是不能让客人留意到重点商品的话，也是没有任何意义的。我在某家店的某个部门里，试着问了一下该部门的员工：看到本周的重点商品在卖场的展开，你认为哪些是重点商品？正确的回答貌似只占到了 50%。像这样的事，在卖场里是很平常的，并且被各企业重复着（属于机会损失的常态化）。在很多零售企业，实行"重点商品"的想法推进得不顺利，是因为尽管门店管理干部自己知道，但下面员工不知道，导致客人不知道，这理所当然地成了推进工作不顺利的原因。

所以，零售企业在决定重点商品的时候，请注意以下几点后再决定：

——只单独陈列这个商品的话，是否足够显眼。

——多 SKU 展开是否可能。

——销售额构成比是否高。

（1）单独陈列商品是否显眼。打个比方，○○中华冷面在有电视宣传、和厂商宣传（有导购的试吃提案等）联动、有着超级畅销商品的概念等的时候启动，这时在卖场就会扩大陈列量和排面数吧。这个时候○○中华冷面（单品）就可能成为重点商品（重点商品＝重点单品）。若是该单品不符合上述特征的话，即使将其选为重点商品，对于客人的诉求也是很弱的。所以我们想到的不只是○○中华冷面（单品），如果把中华冷面

（品种）也设定为重点商品的话，诉求就增加了，此时重点商品＝重点品种；如果这样做也还是很弱的话，那么就把冷面（品类）作为重点商品，此时重点商品＝重点品类。这样一来，重点主题变成"清凉"之类、"冷面集市"等等，诉求力就变得更高了。在这之中如果想让○○中华冷面引人注目的话，就扩大排面数、在日配冷冻柜子中最显眼的一层展开。

（2）关于多SKU展开是否可能。比如说，如果想丰富地展开斜纹衬衫（品种）［其尺寸构成是S、M、L、XL等（单品）］的话，斜纹衬衫（品种）就变成重点商品（重点商品＝重点品种）。但是，如果展开空间以90厘米为一个品种的话，就会显得不那么醒目，所以设定带有设计的衬衫（品类）为重点商品（重点商品＝重点品类）。尽管如此，如果还不很醒目的话，就把全部的衬衫作为重点商品，也就是重点商品＝重点产品群。

（3）销售额构成比。就是选择会给部门数值（销售额）带来影响的重点商品。至于影响部门的数值具体是多少，完全没有规定，谁也没有定论。类似"在部门内销售额占比5%的话很少，希望达到20%以上"之类的建议，虽然大家有议论，但我们自己也没有设定基准值。但是，自己部门内部的关联商品，包括其他部门的关联商品，以重点主题来区分的话，单品数、品种数、品类数、产品群数就会增加，销售数值就会上升。比如"运动会准备"这一重点主题，不只是畜产部门的炸鸡块或者火腿香肠，加上里脊肉和牛肉、烤串的话，销售数值就会上升；甚至，冷冻食品卖场的炸鸡块、牛肉饼等，熟食部门的油豆腐和卷轴食品，厨房用品的保鲜膜、铝箔、便当盒等也加上的话，在卖场陈列出来就会很醒目，销售数值也会发生变化。

7. 重点商品和 52 周的关系

关于这一点我已经详细地说过了。尽管如此，"每周都要选定重点商品不是很辛苦吗""两周一次变更卖场的话是可以的"……有人基于现在的工作量和工作水平这一前提提出了质疑。因为在一周里没有从卖场消失的商品（商品回转率异常高）等，通常四周（约一个月）、十三周（约三个月＝一个季度）、时间长的话有的商品一年以上还陈列在卖场里。所以从 52 周MD 开始，月度 MD、季度 MD 等做法很普通，至今为止各企业也都是没有任何疑问地在运作吧。

可是，在具体的企业运作中，实际上每周都会发布传单广告（52 周），有的企业甚至 1 周发布两次（104 周）、三次（156周）。每次，作为卖场的话要补充、陈列、安装 POP、结束之后调整陈列、拆除 POP，根据不同的情况有时候还需要移动商品。如果哪家企业不是发布传单广告，而是以每天低价格为目标，秉持不增加多余的工作量这一政策的话，我认为上述的两周一档 DM 的选择是正确的。但是现实中，接近 100% 的企业都是采取高低价格组合的策略，所以我认为企业没有什么充分的理由不推行 52 周 MD。

我的理想是一年 365 天、"365 日 MD"。客人不可能每天都来卖场（设法增加来客数），即使顾客每天来店，我们能否把卖场打造成让顾客不厌烦且有魅力的卖场（以便购买件数增加）呢？如果我们不能马上制订计划，相关的工作体制也形成不了的话，想增加来客数和客品数是很难的。如果我是小店店主的话，每天想着修正数量很少的端架陈列（即使不变更），就已经能够营造一定的效果了。但是，稍后我们会说道，在连锁超市的生鲜部门基本上都是 104 周的 MD，更别说 52 周的 MD，这已经成为亟待解决的课题了。

也就是说，平日的重点商品和休息日的重点商品没有变化的话，超市的生鲜部门就有可能直面降价损耗的问题。零售业对于厂商、产地、工匠等"木匠"来说，不是销售产品、制造产品的放置场所，而是卖场，对客人来说，就是想成为客人的理想购物场所。作为零售企业，研究如何销售卖场里所有的商品，为此有计划地制造全部商品都能卖出的机会，"以销售工匠（专业销售）为目标"是非常有必要的。

8. 重点商品和传单广告的关系

关于这点也是在下一章节要重点讲述的内容。顾客一到卖场，不知道哪些是这个店、这个卖场的重点商品的情况有很多。由于在 POP 上写着各种各样的"广告商品""实惠商品""推荐商品""促销商品""店长推荐的商品"等，所以不知道什么才是门店真正地想要推荐的商品，说各个门店的 POP 像洪水那样泛滥已经成了公害也并不过分。

像"由于 POP 太多了，所以要减少""卖场很单调，所以设置了 POP"这种以前也好、现在也好都没有什么变化的应对方法就很难办。问题出在哪里呢？我认为是因为没有登载在传单广告上的商品＝重点商品这样的想法所造成的。卖场要做的事很多，所以会产生混乱（客人对于买什么好也比较迷茫），传单广告商品即使是价格便宜的、每天更换的商品，在店（企业）看来，应该对客人充满自信、想让客人购买的重点商品。传单广告商品虽然也有聚集客人的意思，但也是想作为重点商品来定位的。

也会有人提出"这样做的话，卖场就变得冷清了""不是什么都能按照计划来完成的。也有来自批发商抛售的商品""也有因为天气反常而歉收、海上捕捞歉收，也会遇到风暴"之类的意见来进行反驳。我认为，像这样的异常状态是一定会有的，那么怎么办？其实，遇到紧急状况的时候，临时随机应变不就行了嘛！计划是为了实施的，如果是不能实施的计划，那就只能制订新的计划。

9. 重点商品和干部（店长、总部职员）的关系

在卖场里我们经常能看到看上去像是总部干部的人（穿西装的人、偶尔看到手插进口袋的人、在客人的前面训斥部下的人、在主通路的正中间带着部下走的人等）态度恶劣的场景，顿时令人心里感到厌恶。还有，如果我们在卖场里仔细注意一下，有时候也会对拿着笔记本做记录的人的执拗感到惊讶。我觉得被上级批评指责的一方半骄傲地说"有 100 个项目的指示"并不是很合适。虽然我也有这样的经验，但是小的指示也好、大的指示也好，这些工作都是需要差不多同样的时间去处理的，不存在因为是小的指示，所以说上很多也可以。即使"断货有15 处、缺货有 3 处、量感不足的两端有 5 处"这样的事实被指出，也许除了卖场的不注意以外，偶尔也有厂商断货、比预定的超卖了等情况。

我认为干部应该定期巡店。最近，好像不巡店、不巡卖场的干部变得多了。因为数值或者报告，通过电脑等可以被形象地传达了，干部就以为看过了，对卖场了解了。我觉得正因为是干部希望发挥出"调"的作用，才需要去巡店。大家不要钻牛角尖，并不是需要干部们去卖场指出谁看了都能明白的事实，而是应该通过巡店切身感受到结构的问题。

我推荐的是：总部干部去到卖场的时候，带着重点商品销售计划书，一边看一下卖场和后面仓库，一边看一下重点商品的在库计划是怎样的，本周的重点商品是否是正确的选择，卖得好不好，销售策略是怎样的等等，把总部作和门店演的视角、和客人的视角结合起来观察。虽然我们的指导思想是"提升销售额、减少降价损耗"，但现在必须卖的重点商品的卖场制作如果不能好好地完成的话，公司要达成年间目标也是不可能的。

如果总部干部在周末巡店的话，周一或者周二在总部干部集中的会议上（即使是店长会议），不是就能把具体的活生生的案例、马上应该采取的措施等，简单易懂地传达下去了。还有，如果总部不有意识地把"重点商品"作为共同语言来说的话，在组织里谁也不会认真对待这些重点商品的吧。一想到重点商品这一想法在整个公司的渗透度，我们就能够深切地感受到站在上面的人的责任的重大。无论有怎样的好技术，如果干部的想法不与之匹配的话，技术也不能变得活用，最终成为僵化的摆设。如果一个企业不养成试着做做看的习惯、构建起彻底的良性组织氛围的话，任何技术的推进也不过是活跃一时就结束了。

210

10. 重点商品和连锁店的关系

在和连锁店相关的书籍里，关于大众优势和低成本运营等词语是一定会出现的，只是店铺数量的多和工作人员数量的少好像被放大了。虽然使用陈旧了的语言（大量采购、大量销售、人均看护面积等），但即使是现在也存在必须认真使用的语言。我们必须与时俱进，从经济高速成长的时代，到竞争店少、先下手为强的时代（开店的话就是争夺阵地），再到现在经济成熟的时代、店铺过剩的时代，零售企业的想法不得不发生改变。

也就是说，并不是单纯地把连锁店弄成标准化或者单纯化、专门化的集成（即使现在这一点也非常重要，我认为倒不如说能标准化却没实施是有问题的）。从增加销售和降低损耗这一最基本的指导思想出发，我们为了大量销售，有必要聚集更多人的智慧（智慧店铺）；为了减少机会损失和降价损耗，总部深入了解地区的情况是有必要的（地缘店铺）。

组织规模扩大的话，为什么只有人数（明明有很多优秀的人进公司）、只有店铺数量在增加，而他们身上的智慧却没有运转起来，因此也疏忽了对各地区情况的深入了解。官僚化（民僚化）、社畜化、前例主义等负面的想法在蔓延，这样会不会变成一个没有活力的组织？还有，过于在意连锁店化，优先守护形式上的裁员，结果就带来了没有魅力、营业力不足的店铺。

持有进攻型的裁员的意识、销售大量重点商品、提升加价率（计划毛利率）、价格也因此降低，我们应该以建设强大的连锁店为目标。

第三节
让重点商品（重点主题）和传单广告产生联动

当我们把重点商品（重点主题）确定下来以后，一定要让它和传单广告产生联动。我们经常会遇到两种情况：登载在传单广告上的商品在卖场不显眼、顾客寻找起来不方便，同时经常会有在卖场陈列很多的商品并没有放在传单广告上的情况。如果传单广告不能和卖场的商品产生联动的话，那看着传单广告来买东西的客人就不会注意到那些商品，那么也就不会有重点商品爆发式的大卖。如果零售企业发布传单广告的话，不管怎样都应该把重点商品（重点主题）和传单广告联动起来。我相信，通过传单广告和卖场的联动，那些重点商品卖出的量也就会发生戏剧性的改变。

一、想法

有相当多的企业认为传单广告是大出血，给社会做点奉献也没关系，为了吸引客人而发布传单广告的想法和做法不是成为主流了吗（在现阶段）？我在这里并不是说——决不能做促销之类的、带给顾客实惠的商品之类的活动。在我看来，传单广告是把企业（店）的商品计划和销售计划传达给客人的手段，把看不见的计划用视觉来表现就是传单广告。所以，传单广告并不是大出血，也不是给社会做奉献，我觉得企业把它当作获取利益的手段比较好。

如果我们把传单广告商品进行划分的话，有"红热门商品"和"黑热门商品"两种。再说得细一点，被叫作红热门的商品，加价率（计划毛利率）一般都很低；而被叫作黑热门的商品，加价率就很高。实际上，所谓的毛利率很低，参考基准也是比较模糊的，一般来说，红热门商品是毛利率为 5%—7%、低于 10% 的商品。如果硬要我举出类似基准的东西的话，那么这些商品的毛利率可能比企业的一般销售管理费率（人力成本费用、房租等）更低，或者更高，如果前者低于后者综合费率的话就叫红热门商品，如果高于的话就叫黑热门商品。如果这样衡量的话，很多企业就会被认为是以红热门商品为中心（虽然各企业的情报还没有开放）。

我看过某家企业某一周的传单广告商品的加价率（计划毛利率）一览表，表中排列着毛利率 3%—4% 的加工食品，也就是所谓的红热门商品。由于这家企业是上市公司，当我们看该公司的有价证券报告书时，发现他们的一般销售管理费占总销售额的费率比大概是 24%，这也就意味着：如果全部商品的合计平均毛利率不超过 24% 的话，企业光靠这些传单广告商品的话，是无法养活自己的。在该企业，其他商品，比如蔬菜、肉等的毛利率即使在每日更换商品的里面也将近达到 30%。无论如何，杂货和加工食品在哪个企业（店铺）的传单广告上都容易成为损耗头领，在这之中，蚝油调味汁里也有毛利率为 27.7% 的商品。或者，即使是同样的加工食品，新发售的商品也取得了 35.7% 的毛利率，这些商品就占据了黑热门商品的位置。所以说，我们要把低毛利率的廉价商品和高毛利率的好商品很好地搭配在传单广告中。

尽管如此，所有商品的合计平均毛利率也只是 23.3%，比一般销售管理费率低。很多企业都听过"越发布传单广告，企业就越亏损"这样的话，这是很有现实感的。尽管如此，这家企业的销售利润率还是达到了 2% 以上，我认为比起其他企业的传单广告的运营管理更成功。恐怕快的话（从 13 周前开始）、传单广告的原案完成、商品的选定和价格、加价率（或毛利率）的讨论、事先商讨廉价商品和优质商品的加价率搭配，我们需要做好几次调整。总之，传单广告并不是大出血或者奉献，而是企业获取利益的手段。

很少有企业会发布每周传单广告的加价率（总计）一览表，我觉得改变一下大家对于传单广告的想法比较好。根据日本某家调查公司的信息，在日本看传单广告的人大约有 70%，在这些人当中，看了传单广告而决定购物的人大概有 80%。进一步，参考传单广告进行购物的人，经常这样做的有 55%、偶尔这样做的有 30%，两者合计共 85%。所以，大家不要忙着发布广告，反复多次地讨论传单广告里面的内容是非常重要的。

虽然我们决定要在传单广告上登载什么样的商品是比较困难的，但正因为如此客人才会看传单广告，所以我们要用有意义的登载方式制作传单广告。

二、传单广告的目的

当被问起传单广告的目的是什么时，我认为回答"集客""廉价诉求"的人会占压倒性的多数。的确，传单广告确实有吸引客人的目的，但我认为零售企业是为了把商品计划和销售计划传达给客人才会发布传单广告，我希望大家这样来考虑这个问题。因为企业的各个计划都是六个月以前制定的（包括草稿），正是基于以上计划，促销计划才被确定下来。

传单广告是把企业（店铺）的意图、企划、想法用视觉形式向客人简单易懂地表现出来。尽管如此，如果认为集客＝只是廉价的诉求，集客＝没有变成话题、时令、流行等诉求的话，传单广告的内容也好、设计也好都不会有变化。当然，传单广告必须和卖场联动，传单广告商品要显眼，在容易看到的地方陈列，扩大排面数，增加陈列量。由于仔细设置了POP，客人购物变得容易了，购买件数也就上升了。传单广告商品所用的POP通常是由总部统一发送过来，或者用店内的POP制作（包括机械）成。虽然在店里手写的POP有很多，但还是注意不要让脏的字、丑的字损坏了商品的价值。还有，为了不增加店铺的负担、店里的工作，应该由总部统一进行把控。

如果我们想让看见传单广告的客人产生"啊！这里有我想要的东西！今天要去买这个"这样的想法，就需要切切实实地营造出能买到商品的购物氛围。对于传单广告来说，从客人的角度去看，要登载现在最有魅力的商品，现在最畅销的商品、新品、话题商品，这些也就是重点商品。既有降价的情况，也有试销价格的情况，作为店铺要好好制订每个单品能卖多少的计划，决定在哪里卖，彻底贯彻推荐销售。门店要下定决心扩大一个一个重点商品的排面数，请想着要卖平常 2 倍、3 倍的量，门店内的各个部门也要联动起来，包括相互协调、关联销售、在卖场前面积极地表现自己的诉求等。首先用 POP 来传达价值（按照廉价、优质的诉求），然后再在卖场内热情迎接客人的话，会怎么样（请不要说因为是自助服务）？

三、手段、方法

最近我常常听到有人抱怨："传单广告不中用了""广告效果淡化了"。作为解决这一问题的对策，有人提出"把传单广告视觉化（彩色印刷、翻新设计等）的话怎么样""刊登的商品上再增加一点数量比较好"等等，相反也有人提出"减少数量比较好"等诸多建议和意见出来。我认为大家都还没有探索到起决定性作用的对策。

为什么传单广告不中用了呢？我也考虑过"增加件数"、"减少数量"或者"视觉化"等对策，但是若我们回归重点商品构思这个基本点的话，我认为首先应该是重点商品销售计划的精度提升。

什么是最能切中客人心理的传单广告？所谓重点商品销售计划的精度提升（正本清源提升计划精度），是指在卖场为了把这些重点商品卖出去而在销售策略、呈现方式、传达方法上下功夫（提升演的精度），好好进行消化率以及效果的测定（提升调的精度）。如果像这样的软件方面还没有完全得到确认的时候，就依赖商品数量或者视觉效果等硬件方面的改进的话，属于本末倒置，工作顺序就颠倒了。当前，在许多零售企业里，大家过分纠结于问题的细枝末节，而不讨论影响问题的重要因素的现象相当突出。

当我们发布了传单广告以后，必须一直留意本周的传单广告商品的消化率是百分之多少。然而，如果问起店铺担当者这个问题，他们几乎都回答不上来，明明公司花了成本、人力和时间，大家却不知道效果。这样的话，卖场渐渐地就都是在库不良品和卖剩下的商品，卖场的新鲜度就变得很差了。

进一步，成为问题的是善后处理工作增加了。商品的店内移动、根据情况的店间移动、价格变更、POP 的拆除和再安装等，和传单广告相关的工作一定会再次发生，在一周当中这些工作占据一半的例子也是有的。当出现这种情况时，就真的表明危险信号到来了。此时，即使把传单广告停下来，我们也应该调查原因。

如果这样的情况不断重复，会令企业的收益受到很大侵害。包含传单广告在内的促销费用，无论在哪个企业都将占到销售额的 0.6%—2.0%，虽然没有人力成本费用或者房租那么高的构成比，但希望大家注意到这对于人力成本费用产生的影响。今后，消化率的恶化也将持续。我调查了某家药妆店，其消化率平均不到20%，也就是说在五个商品中只能卖出一个，大家在明白了这一事实后非常受打击。

有时候我们会调查传单广告商品的易寻度，参见表6-1。因为这个非常简单，所以请务必在自店、根据情况也在竞争店，试着做一下。相信大家一定会对结果感到吃惊的。

步骤如下所示：

（a）决定调查对象店铺（根据目的选择店铺）。

（b）调查时间是对象店铺全部的传单广告都齐全的周几（例如周四或者周五的上午）。

表6-1　容易找寻传单广告商品的调查示例

店名	A社	B社	C社	D社	E社
项目	大型超市	超市	高级超市	量贩店	生活协同组织
卖场面积（坪）	600	430	430	720（仅食品区）	250
传单尺寸　颜色（正 反面）	B4 4X1	B4 1X1	B3 2X1	B2 4X4	B3 4X4
主题	·锅 ·早晚饭菜单	·紧急 特别	·锅	·九州 马场市 ·收获祭	·产地直销 ·收获祭
单品数	27	22	21	81	26
所需时间	9分钟	10分钟	25分钟	25分钟	15分钟
每个单品所需时间	20秒	25秒	75秒	18秒	30秒
评级	A	B	C	A	B
评论	·锁定生鲜类别展开（主要是平柜的展开） ·传单上的主要内容和卖场一致	·7折、6折、均一和各卖场统一价格的版面。有诉求效果	·POP标题"广告商品"没有变成最显眼。 ·传单内容和卖场不一致。 ·POP错误很多	·主要通道上100%陈列。 ·POP标题统一。 ·传单广告内容和卖场一致。	·在卖场、锁定较少的类别。 ·商品基本上是主力素材。 ·全部商品刊登彩色照片通俗易懂。

（c）使用记载必要项目（传单尺寸、对象商品的单品数、所要时间等）的调查表格。

（d）调查人员的选定和实施OJT（职场内培训）。

（e）评价调查结果并分析。

到达对象店铺后，首先站在入口写下开始的时间，然后带着传单广告寻找登载的商品在哪里，一个一个确认，找到的话就在传单广告上打钩。比如说有50个单品，全部都要转来转去找到，50 个单品全部确认完的话，返回到最初的入口写下现在几点几分。比如说从 10 点 30 分开始调查，结束的时间是 10 点 50 分的话，所要时间就是 20 分钟，换算成秒的话就是 1200 秒，除以 50 个单品的话，平均一个单品用时 24 秒。

仍以表 6-1 为例，5 个对象卖场的面积分别是 600、430、430、720、250 坪。720 坪是量贩店，其他是 SM 超市（包括生活协同组织），面积从 250 坪到 600 坪不等。如果参与调研的卖场从面积来看存在大店和小店之分的话，一般会认为在大店广告商品比较难找，但实际上完全不是这样。平均一个单品的用时从左开始分别是 20 秒、25 秒、75 秒、18 秒、30 秒。D 公司（量贩店）虽然是 720 坪，但平均一个单品所花的时间仅仅是 18 秒，所以，并不是卖场面积大、传单广告上的商品数量太多而很难找。

说起为什么广告商品很容易找，在 D 公司的评价栏里写着：①主要通道上 100% 陈列；②POP 标题统一；③传单广告内容和卖场一致。在主要通路上几乎 100% 地陈列着，如果是生鲜商品的话，陈列在冷藏柜的陈列货架的第一层，各种商品都摆放四个排面以上，如果是加工食品或者日用杂货的话，则在货架两端处大量陈列。

POP 标题统一是指，比如说用"盛夏大减价"这个主题登载在传单广告上的话，卖场的 POP 也要印制成"盛夏大减价"。也就是说，因为传单广告的标题和 POP 的标题是一样的，所以容易寻找。

传单广告和卖场一致是指，以传单广告来协调关联陈列的状态在卖场也要变得一样。比如说用药品的"夏季适合的必需品"这个主题，把杀虫剂或者驱虫药、皮肤防护、化妆水、止汗剂等登载在传单广告上，我们去到卖场的话，发现店铺也同样地把这些商品在平台上联合展开的话，马上就一清二楚了。像这样试着调查一下的话，我认为D公司的消化率会很高。顺便说一下，商品难找的店通常具有以下特征：

（a）传单广告商品没有被陈列（确认的疏漏）；

（b）明明是传单广告商品但是却断货了；

（c）传单广告商品的陈列位置没有规定；

（d）"广告品"的POP没有设置；

（e）POP除了"广告品"以外，还设置了很多（推荐商品、实惠商品、店长推荐、仅限本日特价等等）；

（f）传单广告品太多（单品名太小很难读）。

我认识到，如果企业试着做这样的事：不是发布很多传单广告，而是去调研登载在传单广告上的商品是真的很容易找还是很难找，这直接关系到顾客购买件数是否能够上升。虽然我们在不断地发布传单广告，但之后究竟怎么样了？我们从来也不去确认！这样的话，传单广告发得越多，不但来客数没有增加，而且还招致了客人对店铺的不信任。

我认为这里有一个很大的悖论：明明自己拼命努力地在做，为什么卖不掉？为什么不能再多卖一点？去到卖场，看到传单广告品只是摆着而已，我就深受打击。请务必试着做一下传单广告的易寻度调查。像这样的调查是非常重要的，从某个方面来说，是非常质朴的工作。但是，像这样的调查长期累积下去，也是和一年的销售额相关联的。

四、终极目标

下面说一下重点商品和传单广告商品联动的终极目标，其中又分为短期目标和中长期目标。

1. 短期目标

说起制作有魅力的传单广告的话，有人马上就会想到"视觉化"，其实不是这样的。

在我看来，制作有魅力的传单广告，是指"没有好的企划就不发布传单广告"。每当看到周末的新闻，我就感到很无奈，为什么会有这么多的传单广告？这样的话，即使商品再怎么便宜、再怎么好，也不那么醒目了，哪怕彼此间的传单广告尺寸有差异，在大家看起来也都一样。所以，如果没有好的企划的话，就不发传单广告。也就是说，不发布传单广告本身也是制作有魅力的广告。与其勉强把卖不掉的商品放在传单广告上面，造成卖不出的商品变得泛滥，增加最后的善后工作，还不如暂时先把这种情况打上句号。我这样说，可能会遭到很多人的正面反驳吧！因为商品部也好、销售部也好，不发布传单广告的话，他们就会感觉不安。制作传单广告"不是自己的工作，是促销部的工作"，的确，虽然是促销部的工作，但是全员也要努力保持关于制作有魅力的传单广告的意识。

比如说，在一年 52 周的实需矩阵图的基础上，测算整个店铺的一年排名和部门的 52 周的排名。进一步测定传单广告效果的话，发布传单广告有效果的一周和没有效果的一周两者当中的界限就能看得很清楚。大体上，从第1名到34名的前70%会有效果，除此之外的第35到52名的话，效果没有明显地反映在数值上。请务必在自己企业（自店）也好好地试着调查一下。也就是说，在重点商品卖不掉的那周，即使发布传单广告的话也是没有效果的。在现在这个时代，如果不是真的有很好的企划的话，或者在畅销的那周不发布广告的话，我认为就没有用。

以前，传单广告在这周到底发布还是不发布，各部门在争执的时候，虽然公司会调查在开店10点时客人聚集的情况，但最多也就是以大甩卖为目标吧，如果这是非常失礼的表现、请原谅！因为经营的根本就是做什么（投资）都要寻求付出某种代价后的回报（效果）。所以就这件事我想认真考虑一下，对于排名靠前的第1到34名制作好的计划，但是除此以外没有必要拿出勇气去制作好的计划。如果不是这样考虑的话，卖场真的会很辛苦，因为传单广告的不断发布，也伴随着工作量的增加。

在某家企业的调查报告里写着，和传单广告相关的工作会占据一周工作量的一半左右。商品进来、开封商品、放到卖场摆放、设置POP，如果这样的商品全部卖掉的话，工作在理论上（工作量和在库量、陈列量成比例）就是零。然而，如果卖不掉的话，之后的善后工作就不能马虎，因为商品卖不掉的话就要移动，这个工作又要花时间，或者降价（恢复到原来的价格），改变陈列位置，这样每次都没完没了的重复性工作，真的好吗？所以，如果不进行传单广告的改革，就不能实现低成本运营。但是，因为也有没有销售（没有让客人留意到）的情况，所以作为卖场，首先要围绕"传单广告商品的消化率要无限接近 100%"这一目标，与采购和企划一起下功夫。这并非应有论或者经验之谈，而是来自实务、实践的现场中的提案。

通过提高广告商品的消化率来减轻作业，关于这点虽然我已经再三强调，但在这里仍要重申一下："卖完广告商品是出色的低成本运营"。门店工作量始终和陈列量（在库量）直接相关，基本上如果在库量是零的话，那就不会产生工作。理论上，商品卖完、在库是零状态的话，门店工作也是零。

我在某家折扣店的后仓里看见了这样的事情。该店张贴着传单广告，在这之中还贴着颜色不同的圆点贴纸。比如说，A 商品只贴了红色贴纸；C 商品贴着红色和蓝色贴纸；D 商品贴着红色、蓝色还有黑色贴纸，写着"7 月 27 日周六、3 点售完"。

当问起这是什么意思的时候，店方解释说红色贴纸是指广告期间（从周一到周日）已经卖了三分之一（消化了）；贴着红色和蓝色贴纸是指消化了三分之二；贴着红色、蓝色、黑色贴纸是指售完了。由于还没等到周日就卖断了，所以"这个 D 商品是畅销的，要更大量地采购"；相反，对于卖不掉的 A 商品，如果今天是周六的话，由于广告期间只剩下周日了，店内则播放了广播："A 商品是实惠商品，明天、到周日为止是限定销售"。以这样的方式来卖，直到把全部的传单广告商品都换成黑色的贴纸，也就是把在库库存清零，制作有新鲜感的卖场。这都是实际在运作的课题，我们确实有必要在传单广告商品的销售上下更大的功夫（即使不花费人手也能完成）。

门店员工主动说话或打招呼是不花钱、不费事的促销。重新审视把传单广告商品在卖场有意识地这里那里分散陈列的这种一直以来的方法也是有必要的。虽然我们想让客人逛遍卖场的每个角落，但若是顾客找了却没找到，那就变成了本末倒置。索性，除了原卖场以外我们再设置一个地方：本周传单广告商品区域，这样不是就能让顾客找到了嘛！关于这一点，虽然还没有得到业界的赞同，为了提升销售、该怎样运作才更好，我收集了一些成功的案例，也希望大家予以借鉴，一并进行下去。

2. 中长期目标

即使不发布传单广告也能吸引客人，实现有魅力的卖场制作，将来我想把这些作为目标。在现阶段的话，对此可能还存在相当大的抵触。虽然从成本上来说，和成本三大要素中的人力成本费用和房租比的话，传单广告的费用没占那么大的比例，但其结果却增加了卖场的工作、影响了人力成本费用。如果能够打造以每周的重点商品为中心的具有魅力的卖场、不辜负客人期待的卖场的话，我认为客人就会习惯性地来到卖场。不管是把传单广告放进报纸里还是没有放，只要是价廉物美都兼顾的卖场的话，我相信就不会输给竞争店。

话虽如此，但在商品或者卖场难以拉开差距的时代（无论在哪里都陈列着同样的商品），我不认为能轻易地达到这个境界。现阶段我们能做的就是：提升重点商品销售计划书的精度（作的作用），制作重点商品的中心卖场（演的作用），在整个组织里集中、彻底地贯彻重点商品销售计划书（调的作用）。比如说，每周三都推行 100 日元均一价等，让客人习惯性地认知每周都这样做的话，即使不发布传单广告，顾客也同样会去店铺的。虽然我说的可能多少有些理想主义，但如果企业一直这样做，即使不发布传单广告，客人也会去店里、去卖场就好了。这是 52 周 MD 的中长期目标。

第四节
从好事例来具体地学习

一、资料明白易懂

首先，请重视资料的易懂性。图 6-2 所示为儿童服装的例子。

儿童服装有学校（女生、男生）、幼儿园（婴儿）、baby 等分类，资料上登载了上一年 52 周的销售额排名。比如说第 22 周：儿童服装合计排名第 33 名，女生、男生均为 32 名，幼儿是 33 名，baby 是 36 名。看了这个资料的话，就明白了儿童服装在进入暑假之前就迎来了销售高峰，到 8 月末销售额渐渐回落（特别是月末排到 52 名，是销量最差的一周）。像这样，通过排名就能知道一年中这周的定位。也就是说，已经发出了"到本周和 8 月底前两周为止，不快点推销盛夏商品的话，这些商品就会剩下"的信号。

好事例：排名（数字）

	20 周				21 周				22 周			
	12 13 14 15 16 17 18				19 20 21 22 23 24 25				26 27 28 29 30 31 1			
生活日历	暑假								（本周）			
组别	女童	男童	幼儿	婴儿	女童	男童	幼儿	婴儿	女童	男童	幼儿	婴儿
年度排名	20	16	19	16	19	11	28	14	32	32	33	36
童装合计	18				20				33			

好事例：用图标表示

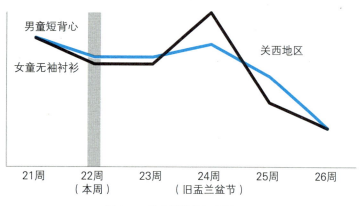

图 6-2　儿童服装的好事例（1）

226

	23 周				24 周				25 周				26 周			
	1 2 3 4 5 6 7 8				9 10 11 12 13 14 15				16 17 18 19 20 21 22				23 24 25 26 27 28 29			
生活 日历					旧盂兰盆节								新学期开始 (地区)			
组别	女童	男童	幼儿	婴儿	女童	男童	幼儿	婴儿	女童	男童	幼儿	婴儿	女童	男童	幼儿	婴儿
年度 排名	38	35	37	35	42	41	39	26	49	47	49	46	51	52	52	50
童装 合计	38				39				33				52			

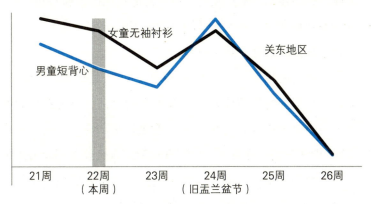

图 6-3　儿童服装的好事例 (2)

　　图 6-3 也是儿童服装的好事例，就关东地区和关西地区而言，盛夏商品的动向有所不同，通过图表就能明白。显然，就儿童服装而言，根据地区不同、男女不同，商品的动向也完全不一样。虽然关东也好、关西也好，旧盂兰盆节（促销）一过，商品就卖不动了是一样的，但关西地区回落缓慢（和温度也有

关系）。还有，女生方面先卖得好、男生方面从后面追赶是关东地区的特点；而关西地区的话，虽然男女生呈现同样的动向，但旧盂兰盆节前后女生方面一下子上升、一下子下降。姑且不论这个事实的分析是否准确，但关东、关西地区确实有差异。因此，各企业、各店采取的措施应该相应会有变化。

我想大家都明白，如果用图表表示的话容易理解。

下面的资料"好事例：字的大小、强调、逐条列举来总结"是卖场制作的提案。大的字和小的字组合，做到字号的张弛有度，感觉非常容易阅读。想要强调的地方打网格线，使用哥特式字体。想要强调的东西放大，不用特地强调的东西写小一点。还有，编号也很好。我觉得写上（1）○○、(2)○○……的话，读起来比较容易、便于理解。

为了有效地传达，用编号来表示是非常重要的。比如说，在会议上和卖场的经理或者担当者说话的时候，或者在早晨的例会上向小时工传达的时候，我们通常会说"现在开始说三个内容"。即使我们这样说了，可能有一半的人会注意到，另外的那一半人则是呆呆地听着。如果我们再一次重复的话，可能有一半以上的人会去记笔记。我们之所以这样不断强调，就是为了能传达给整个组织，以便能够尽早地越过组织氛围变化的分水岭（51%）。在讲话结束前，我们最后再次强调一下："现在，我说的是（1）○○；（2）○○；（3）○○……"以这样的话来结尾，会令会议内容比较高效地传达到参与者那里。如果我们打电话的时候，也能够"关于第一项……第二项……"像这样组织语言的话，发生的错误就会变少。

好事例：字的大小、强调、逐条列举来总结

卖场制作提案

①清货专柜的分类原则是顾客一看到就很容易判断、很容易选择（服装请集中陈列）。

清货商品是服装，且集中在一起的时候，还需要对折扣商品和强调价格的均一价商品进行分类。

（女孩连衣裙 7—8 折和强调 1000 元均一价的商品要区分开）

折扣和价格集中一起的时候也要按色系进行集中（白色系、红色系等）

②细致周到的布置变更及销售方式和展示方式的变更很重要。

每天的销售额、库存情况时刻在发生着变化。

（鲜度好的花车商品用展台陈列，库存减少商品用货架陈列）

③结合销售额做价格调整。

选出销售低迷的商品，**结合促销活动进行降价**销售。

（降价太迟或忘记降价，结果都会造成大量报废）

所以，用编号来说话是非常重要的事。实际上，在实务的场合像"我说过了""你没说"这样的沟通矛盾经常会发生（真的是很讨厌吧）。此时，作为传达方、讲演方，在责备对方听众之前，不妨反省一下，是不是自己的说话方式、传达方式不够好才造成了沟通障碍，我认为这样的想法是正确的。如果我们先反省自己的错误，那么沟通的麻烦就会减少。

接下来，虽然没有相关资料，但是能用其他指数说的话，也会变得更容易理解。举个例子，如果背心在 7 月第一周的销售量是 100 的话，第二周是 150，接着是 200 以下、250、200 这样的话，在订货时是非常方便的，错过销售机会的情况会减少；而如果变成 100、110、90 的话，订货量就不需要太大的改变，或者卖场制作也不用那么大的变更。如果我们能够像这样具体地、明白地沟通事情的话，卖场员工们也就自然明白了必须做什么（什么不需要做）。特别是在 12 月的年间高峰时期，能否用这种清晰明白的方式沟通，对于门店的工作量和发生的商品损耗的影响是截然不同的，对于公司利益也有很大的影响。

二、基于数据和事实的反馈

在我们调查分析、明白了实施状况如何之后，要让大家都知道。当总部要求"快点拿出报告"，门店管理人员在营业时间里长时间待在办公室总结的情况是不是很多？但是之后却没有有效的反馈，你有没有这样的经历？至于最终结果呢？我们明明还没有完成嘛！事情进展顺利的话，就是自己的功劳；事情进展不顺利的话，就把原因归咎于竞争店、天气、外部经济环境之类的。

表 6-2 是有关副食品（菜）的例子。值得一提的是，在反馈这一点上做得很优秀，的确是发挥了作、演、调三者关系中调的作用。总部明白易懂地传达了在订货中希望注意的事项，虽然终究只是目标，但通常平均大盒是 55%、小盒是 45%，也就是说大盒和小盒的比例是 55 对 45。即使是目标，对于卖场来说也是有用的情报。总部认真地把握各店的数据并加以分析，正因为制作了这样的基准和规则（一个目标），智慧的共有化就变得可能了。

这个情报好的地方是：不只是以目标为终结，而是深入到单品，每个单品都不一样。比如说，通常毛豆的平均陈列量是大盒 30%、小盒 70% 的比例，但在备注栏中写着周末是 50：50。还有，在这张表上省略的评论栏里具体地指出了"平日，不要深究大盒，特别是在上午，以小盒为中心就可以了"。

表 6-2　明确订货的目标

商品名	比例（数量）大小	备注
笋土佐煮	70：30	小盒占比高则报废增加
嫩笋煮	70：30	小盒占比高则报废增加
毛豆	30：70	周末 50：50
鸡蛋通心粉沙拉	50：50	大盒占比高则报废增加
蟹味沙拉	65：35	小盒占比高则报废增加
三文鱼拌菜	80：20	小盒占比高则报废增加

明白这一点的话，卖场的担当者就会带着自信去订货了，即使是店内制作的情况也比较容易制作。此外，降价损耗也变得少了，所以不再是消极缺货的卖场，而是变成积极地消除机

会损失的卖场了。以鸡蛋通心粉沙拉为例，通常大盒和小盒的比例是 50：50，大盒比例高（超过 50%）的话损耗就会增加；相反，如果是香渍鲑鱼等的话，小盒比例高的话降价损耗就会增加。这样清晰的指导，就是卖场迫切想要了解的情报。

图 6-4 传达了年间的生活周期和紧跟眼前的商品动向。以毛豆为例，如果放在年间的生活周期上来看，毛豆容易被认为是夏季的商品，但一看图表我们就明白了，一旦进入 4 月，销售额是 3 月的 2 倍以上。如果没有这个清晰的指导的话，而且店里也不销售毛豆的话，就不会认识到这是销售机会损失。我原本也不知道 4 月竟是一年中第五个畅销的月份。当气温上升，在赏花或者休闲娱乐的季节里，对于毛豆的需求就增加了。总部取得公司所有店的数据并进行加工，再马上把这些有用的结

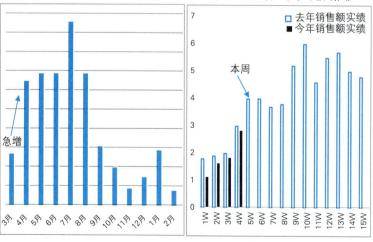

图 6-4　年间的生活周期和紧跟眼前的商品动向

论反馈到作（重点商品销售计划书）中去，像这样的事难道不就是真正的调的作用、调查或者调整吗?! 由于这些工作，我们才实现了损耗降低、断货减少、工作量减少、销售额上升。

三、敦促做好应付边缘期和高峰期的准备

由于商品不可能总是卖得那么好，所以需要在计划书中好好地表示开始畅销是什么时候、什么时候变得卖不动了。继续追逐趋势的话，虽然不会出现太大的错误（除非有特别大的天气异变），但最好还是只到品类为止，单品级别不要追赶趋势。

即使是畅销的时期，也并非所有单品在同一时期都卖得那么好。所以，应对高峰期或者边缘期（包括空闲时间）这个事，只有用单品说话才能很好地应对。表 6-3 是有关家装时尚部门的例子。

最近早期展开很流行，但没有基于数据和生活实感，只是强调"不能迟于竞争店"，早期展开就进行了。由于不是马上就能走动的商品，很长一段时间都在卖场里展示着，而且与其说是展示，不如说只是放置在那里。明明还处于销售高峰前期，但顾客却感觉卖场和商品的新鲜度已经下降了。

重要的是，数值的动向和构成比通过年间排名来总结，是追逐每周的变化。以重点商品——被炉为中心从 10 月第一周到第二周、第三周为止登载在一览表上，动向非常清晰。这个情报的特征是：每周把各个品种（线上）的销售额构成比从高到低的顺序排名，也写上去年一年之中的销售排名是第几。去年

畅销的话今年应该也会畅销吧，构成比和排名可以成为参考。这些都是基本的数值，各门店根据今年的 MD 动向、对上年的反省和研究课题，就能制作今年的计划了。

表 6-3　好事例：催促季节商品的展开准备

商品	家装时尚（重点商品）——被炉		
时间	10 月第 1 周（当周）	10 月第 2 周（次周）	10 月第 3 周（次次周）
商品动向	1. 被褥 （构成比 20%，年间排名 23 名） 2. 床单（12%，33 名） 3. 地毯（11%，18 名） 4. 窗帘（9%，40 名） 5. 枕头（5%，38 名） 6. 被炉用品（4%，31 名）	1. 被褥 （构成比 19%，年间排名 25 名） 2. 床单（15%，12 名） 3. 地毯（11%，35 名） 4. 窗帘（9%，16 名） 5. …… 6. ……	1. 被褥 （构成比 22%，年间排名 10 名） 2. 床单（14%，5 名） 3. …… 4. …… 5. …… 6. ……
专场动向	1. 根据地区不同，被炉开始畅销。虽然被认为还很早，但是气温下降的话，换购的需求会一下子上升。 2. 必须在卖场前面把今年的畅销品以呈正方形（特别是 85 厘米）的陈列形式在舞台展开。	1. 畅销品是 85 厘米的正方形样式。把在库数量的目标放在重点商品情报里。 2. 拜托确认仓库的库存。 3. 被炉被褥的合适尺寸是 190 厘米×190 厘米，在 POP 上标注出来。	1. 不仅是被炉，还要应对准备暖气设备用品的高峰，去年是被炉排名第二的周。 2. 建立以周末为中心的应对客流体制。

　　10 月的第一周，被炉用品的构成比是 4%，排名是第 31 名。虽说是第 31 名，但由于不是年间的常规商品，所以在经营期间内是接近末位的排名。附近的卖场已经把这个商品从后面移动到前面了，因为包括被炉用品在内的暖房用品有地区性特征，

所以很早展开的店在 9 月第二周就应该在前面的舞台上展示出来。总部把这个商品放入重点商品销售计划书的时机，是要等全店都备齐的时候。全店的畅销商品是边长 85 厘米的正方形展示台，所以在舞台上展示的话就要把这个商品在公司所有店展开。在传单广告上当然也要以这个商品为中心介绍。在有些地区，长方形的大尺寸也很畅销，所以所属店铺就要展示这两种商品。

第二周，构成比 9%，排名上升至第 16 名，为了防止畅销商品断货的相关指示就出来了（在库确认等）。还有，除此以外关联商品的被炉被褥也要一起陈列，指示门店要推荐销售。

第三周，为应对 11 月的高峰，做好迎接准备，也发出了卖场接待客人的规则的指示。因为是重点情报，所以并不只是登载商品，还要登载销售策略、呈现方式和传达方法。

家装时尚部门的商品的回转率并没有像服装部门或是食品部门那么高，虽然有修正的时间（余地），但食品的话是短期决战。表 6-4 是有关食品部门的日配品类的例子。秋分时节，落雁和牡丹饼卖得很好。我们这时去卖场的话，会看到落雁和牡丹饼在平台上联合展开，如果尽早联合展开的话更好。

的确，让商品显眼是很好，但实际上每种商品的畅销时期是不同的。像落雁这样能持久存放的商品的展示，商家很早就开始行动了，但不能持久存放的牡丹饼却在进入秋分之后一口气就卖完了。进入秋分之前推荐销售的商品是落雁，牡丹饼则是进入秋分以后，在周末的周六、周日很短的期间内推销的商品。秋分花是从进入秋分之前到秋分期间为止短期间（5 天）

内的胜负手，错失了这个机会的话，无论怎样降价都卖不出去。这一点上，不只是秋分，春分、盂兰盆节也是一样的。

表6-4　好事例：在有限的期间里指示出高峰和空闲时间

| | | | | | | | 进入秋分 | | 秋分中 | |
落雁(点心)	9/13	9/14	9/15	9/16	9/17	9/18	9/19	9/20	9/21	9/22	9/23
日销售构成比	13%	4%	5%	6%	7%	8%	15%	20%	10%	9%	3%

* 秋分 26 日结束

牡丹饼	9/16	9/17	9/18	9/19	9/20	9/21	9/22	9/23
日销售构成比	3%	3%	4%	6%	18%	15%	25%	28%

秋分花	9/17	9/18	9/19	9/20	9/21	9/22	9/23
平均单店销售额	40 千日元	30 千日元	150 千日元	120 千日元	70 千日元	170 千日元	90 千日元

从上面这个例子可以看出，要想让销售的数值好看一点，并非"快点陈列的话比较好""呈现出量感陈列""只能这样"之类的对策就能够实现的。而应每隔一段时间（日期、周几）、按六大时节（吉日或者凶日等），用数据来确认畅销品、滞销品，在认真做了这些基础工作之上，改变卖场制作或者陈列的方法等。虽然落雁是可以尽早大量陈列的，但牡丹饼在进入秋分前只需展示一下就好，这样做的结果是降价损耗和销售机会损失都减少了。虽然把商品联合展开也是非常好的，但像这样去考虑、去做的话，工作时间（降价损失，包括善后工作）也能减少。以这种方式方法反复进行操作的话，也就变成了一年

的业绩数字了。

这样看来，并不是卖场面积狭小让我们展示不了东西，而是我们要考虑会不会存在浪费的空间呢？不要总认为自己太忙，而是要思考自己会不会已经浪费了很多时间等等。总之，要反省的地方确实有很多，并不是什么事都要早做就好。现在，人们应该会这样问了：如何有效地组合地点、时间和人员，作用在不同特性的商品之上，借此来提高销售利润？

四、告诉他们可以获得多少毛利率

说是卖了很多也卖得很好，但最终能有多少利益才是我们工作的最终目标。为此，商品的售价是多少、原价是多少、减下来还剩多少（毛利），把这些通知卖场的担当者是很有必要的。表 6-5 就是有关季节商品（玩具烟花）的例子。

表 6-5　好事例：教授商品的加价率

重点商品（单品）名	售价/日元	加价率（计划毛利率）
儿童烟花 500	300	56.0%
儿童烟花 1000	580	53.0%
烟花套装 B	980	48.0%
烟花画卷	1280	50.8%
烟花特大套装	1980	36.3%

加价率按照各个单品记载，不降价售完的话，加价率（计划毛利率）就是照原样，变成最终的毛利率。虽然我们可以轻易地降价，但还是要在销售上下功夫，尽可能地按照当初的售

价卖。让卖场的人高度重视也是情报的重要作用。在卖场，增加加价率高的商品的陈列量（排面数），绝对不要让它断货，订货时也要时常注意，并且应该付诸行动，不一定只卖价格高的商品。至今为止，在我看来门店还没有形成针对单品开展经营管理工作的习惯。

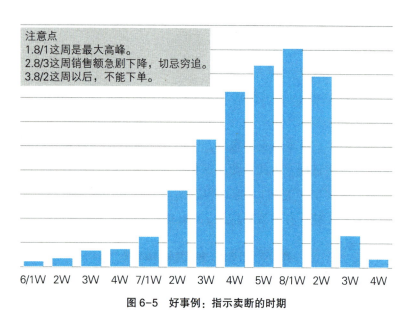

图 6-5 好事例：指示卖断的时期

　　图 6-5 同样是有关烟花的例子，图上标明了公司所有店每周的销售额：8 月的第一周是最高峰，到第二周的盂兰盆节为止持续高峰状态。但是，过了盆节的第三周开始陡降。也就是说，只要能在第二周卖完的话就能减少降价。最近，像这样的事例渐渐地被大家所知道了，其他诸如情人节、圣诞节等，我们能够灵活应用的例子还有很多。

五、提示卖场按规模分类的销售量和在库量的目标

表 6-6 是有关 10 月第一周（导入期）的家庭用品部门的好事例。

表 6-6　好事例：提示销售量和在库量的目标

重点商品名	售价/日元	大型店		中型店		小型店	
2 段蒸煮容器 (18 厘米)	1280	10	(50)	6	(30)	4	(20)
南部铁器炉灶套装 (15 厘米)	1480	8	(40)	5	(30)	4	(20)
乌冬面砂锅 (18 厘米)	980	8	(40)	5	(30)	4	(20)
台式炉灶	2980	6	(30)	4	(20)	3	(15)
6 号土锅	680	15	(50)	10	(40)	8	(30)
压力锅（3 升）	4980	3	(18)	2	(12)	2	(12)
锅炉灶套装	1980	2	(20)	2	(10)	2	(12)

注：左边是周销售目标数、右边（　　）内是基准在库数量。

　　由于商品本身不易腐蚀，所以家庭用品中的锅具类通常会呈现尽早在两端展开、在卖场成为放着不管的状态。但实际上，并不是什么尺寸的土锅都卖得很好，一般以 6 号尺寸（1—2 人用）为分水岭。在那之上的大型尺寸，只有在真正的冬天到来"全家围坐在一起吃火锅"时才能卖得出去。所以，应首先以小型尺寸为中心用重点商品销售计划书来介绍。表 6-6 中 6 号土锅价格是 680 日元，在大型店里一周的销售量目标（周销售）

是 15 个（基准在库量 50 个），中型店 10 个（基准在库量 40 个），小型店 8 个（基准在库量 30 个）。和除此以外的商品［乌冬面砂锅（18 厘米）等］比，库存的持有方法也明显不同。在卖场的话，扩大 6 号土锅的排面数，想让来店顾客买什么的意图就很容易传达给客人。

表 6-6 中分为大型店、中型店和小型店三种类型，说到底也只是个标准，即使是小型店规模，但如果销售额达到中型店水平的话，参考中型店的订货、卖场制作也是可以的（来自总部的商品投入的情况需事前联络）。周销售和在库量以过去的实绩为基准，总之先作为目标来决定，并不是"按照这个标准去做"。去年的话，也许店铺错过了销售，或者太过盲目贪婪造成了积压，也许订了太多的货（结果降价赔本卖了）。像这样作和演双方都好好确认的话，在季节高峰错过销售的情况就会很少，像这样的情报的确对卖场的工作是很有用的。

六、指定从开店时起到闭店为止不能断货的单品

在很多企业（店）里，应该有禁止断货的商品列表，也就是记载着一天当中绝对不能发生断货的商品的一览表。营业时间变长是全球性的趋势，所以这个列表的存在就变得很重要。甚至，由于处在不同的季节，商品也会发生变化，有时甚至需要每月发生变化。

表 6-7 是有关农产部门的例子。这些是夏季的时令产品，但不是简单列出所有规格的商品，而是提出重点关注的单品

（基本单品）。

表 6-7　好事例：提出按季节划分基本单品一览表

	沙拉蔬菜	散装番茄 盒装小番茄 散装黄瓜	西兰花 1 个 莴苣 1 个
农产部门	绿叶菜	菠菜	
	季节蔬菜	玉米棒 1 个 毛豆 1 袋	
	一般蔬菜	散装茄子 散装青椒 大葱 1 个起卖	卷心菜 1/2 南瓜 萝卜 1/2
	水果	桃子 1 个 樱桃 1 箱（中） 枸杞 1 袋 柠檬 1 个 盒装切片西瓜	猕猴桃 1 个 西柚 中型大小 1 个 切块菠萝（小） 切块水果（小） 香蕉 1 个

　　比如说，番茄的散装和迷你盒包装就是绝对不能断货的单品，而袋装的番茄则没有加入列表里。因为只要有散装番茄的话，即使袋装番茄卖完了也是没有问题的，对于想买三个番茄的客人而言，即使没有袋装的，买三个散装的也可以。制作沙拉时，只要有散装的番茄、迷你盒装番茄、黄瓜一根、西兰花一颗、生菜一个的话，即使其他都卖完了，也不会感到为难。我把这些商品简单地叫作"基本单品"，或者叫禁止断货单品。在很多企业里，番茄、黄瓜、生菜等不只是作为单品，而是成

为品种和品类级别来对待，已经非常丰富了。

　　总部这样做了以后，门店的工作方法也会发生变化。否则，一天到晚门店商品都堆成小山一样，就会产生降价损失；而如果一天到晚出现断货，则又会造成机会损失。尽管有些时候总部干部来店里时会指出"这个商品断货了""缺货，所以没有量感"，但我还是希望大家能够聚焦问题，用这样的列表来确认。因为仅仅从现象层面指出问题，谁都可以轻易做到的，希望大家能在注意到增加了多余的工作这一点以后再去指出门店存在的问题。所以，如果总部干部在巡店时能够携带重点商品销售计划书进行确认的话，公司上下全员之间就可以用共同的语言来交流了。

七、指定关联商品

　　关联陈列既属于老的陈列技术，也算是新的技术。为什么这么说？关联陈列这个概念谁都知道，而且技术也不是很难，但由于没有形成严谨的框架，在很多店里（卖场）还是老样子——维持着一会儿做、一会儿不做的状态。陈列技术等的创意已经出尽了，当今时代是能够继续产生创意的框架构建变得更为重要，我指的就是在这种意义上的新技术。仅仅在卖场的创意上下功夫是不能持续的，总部要每周对门店持续发出完整的指示，不仅是对从业人员，对客人也要不厌其烦地下功夫去研究。

　　不论是从前、现在还是今后，企业组织都是纵向分割的，组织内各部门是不了解或很难了解其他部门的动向的。如果我们仅仅抱怨纵向分割不好、担忧纵向分割，并不能解决任何问题。如果自身部门能够对于其他部门积极发挥影响作用，应该是很好的，不仅仅是为了自己部门，更是为了给客人创造一个购物便捷的卖场，这也需要店内所有部门之间建立合作机制。

从广义上来说，我认为关联陈列属于菜单提案，客人看见关联商品一起被陈列的状态，今天的晚餐就浮现在眼前了。但是，并非把商品关联起来就行了，作为菜单提案的一种，我希望把顾客做饭时需要的全部东西好好地组合起来。这样做，并不只是增加了顾客的购买件数，也是为了确保毛利率，确保陈列规则能够持续实施下去。比起强调价格便宜，我认为关联商品陈列更应突出选择方便性为目的，能让客人多发现其他相关商品比较好（原价就行）。下面的资料就是某家 SM 企业关联陈列的好事例。

这个提案是打算把农产部门的商品和其他部门的作为关联商品陈列。在水产部门的刺身和手卷寿司的地方，陈列贝壳萝卜 1 盒 38 日元（毛利率 36%）、欧芹一束 98 日元（毛利率 33%）之类；在畜产部门的烤肉的地方，陈列生菜一盒 98 日元（毛利率 28%）；在日配部门的豆腐的地方，陈列小葱一束 128 日元（毛利率 29%）、葱姜 1 袋 118 日元（毛利率 30%）等的提案。这些商品的毛利率平均超过 30%，比起各部门的商品毛利率好像都要高，原来卖场是以价格来强调廉价诉求，可以看出该店是想用关联商品进行补充、平衡毛利率的。

好事例：指定关联商品

来自农产部门的关联商品情报

父亲节的款待提案里，手卷寿司、烤肉、沙拉

1. 关于水产部门的生鱼片、手卷寿司

①贝壳萝卜1盒38日元（毛利率36%）

②欧芹1束98日元（毛利率33%）

③大叶1盒58日元（毛利率38%）

陈列照片	陈列照片

2. 关于畜产部门的烤肉

①生菜1盒98日元（毛利率28%）

②烤肉蔬菜1盒198日元（毛利率31%）

陈列照片	陈列照片

3. 关于日配部门的豆腐沙拉

①小葱1捆128日元（毛利率29%）

②葱姜1袋118日元（毛利率30%）

……

为了不使关联陈列流行一时就结束了，我们清楚地提出关联陈列能够确保毛利率这一目的，这是非常好的。还有，关联商品的陈列不是2—3个、看上去很少的"展示陈列"，而是要让人不由得想到是从卖场搬过来的、应该做的、有一定数量的陈列。

八、根据温度变化而发生销路变化的商品

由于温度变化，商品的销路也会发生变化这个话题，现在变成是理所当然的了。以前，关于天气和商品政策这个概念很流行，特别是在经营食品的店铺，从便利店到百货店都在学习这个。只是，每次的事情只是制作资料，到这样的阶段应该还没有结束吧？在重点商品销售计划书中，也经常能看到记载着一周的最高气温和最低气温（预测），觉得做到那样就结束了。虽然什么都是那样，但我们不能做了就放着不管了，为了能持续使用这个概念，对其加以修正、微调整才是有意义的。

体感温度根据不同的人是不一样的，根据不同的地区（海边、靠山、绿化多的地方、绿化少的地方、是否是河畔等）也是不一样的，不可能公司所有店统一。表6-8就是有关商品和温度变化对应的一览表。

我觉得这虽然不是那么珍贵的资料，但总部也应该着眼于每月发送一次这件事上。即使不是每月发送，3个月左右发送一次也应该足够用了，总部通过每月不断地发送消息，会不会有对温度变化敏感的意识？我认为这一切都与总部关注现场的事实变化、倾听现场的变化、持续活用现场的意识有关。

我们也应该着眼于这里面出现的体感温度。每天都在播放天气预报，用眼睛和耳朵接受无论谁都能轻松记住的数值。但是，根据不同的地区、店铺开店的场所不同，各店之间有差异也是事实，天气预报不一定都是针对自店的情况。并不是说天

表 6-8 好事例：根据温度变化而发生销量变化的商品

6 月的最高气温平均在 20~25 摄氏度，体感温度的话平均比较暖和。

气温	最高气温 20 摄氏度以下	最高气温 20~25 摄氏度	最高气温 25~30 摄氏度
体感温度	感到凉快	暖和	感到热
基本种类	热菜菜单提案 （日式火锅、煮菜、炖菜）	炒面、咖喱 中华冷面、油炸食品	饮料 扩大凉爽素面、中华冷面、盛盘、冷锅等
零食食品	涮锅调料 炖汤拉面 红酒、日本酒、甜料酒、豆酱 蔬菜系饮料 调味料——和畜产卖场的关联	咖喱粉 中华调味料 意大利面 色拉食材、天妇罗食材 饼干、巧克力 饮料（果汁饮料）	碳酸饮料在多处陈列 机能饮料、啤酒、发泡酒 大麦茶放在两端的下面
日配	汤饼 冷冻奶汁烤菜、焗饭 肉馅洋白菜卷 拉面放在下面扩大排面 煮乌冬面 魔芋、关东煮、魔芋丝、油炸豆腐、炒乌冬面	100%果汁、咖啡饮料、布丁、冰激凌 点心面包 炒面、意大利面 纳豆、竹软	牛奶、冰咖啡试喝 果冻、海蕴 小的冰激凌、乳酪冰激凌——扩大冷藏箱 流水面 绢豆腐、凉粉
熟食	煮菜 糯米小豆饭、便当 蒸鸡蛋羹	中华料理、饺子 油炸食品、炸肉食品	毛豆、醋拌凉菜、调理面——扩大SKU 和排面 天妇罗、鸡肉串、蒲烧鳗鱼

246

气预报不准，而是在这个地方生活的人的体感温度才是在卖场活用的活生生的数据。卖场的担当者一边参考天气预报，一边使用自己的五感（视觉、听觉、嗅觉、味觉、触觉），对应温度的变化制作相呼应的卖场是有必要的。甚至比平均温度"感到热"的时候，把碳酸饮料在多个地方陈列，指示大麦茶移动到货架或冷藏柜两端的下面，是我觉得很好的非常具体的对策。即使在日配部门也可以试饮牛奶和冰咖啡，在熟食卖场，醋类商品的 SKU（分量）和排面数的扩大也是对的。

相反，在我们"感到凉爽"的时候，把味噌汤放在畜产卖场做关联陈列，日配的拉面移动到下面扩大排面数（缩小流水面），这样，即使门店脑子是明白的，但如果总部有具体指示的话，我认为让门店动手会更容易些。

像这样考虑的话，在重点商品销售计划书中就要记载每周的温度情报（预测）和每月的温度变化对应商品一览表以及卖场对应事例等等。

重点商品和小时工的战力化

小时工能看明白、能照着做的情报是什么样的？

在前一章节里，针对（重点商品销售计划书）的内容，我们列举了一些好事例，以此为中心说明了一下。但在我看来，仅仅这样做还是不够充分。现在的日本，由于年金问题被不断放大（固定工成本越来越高），如果没有小时工的话，今后的零售业就不能说是零售业了吧？如果不尽早制作小时工能够看得明白的、能够照着做的情报的话，在小时工日益增多的风潮中，只会导致卖场的经营管理水平逐步走低，直至最后退出市场竞争。像之前我所讲的那样，我们不应该站在小时工水平低下这个前提上进行反省，而是应该站在我们至今为止使用的语言不具体、不易让人理解这样的前提上进行反省。以前，在正式工比较多的时代，即使我们在沟通时用一些听起来言语说明了但意思并没有说清楚的语句，也会无意中传达到对方那里，不会影响沟通效果（因为长期在一起工作有了一定的默契）；或者即使我们说的言语并不清晰，但彼此也会心领神会地想办法去做些什么。但是，伴随着小时工的用工比例增加，还这样做的话，就不好使了吧？我相信小时工的急剧增加是给我们的工作改善带来了良好的机会的。而且，为了把具有生活实感的小时工培养成具有战斗力的员工，我们必须制作让他们看得明白、能够对照行动的情报。

我认为，现在不是称作"小时工化"的时代，而是应该被称为"小时工战斗力化"的时代，因为这个时代的核心问题已经是"小时工战斗力化"了。让我们超越各个业种、各个业态来看待这个问题，虽然现在小时工增加了，但是关于经营绩效数值上的问题，也就是说并非降低人工费就可以结束了，我们还期望能够带来运营力强化（核心指标是毛利额上升）。我认为，只要实现小时工战斗力化，就肯定能带来运营力强化。

在日本，来店里买食品的客人85%以上都是女性。即使是男士服装店，40%的顾客也是女性，这些女性顾客不仅是作为男性的陪伴，其中很多人本身好像也有买男士服装来穿的。现在，不分男女装，女性买男性的衣服，已经不是什么稀罕事了。甚至可以说，即使是家装建材中心，园艺、宠物这些品类也是以女性为中心进行商品配置和陈列的。若是餐厅和药妆店的话，女性客人来店的就更多，很少见到男性的影子。如果门店聘用的是和客人有同样意识来观察卖场工作的小时工，那么这些小时工在卖场中担任主角，也就没有什么不可思议的了。虽然小时工中女性占压倒性多数是事实，但最近的倾向是男性小时工（兼职）也多了起来。总而言之，今后我们应该认可这样的情报质量评判标准——即使自认为制作了多么好的情报，但如果不能让小时工看了就明白、就能付诸行动的话，就是"不好的情报"。

那么，对此我们应该怎样考虑、怎样行动才好呢？

第一节
为什么在中国也要强调小时工的价值

一、人工成本越来越高怎么办

由图 7-1 可以看出，在日本 35 岁以上就业人群中，男性正式员工比较多，而 15—34 岁男性及所有女性员工中小时工都是占大多数的，这也是铃木老师会在他的著作中提出小时工战斗力化的根本原因。小时工已经渐渐地成为一个企业的主导性力量，如果此时还是抱住正式员工不放，对小时工还是采取粗放

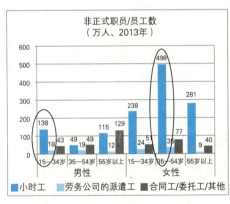

日本正式工以中年以上男性为主。
日本小时工：
（1）女性为主；
（2）中年以上女性为主；
（3）年轻的学生群体为主；
基本是由日本的国情和长期以来形成的用工文化决定的。

补充说明：日本社会女性成家后一般会辞去正式工作，所以小时工中已婚育的主妇占很大的比例，而国内大部分是失业下岗妇女从事小时工的较多。

数据来源：日本总务省统计局公布的 2020 年劳动力调查，2021 年 4 月 30 日。

图 7-1　日本国内小时工使用情况

式管理，只把他们当工具使用，而不去挖掘他们身上的智慧的话，那么一个企业要想获得比较强的竞争力是不可想象的。尤其是铃木老师还强调了52周MD推进后的后两种效果：门店活性化和打造智慧共享的组织及氛围。

日本各大零售企业的小时工使用比例也是非常高的，如图7-2所示。

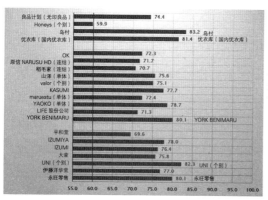

1. 日本零售行业的平均小时工使用比例在75%以上，即超过四分之三的员工为非正式员工：

永旺　　　　80.15%
泉屋　　　　78%
伊藤洋华堂　77%

2. 日本小时工即非正式员工，包含以小时计薪和全天候上班两种，即国内通常所说的劳务工。

图7-2　日本零售业小时工的占比

中国其实也在面临着类似的挑战。根据中国连锁协会的数据资料（图7-3），零售企业在人力成本上面所面临的经营压力已经达到极限。就上海尚益咨询公司每年接触到的几十家到一百多家零售企业的经营状况而言，大家普遍有共性的痛点都是无法承受人力成本在整个营业收入中的占比越来越高（图7-4），企业增长的营业收入都被新增的人力成本吃掉了，甚至企业的盈利的下降也大多因此而来。

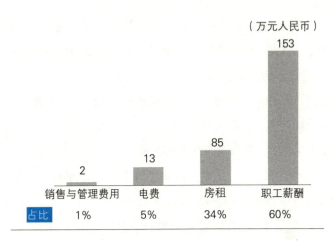

信息来源：2018 年 CCFA 便利店调研

图 7-3　样本企业 2018 年平均费用支出

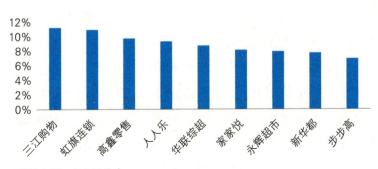

数据来源：各公司公告

图 7-4　2017 年国内零售企业人工费率

　　对于人力成本的上升，各个零售企业也都采取了不同的措施。

　　一是试行合伙人制度，实现人员管控优化。就这一点，永辉超市在行业内做了很好的探索。他们自 2015 年下半年开始全面推行合伙人制度，将门店员工每 6 人组成合作小组，组长自由选出，各小组独立核算，并可根据职级高低对超额利润按比例分成；实行淘汰机制，每 3 个月考核一次，未达标或落后者淘汰，进而实现人才更迭。

因实行合伙人制度，永辉超市人工费率管控效果突出：2015—2016 年，公司人效由 56 万元/（人·年）升至 70 万元/（人·年），使得即使在人均工资由 4.2 万元/年提升 26%至 5.3 万元/年的前提下，人工费率仍可维持基本平稳，且处于行业较低水平；2017 年人效同比几乎持平。

家家悦也于 2017 年起大力推行合伙人制度。据公司公告，至 2017 年年底已选择 33 家门店试点完成（同期超市门店总数共 565 家），试点门店的销售、坪效、人效平均实现了 8%以上的增长；2017 年，家家悦人工费率约 8.3%，距离永辉超市 7.7%的水平仍有下降空间。

二是像乐城的生鲜传奇那样采用钟点工制。在生鲜传奇，一家 300 平方米的门店，日均销售额为 2.5 万—3 万元，配置的正式员工为 4—6 人，其余会配置 20 多人的钟点工，这些钟点工加起来的工作时长折合的正式员工数在 8—10 人（以 8 小时计），这样企业便能够在销售高峰期配备比较多的员工在岗，而在每天的销售低谷期则主要以正式员工为主，外加少量的钟点工就可以有效地维持门店的运转了。这样便可以保证所有的员工在岗期间都能够工作量饱和，企业的人效也就有了保障，人力成本也就可以降下来了。

二、钟点工的市场供应源源不断

根据网上的相关调查资料及我们在各个零售企业接触的情况看，小时工的市场供应还是非常充分的，而且大致呈现出如下特征：

（1）在零售行业灵活就业者中，女性占六七成，成为劳动主力军。

（2）在一、二线城市，有超过一半的学生群体以灵活的方式参与就业，零售业往往成为他们就业的第一级跳板。

（3）在一、二线城市，零售业所有灵活就业群体主要为"90后"年轻人，25岁以下占比接近八成，低学历，多数未婚，家庭收入较低。

（4）零售业灵活就业者多来自农村及小城镇，去往省会和一、二线城市打拼，流动性高。很多就业者往往以超市为跳板，边就业边找工作，一旦有合适的立刻跳槽，所以超市里的灵活就业者的流动性特别高，很少有能够干满半年以上的。

（5）零售业灵活就业者主要分布在大卖场/大型超市、小型超市和服饰专卖店，从事岗位主要为促销/导购员、收银员、店员/小二；电器卖场、百货和服饰专卖店属于慢消性质，从业者以全职为主，其他零售业态多为兼职。

（6）对于三、四、五线城市和乡镇，小时工的来源主要是家庭妇女，需要承担家务，在家照顾老人和小孩，为了贴补家用会选择打短工。三线城市还会有一些大学生做兼职，四、五线城市则相对较少。

由于目前的职业流动性普遍较高，相较于 5 年前、10 年前，年轻人的工作稳定性已经要低很多。很多人一年换几份工作已经成为常态，稍不如意就炒企业的鱿鱼已成常态。很多负责营运板块和人力资源板块的同行都跟我反馈，现在团队难带了，人员流动性太大了，年轻员工越来越难管了。

由于整个社会的发展节奏越来越快，人们职业的变化也会随着所在行业及企业的变化、个人家庭环境的变化（生育养育小孩、照顾生病的老人）及个人的职业设想等而在迅速地切换着。此时，作为人力资源市场上的蓄水池的小时工的供给人群一定是越来越多的，从世界各国的发展趋势来看，也呈现这样的特征：人均 GDP 越高、收入水平越高，选择做小时工的人群也就越高，因为做小时工对于个人来说是弹性最大、最自由的。

三、能否用好钟点工会成为企业竞争力的分水岭

从目前国内零售业的用工情况来看，除了少数企业外，大部分企业还是以合同工和劳务工为主，小时工在各个企业仍属于辅助角色，很少有小时工的用工比例超过 20% 以上的零售企业。但是，随着市场竞争越来越激烈，企业的利润越来越薄，企业的人力成本占比越来越高，这一定会迫使零售企业选择越来越多的小时工来补充工作岗位。

表 7-1 是某三线城市的一家企业做的测算，在工作效率相同的前提下，使用劳务工是最经济实惠的，但渠道来源是个问

题：第一类年龄偏大者工作效率低，体能也缺乏；第二类学校实习生稳定性差，同时需要在宣传、招聘上下足功夫，很有可能还会涉及租房成本。相对于合同工，小时工的成本空间每小时能减少4.4元，所以企业利用小时工来降低人工成本仍然是可行的。当然，这里面的前提条件也是必须对小时工施以必要的培训和管理，使其每小时的产出水平与合同工一致才行。

表7-1　不同工种的成本测算

工种	岗位工资	月出勤	月社保公积金	年福利	年激励	年度成本	小时成本
合同工	1950 元/月	167 小时	900 元/月	1900 元	800 元	38850 元	19.4 元
劳务工	1950 元/月	167 小时	0	1900 元	800 元	28050 元	14 元
小时工	13-15 元/时	96 小时	0	0	0	17280 元	15 元

综上所述，虽然使用小时工对于中国零售企业来说还没有日本企业那样迫切，但是对于那些有远见的企业来说，也已经到了未雨绸缪的时候了，因为这是大势所趋。我们预计在未来的5年内，小时工的用工比例很有可能会在各个零售企业中达到30%以上；10年以后很可能会达到50%以上；20年以后，中国零售企业的小时工用工比例很有可能接近日本企业的状态，达到60%—70%。

从这个意义上来看，通过学习铃木老师的小时工战斗力化的理论及相关的运作方式，首先把我们的合同工和长期工实现战斗力化，这也是很有价值的事情。

第二节
小时工战斗力化的误解

我认为很多时候还存在把小时工化和小时工战斗力化这两个不同的概念混淆在一起使用的情况。至于两者之间的区别，虽然我已经在不同的场合说过很多次了，但还是觉得有必要再梳理一下，对以下几点再强调一下，或许能够改变一些人的想法。

一、不作为LCO（低成本运营）的手段

"我们公司接近90％的员工是小时工"，我觉得现在有很多人在单纯地关注小时工比例这个问题。目前的核心问题在于：不是增加小时工的比例而是提高内部的创造力，也就是说我们要去关注小时工的工作方法是怎样的。如果小时工生机勃勃地工作，就给了客人一个好印象，整个店的形象就变好了。而如果只把小时工当作有限工作的人的话，即使能削减人工费，卖场的水平也不会提高吧？

我在咨询实务中看到过很多优秀的小时工的工作情况，但说心里话，称呼他们为小时工真的有些抱歉，今后恐怕我们应该说"小时工是四小时的正式员工""正式员工是八小时的小时工"，这样的时代要到来了。当然，我觉得正式员工这个词

也是会消失的。到那时，"小时工"等词语也会变成无人问津的冷词。

我们说"重点商品销售计划书的终极目标是，即使是小时工也能看得明白"，并不是因为小时工的能力低下，而是为了要让他们更高效地在工作时间内做内容丰富的工作。

将来，在全部的店铺里可能会发生"小时工店长（不问男女）的诞生"这样的事情。我认为只有在那个时候，才真的会确立 LCO（低成本运营）。

二、不只是补充正式员工

通常各个零售企业都是按照正式员工负责骨干业务、小时工担当辅助业务来安排工作的，这是否是被旧的定义所局限了？有很多正式员工觉得平台或者舞台是必须自己亲自表演的，小时工是完成不了的，自己是不能把职责托付给小时工的。

在某家店就有这样的事情发生。我问起进公司七年左右的小时工：你对今天的工作感到满意吗？对方清楚地回答"虽然不满意，但我认为也没有办法"。我继续问他是做什么工作的，他说"负责常规零食的订货。而且想做平台上的或者货架两端的陈列，要是上司不限制自己的话，我肯定会努力的"。大家看看：明明这个小时工已经工作了七年，工作内容还是被限定，没有给到他进一步发展提升的机会。

还是"这个是我的工作，除此以外都是你的"这样的限定范围的工作方法，我们的很多正式工不正是按照这种工作方法在安排工作的吗？我认为把小时工当作所谓的正式员工的补充这样的例子还有很多，在这一点上，离真正的小时工战斗力化还差得很远，这就是现在零售企业的实情。正式工把工作托付给小时工的话，是不是觉得自己会被拖后腿呢？或者，是不是会认为自己的工作有可能被小时工夺走了呢？我们在讨论技术问题之前，很有必要改变正式员工的这些消极想法。

三、不让说"因为我是小时工"

事实上，并不是什么问题都出在正式员工那里。小时工的水平差距很大，我也看到过小时工面对工作质量差时，还满不在乎地说"因为我是小时工"。如果这是他们推卸责任的话，或许只是他们本人的问题，不过，可能这些小时工没有意识到，他们的行为还会发展到影响店铺在消费者心目中的信用问题（消费者不会因为你是小时工就接受你们的低品质服务和商品的）。

我想说的是，小时工之所以强调"因为我是小时工"，是因为门店没有好好地培训和辅导他们的工作，或者即使有人教导了，后续也没有有效地跟进。还有，当小时工被问到他们不知道的事情时，不能说"不知道"就完事了，他们应该遵守延续的规则对接上自己上司的接力棒。的确，我们应该认识到：还是教导的一方问题比较大。但我最近在意的是：既有优秀的临时工，也有水平低的临时工，这些临时工具有三种主要特征，即零件化、工薪阶层化、男性化。在这里我并不是想说小时工的坏话，而是希望借此改变教导一方的应对措施。

1. 零件化

零件化是指工作时间是四小时到六小时的情况，营业时间越长，在这个时间内发生的事情就越不能被下一个人好好地承接住。就某种程度而言，虽然这是小时工的工作宿命，但零件化会造成在全店蔓延的情况。如果门店内频繁发生沟通障碍的话，那么长时间工作的正式员工可能可以更好地实现承接工作。但是，现在的趋势是小时工战力化将会更快地向我们逼近，以维持无论客人何时来都不会辜负他们期望的卖场水平。

在早晨的小时工和上午的、下午的、傍晚的、夜间的小时工之间，所谓怎样防止沟通障碍就变得很重要。为此，首先是制作谁看了都明白的情报和这些情报的门店所有员工间的共有化是不可缺少的。我们只能以情报为中心，好好地举行在短时间就能结束的会议。在我看来，与其说零件化是行业分工体制的确立所造成的，还不如说是零售企业误入歧途的负面影响更大一些。

2. 工薪阶层化

工薪阶层化是指不掀起任何风浪，应该说的事也不说，只留给人们一种默默地在既定时间内做分配给自己的工作的印象。"说这种话也没用"、没有提案的欲望、是不说话的上班族，这些都是小时工的特征。虽然也有人提出"这样不是也可以吗，只要好好工作就行"之类的反对意见，但如果变成"奇怪的是：我们不能说这些小时工这样的行为是奇怪的、这种只是应付工作的行为是不好的上班族"这样的话，那我就感觉很为难了。

零售业是做客人的生意的，如果客人都不来的话，我们就不能因为小时工在"好好地做分配给自己的工作",就说这些小时工是好的。其实,小时工也不是一开始就工薪阶层化的,有的小时工提了几次建议,但每次都被紧紧抓住把柄而否定了,于是叹口气"即使说了也没办法",这样多次被迫放弃以后,才变成了不好的上班族。这其中的原因就在于组织氛围!组织氛围是高层、管理干部共同营造的,究其原因是我们平时没有注意到领导和管理干部对待小时工的态度和工作方式。

3. 男性化

男性化是指占压倒性多数的女性小时工渐渐失去了她们优秀的智慧、生活实感。女性(特别是主妇)所具有的一种优势,我认为就是生活感受,比如购物情报、地区活动情报、天气、电视、餐桌等的话题,这些女性小时工都不缺席,相反男性对这类情报比较不擅长。

如果小时工没有生活实感的话,就不能把门店打造成对于客人来说有魅力的卖场。剥夺小时工的这种生活实感的优势,意味着小时工的水平下降,正式员工同样也有这个原因。店铺工作人员必须更加感受到生活实感,如不能充分做到的话,借助小时工的力量也是可以的。

所以,今后的各业态,如果是超市的话,就要以充满生活感的餐桌食品专卖店为目标;如果是家装建材店的话,就要以本地区的生活实感情报为基础的家装建材用品的专卖店为目标;如果是婴儿用品店的话,希望以持续经常发送母婴生活实感情报的专卖店为目标。

第三节
现在为什么是小时工的战斗力化

一、以"客人为主角"的企业走的才是企业生存发展的王道

"客人是主角"，如果是在零售业工作的人应该都意识到这一点，即使这是口号，也应该没有反对的人。然而，大家轻易地说出口，本身就是问题。说到"客人"，大家就会产生要为顾客解决更多问题的错觉，但是我觉得不要做更多的事情。店铺的数量很多（超载店铺）、竞争很激烈的话，"客人是主角"才真的变成了现实的东西。另外，也没有必要上升到"客人是神"那样的崇拜境界。无论何时，零售业都有必要贯彻并不是表面功夫的客人第一主义。

小时工既需要站在客人一方的立场，也需要站在工作者一方（经营方）的立场来观察店铺。也就是说，我们要让具有生活实感的客人在卖场工作，这样的话，即使我们不对来店的客人进行问卷调查，情报源也是在店内的，我们必须活用这点。

我们的工作是要持续洞察和理解客人的生活，如果不能持续地将这种生活经验在卖场活用的话，零售企业就不能生存下

来。好不容易各个零售企业的身边就有了"很清楚客人的事情"的人，所以我认为积极地把生活实感活用到商品和卖场里去是一件非常重要的事情。

二、客人的期待从卖场移动到买场

虽然使用了"买场"等没有听习惯的词语（新宿伊势丹改装的时候造的词语。即使现在也在使用买场革命等说法），但实际上说的是门店不是卖的场所，而是客人买的场所的意思。即使叫卖场，很多人还是会认为是客人的买场吧。但如果硬要说是买场，大家又会觉得很奇怪。但客人的购物方式、购买的商品和经济景不景气之间的关联关系是会变化的，我觉得很明显地，买场的想法正变得越来越重要。在有小孩的家庭里，不喜欢有骨头的鱼，但如果是没有骨头的鱼，他们就会吃。最近就掀起了新的无骨鱼热潮（大约 30 年前，无骨鱼也在卖场摆放过），而且我认为这股热潮不会马上结束。因为马上能吃、吃起来也不麻烦、可以做到不留残余（食物垃圾）的烹饪方式很符合现在这个时代。

但是，当工作的主妇（有职业的主妇）的比例像美国一样无限接近70%，顾客购物时间变短、烹饪时间也变短时，顾客购买的商品和对卖场的期待也应该会改变。也就是说，零售企业必须从以食材为中心的卖方思维，转变成以生活者为中心的使用方思维，也就是买者思维。不只是卖鱼的时候如此！所以，我们应该重新质疑之前一直理所当然地使用的"卖场"一词，我们需要稍微拿出点勇气，能够意识到"买场"并想着使用这个词语。

三、零售企业今后的经营损益分歧点很高

我记得日本零售业的上市企业包括餐饮公司在内有 80 家左右。据说这些公司的平均经营损益分歧点比例在 95% 左右，也就是说，如果销售额下降 5% 以上的话，这些零售企业就会出现赤字。话虽如此，但零售业损益分歧点的比例仍有居高不下的倾向（当然，因为是平均数，所以损益分歧点的比例在 80% 的优良企业也有好几家）。当然，成本的三大要素中，占比最大的人力成本费用应该进一步地改善，我觉得无论在哪里，大家都亟须进行用工制度的小时工化。作为经营的基本盘，如果不能降低损益分歧点，想在这个艰难的时代生存下去是不可能的。为此，零售企业在急于小时工化的同时，有必要在使成本削减的目标实现、工作方法的不断创新、工作方法的灵活运用（根据工作改善来削减成本）和让小时工的智慧在卖场尽情绽放的活用方法上下功夫（根据情报共有化实现销售额增加）等方面得到进一步的探索和发展。

今后，正式员工和小时工的界限将会消失，像现在这样的称呼也将会消失。比起对待不工作的人，零售企业会更加重视工作的人，对于有欲望想认真地对卖场进行改善并且能够出成果的人，他们一定会扩大让这些人活跃的舞台。所以就像我之前多次说的那样，让小时工能够看明白的、能够做到的、读了

以后有感受的、想尝试的、想行动的重点商品销售计划书是很有必要的。

第四节
小时工的烦恼和要求

我们真的明白每天在卖场工作的小时工（当然也包括正式员工）的烦恼吗？零售企业花费时间和金钱进行面试或者试用让他们进了公司，如果不能发挥他们所拥有的能力的话，不仅是对于个人，对于企业来说也是损失。

所以对于小时工的烦恼，我们必须珍惜每一寸光阴，和他们商谈探讨。我们不要急于下结论，而应该深入到组织的结构中或是组织氛围中解决小时工的烦恼。这当然和情报的内容有关。我认为以下的调查以倾听的态度，认真地反省了我们的工作方法，对此我们应该坦率地学习、积极地活用。

一、不能持久的真正的理由

我认为调查问题或者听取建议都是为了了解"真心话"而采取的做法，然而，很多这样的调查都是刚触及"表面"就结束了。所以，调查结果要从正反两面来读。正面是指表面，反面就变成了真心话。凡是生活在实际工作情境中的就是真心话。如果想把小时工培养成战斗力的话，我希望你注意看这个部分。

首先，正面读的话：

（1）工作不明白；

（2）人际关系不融洽；

（3）自尊心受到伤害；

（4）被不公平地对待；

（5）被同伴孤立；

（6）上司不理解；

（7）不教导工作；

（8）职场环境差等等，这些都是小时工不能持久的理由。

我们不能认为上述这些因素就是小时工离职的理由。因为如果我们认为这些是理由的，就会被说成是"由于个人原因辞职了"，和理解成"非常遗憾，因为个人原因辞职的话，我们也没办法"，它的效果是一样的。虽说这些是个人原因，语言也含糊不清，但我们不知道是不是真的这样。或许可以把上述的（1）—（8）里相关的事项说成是个人原因。

如果不反读的话，我认为就不能明白小时工真正的烦恼是什么。那么，如果反读的话，这些话会变成怎样的呢？

1."工作不明白"

工作不明白，是说进公司的时候，即使上面的管理者亲切地教导了，但因为在工作进行中，小时工想询问一些困惑的事、烦恼的事，却很难问、不能问，所以就搞不明白。不深入这个关键部分的话，小时工的战斗力化是不可能的。看起来和个人原因一样，但或许这是换一种语言表达方式对企业的抗议声明。有时候，和领导不和也变成了个人原因，我希望管理干部要经常反思这一点。

2. "人际关系不融洽"

明明来店里很多年了，店长却连我的名字也不知道。总部的采购有时会来店里调研，而店里的干部却说：明明与采购通过几次电话，但他们连我的名字都没记住。如果小时工和同伴关系不好的话，马上就会用"人际关系不融洽"这种帅气的话语表现出来。这就是所谓人际关系不融洽的原因，就像遇到了不顺心的上司一样。

3. "自尊心受到伤害"

店长以下管理者也不知道我的工作内容，就相当于不理解我。"你已经来了两年了，就只会做这种程度的事吗？""一直出现很多的断货，订货的方法你知道吗？""这么简单的事，你为什么不知道？"等等，门店管理者有没有从口中说出过这些？即使没有说出口，有没有表现出瞧不起小时工的表情呢？

4. "被不公平地对待"

和前面的（2）（3）有密切的关系，小时工如果遭到了不能接受的评价，就会失去工作的欲望。当人们做同样的工作时，给的工作内容、技术水平和评价却不一样，即使工作有很明显的成果，但如果是和不努力的人得到一样的评价的话，在人们的眼里干那些工作就会变成是很愚蠢的事。像这样的基础工作氛围都没有形成的话，小时工战斗力化等梦想就只会是幻想。

5. "被同伴孤立"

即使小时工提出意见和提案也不会被上级主管或门店管理

干部采纳。在我看来，这和我们从那句话里想到的东西，有很大的不同。

6. "上司不理解"

这也和上面的（2）（3）有很大的关系。明明很努力地在做工作，上司也不和我打声招呼。是不是无法被感动、没表情的上司太多了。但这些被说成是"上司不理解"，你肯定没这么想吧？

7. "不教导工作"

这是重要的事！我认为这是最重要的一点。其实并不是不教导，而是教导的人换了的话，教的内容就比较零散。也就是说，不仅上司不能用同样的语言、同样的视角、同样的基准说话，而且连培训教导的内容都不规范。还有，即使有规范手册，但由于不符合现场的实际情况，又没有加以修正，所以实际上这些规范手册是不能被使用的。

比如说，"呈现量感的陈列"等这样的语言因人而异，容易在不知不觉中变成个人技巧的世界。由于上司调动更换，新的上司赴任的话，恐怕会有与前上司不一样的说法，小时工就陷入了混乱。像这样的事情也变成"不教导工作"，我们听了确实感到不可思议。

图7-5是为了掌握某家折扣店的小时工的水平所进行的各部门的测试结果。

培训前的第一次测试和培训后的第二次测试，两次测试结果对照很明显，可以看到后面那次提高了。还有，门店也明白了店内每个部门之间的差距缩小了。

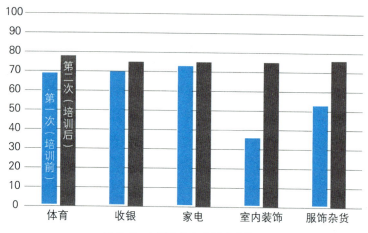

图7-5　小时工的实力测试的结果

原本，进行测试的契机是基于这样的交换意见：对于正式员工认为"因为教了小时工了，所以认为他们是会的""不管我们怎么教，小时工也还是不行"；而小时工则是以不同的方式回应这个问题：他们清楚地回答"没让别人教""我们没有时间，记不住"等，相互沟通明显不足。也就是说，正式员工虽然"打算教导"小时工，但小时工却"没有让他们教"。对于究竟是正式工传达到位了，还是小时工完全理解了的判断很简单，那就是看一看：小时工明白了正式工所教的东西之后，正式工还需要进行的跟进工作究竟有没有去做。更何况，测试结果显示部门间是有差距的，所以，还是教导一方（正式工）有问题。

8."职场环境很差"

虽然环境差是物质过剩的表现，但职场的氛围却未必不好。职场氛围不太好是怎么回事？包括上司在内的正式员工不太友好。因为工作环境不太友好，所以小时工以为是空调不好使，仓库暗等工作环境问题。

这些是小时工不能长久持续的真正理由。小时工战斗力化是否成功，虽然也存在人事问题，但很大程度上取决于我们的思想意识的改革和工作的改革。

我认为至今为止的零件化（小时工战斗力化也是）是仅限于人事、成本、工作计划的话题。由于劳动环境发生了很大的变化，所以不再是小时工化，所以我们非常有必要建立小时工战斗力化这样的机制。

二、小时工长久持续的理由

对于小时工长久持续的理由，我认为没有必要进行反读。小时工们给出了以下理由。无论如何，希望大家能像这样时刻意识到小时工的战力化。

1. 给予和正式员工同等的立场

我一直认为，正式员工也好，小时工也罢，只是劳动时间上有所不同。我之前也说了，今后应该考虑正式员工是八小时的小时工，小时工是四小时的正式员工。对于正式员工来说，像这样的想法也许会让他们很生气，会说"别把我们和小时工放在一起"。而且对于小时工来说，这意味着要承受工作加重（责任重大）的压力，也许他们会说"我很为难"。恐怕至今为止，无论是正式工还是小时工都被娇惯了（对他们的要求太低了）吧？我们需要更加严格的自我反省，以便发现自己的潜在力量，这也是重新自我发现的机会。

2. 正确地通知情报

无论我们多么忙，昨天的门店经营实绩也一定要传达。总部的情报一定要加以说明、传阅、贴在墙上，在大家容易看见的地方制作文件布告栏等，这是为了让全员能看见同样的情报。为了防止在卖场再次发生类似的投诉，即使这样做多少会让大家感到羞耻，但还是要确认一下投诉内容及原因比较好。关于重点商品销售计划书中的商品组合、订货量和卖场展示等，需要门店定期地举行会议。

3. 做出令人信服的指示、命令

门店管理人员不要一味地说类似"加油""要注意不要发生断货"这样抽象的请求或者要求，而是要在订货会议上一次花费30分钟提出断货原因的假设，决定每个单品的数量，有必要的话，具体地谈论排面数和使用备品的情况。而且关于这点，也和重点商品销售计划书的内容有很大的关系。

4. 发表成果

在有些企业中，会每年隆重举行一两次 QC 活动的成果发表会和业绩发表会。如果我们达不到这个境界，那么在店铺内举行月度的业绩小型发表会（早会时、午会时等等）也可以。还有，在卖场里相互交流自己下了怎样的功夫，也是出色的成果发表。公开自己的智慧、实现智慧共有化是目的，对于成果发表者来说，让他们上台讲演会很紧张，通过发表会事前的练习，小时工们变得熟悉商品、更熟悉卖场发生的事，同时这也是提高语言表达能力、不断改进说话方式的一个好机会。

5. 完成的话就表扬

我们总是不擅长这点。门店管理人员明明可以坦率地说"很好啊""非常出色"之类表扬、赞赏的话就可以了，但他们却总是沉默着，所以容易被小时工误解。无论谁被表扬，都应该会感到高兴的，还能激发出再努力向上一步的内在动力。相反，如果事情进展不顺利的话，门店管理人员同样要很清楚地说"稍微有点不好""试着改变一下做的方法"等。无论工作是否进展顺利，如果上级不做简单的评价，下级就会失去自信。如果门店收到了"客人的心声"之类的夸奖的话，即使是早会的时候，门店管理人员也不要吝于表扬，可以给这一类好事起个名字，然后夸奖他。

6. 让他们负起责任

如果能让进公司六个月左右的小时工试试看，我们会发现自己对很多事情的担心其实是没必要的。比如我们曾把工作只限定在某个区域，试着给小时工委托了订货工作，后来断货情况减少了。要说小时工做了什么，无非是下定决心扩大了畅销品的排面数、把滞销品切割掉。那些了解商品的人可能会说，考虑到"这个商品的品质很好，说不定什么时候就能大卖"，而小时工则是依据最近四周的销售数量来判断的。哪一边是正确的呢？对特定商品的热爱并不是什么不好的事情，但由于是坦率地面对实际数据而得出的结果，所以小时工的行为应该被视为是正确的。

同样地，让小时工负责每周重点商品中的一个的话，他会把这个重点商品琢磨得、看得极其深入，并且会一个劲儿地向前辈职员打听，模仿着、不断尝试着制作了卖场；甚至，他还模仿附近竞争店的优点，用手机拍照片把在其他店的好事例发给我，并重新考虑了周末的计划。于是，由小时工负责的这个重点商品的数据，即使在公司所有门店之间对比也创造了堪称优异的纪录。

7. 导入研修制度

虽然派遣小时工去参加外部的研讨会，聘请讲师来公司进行培训研修是最一般的做法，但也有既不花钱又能切实提高小时工水平的方法。比如在新店开店前，借附近的店铺，只由新店成员实际运营，这样的话，小时工们就能带着更接近实战的紧张感进行运营。重要的是，我们要确定最终目标、要定期进行确认、要持续保持紧张感，在接近实战的场所研修（理论和实践的融合）。

8. 让他们发表研究课题

在各零售企业内，我认为有必要组成作为完成任务和项目的短期内跨越各部门的工作小组。无论在哪里都可以被命名为"生活情报委员会""脱销为零的项目""扑灭价格不同的任务"，小时工们经常带着目标意识去做，就会产生"自己思考工作"的行为习惯和意识。尽管可能会感到很辛苦，但大家以同样的视角进行思考和行动且互相交流分享的组织氛围，会进一步提高工作的人的欲望。

第五节
小时工战斗力化的前提条件

一、用共同语言来说话

关于共同语言，我已经说过了很多次了。那些沉浸在这个行业的人会有一种自己说的话能传达给所有人的错觉（当然，他本人是没有意识到的）。我在某家企业做培训的时候，关于管理干部指出的卖场的问题点，门店反馈不是很明白他的意思，我记得在解释的时候浪费了不少时间。在那天的交流当中还有令人哭笑不得的故事。好不容易，我按照他说的意思改变了卖场，那个管理干部却说那样不行，让我感到目瞪口呆，他表述的竟然是和以前一样就好。与其说是干部不懂得如何有效地表达，不如说是不能用共同语言说话的组织氛围出了问题，以及对于一些概念定义模糊出了问题。

我经常使用的语言有"知道→悟到→做到"。传达给对方的时候。只能传达自己所说的话的一半左右，这也是我对自己的告诫。所以，我认为想让对方容易明白，要注意说话的方式方法（虽然我自己做得还不是十分到位）。

在我看来，"知道"的意思是指"自己说的话对对方来说明白了"这样的水平。不要以为他明白了才"悟到的"，而是请认为对方还只停留在前一阶段的"知道"的水平。

那么"悟到"的意思是什么？就是能够达到"自己说的话，对方能够理解领会，甚至能向周围的人进行说明"的水平。不要认为可以进行说明就是"做到"的水平，而是请认为还处在这之前的"悟到"的水平。

接下来，"做到"是指"自己说的话能够被对方理解、接纳，甚至能向周围的人进行说明，运用自己的手和脚让别人看到自己的背影（能够把实际结果做出来)"的水平，也就是能够按照所理解的说出来并做出来。要做到这一步的话是非常不容易的。

我们经常使用"我们店的品种不齐全"这样的语言，对几乎所有的人来说，意思似乎都是相通的。但是，说到"那么，达到品种齐全吧"的时候，我们该采取什么样的行动呢？某人会说"增加商品的种类"，还有人会说"增加不同尺寸和分量的SKU"，甚至某些人会说"从低价到高价都经营"等，因此会有不同的应对措施。

我们必须考虑的是：比起让他们说出来，我们更要重视接受的一方会怎么行动。所以，如果是我的话，我就会这么说："增加重点商品的多样性（增加不同尺寸和分量和品牌等的SKU)"，或者"把相似的东西、关联的东西都集中在一处"，另外，或许还有其他能简单易懂地传达"品种齐全"的词汇，如果是这样的话，会不会涉及具体的行动层面呢？

还有像"因为不新鲜，所以我们要做好的"这样的语言，说的人自己是否明白了？因为商品已经变色了、进货已经两周了，但还是一个都没卖出去，所以想换成其他商品。即使其他的人听到上面那句话，之后如果没有具体的语言上的指示的话，也没有办法做出行动的。

这只是我的想法："鲜度好"是指虽然"标示出产地（制造地）"是理所当然的，但尽早把时令商品（新商品、话题商品）摆放在卖场，通过试吃、试饮、试用等各种手段进行尝试，在保质期内让它们从卖场消失（在决定的目标日期内卖完）。这虽然只是一个例子，但为了实现小时工的战斗力化，用共同语言来交流确实是很重要的事。

二、重视从基于生活实感的信息中进行思考的氛围

这个事情我已经说了好几次了，我认为以天气、活动、纪念日、电视上的话题等代替每日的问候语也是可以的。零售业本来是一定要知道客人的生活和所在地区的事情的，但是如果我们忙得不可开交，对这些事变得迟钝的话，我就很担心了。

虽然我很少参加地区的运动会，但运动会上午饭的内容好像变了。以前母亲们很早就起来在家做炸鸡肉和油豆腐寿司，现在呢？便利店的便当和冷冻的炸鸡块好像多了起来。那些观看了门店附近的小学运动会的小时工们说自己受到打击了。在畜产品柜台，一到运动会季的时候，一定会增加炸鸡块的包装数量，不过，会不会销路不好呢（相反，冷冻食品的炸鸡块却是断货的状态）？有多少人注意到事实和实际应对措施之间的差距呢？我并非说全国都是如此，只是我们似乎有再次查看事实

的必要。

我自己也有这样的经验。当电视上介绍牛油果的时候，我曾观察各个店对此做出的反应，并对此做了比较分析。每当电视里在周日播出介绍某商品的节目的话，接下来的周一、周二该商品在门店就会爆红，很多商品都有这样的例子。我不管在哪里，只要了解到这个信息的话，门店都会事先订购很多电视节目里介绍的东西，因为电视节目的主题和介绍的内容是人们两周前就知道的。

那一周我每天都有看见牛油果的机会，当然它是那一周的重点商品之一，各公司（各店）的应对措施也各种各样，多到令人吃惊。根据各个店的表现，我们可以分为牛油果陈列很醒目的店和不醒目的店，设置了POP"电视上介绍了"的店和没有设置这样的POP的店，断货的店和没有断货的店。几乎所有的店都断货了，某家店的担当者发了这样的牢骚："我们发给采购追加订单了，采购说批发商那里没有库存""商品部的应对很差"。然而，别的店却在入口处摆放了两个平台，牛油果堆成小山，番茄和牛油果的沙拉被做成菜单提案，很多人都试吃了这种沙拉。恐怕这家店的牛油果销量会是其他店的10倍左右。在这之后我才了解到，这家企业在重点商品销售计划书上登载了牛油果。

很多企业明明在电视上看到了商品信息，却没有在卖场里活用；我明明介绍了畅销商品的标志之一是电视里正在做关于该商品的广告，但这些企业却没有看电视（没有掌握情报），在这些企业，对于生活实感的意识正变得薄弱，这是很遗憾的。

并不是经济不景气，也不是竞争店多，那么是不是因为这些店竞争无力而输给社会和竞争店呢？还有，企业听到情报的话，也需要公司上下能马上做出灵活的应对。

例如：因为夏天很闷热，有女性不穿丝袜、露出双脚的新闻。"裸脚""不穿丝袜"之类就成了话题。有种商品是喷雾器式的，为了夏天不闷热而喷一下，看起来就像穿着袜子一样，这在东京、银座的专门店或者有名的药妆店里，是卖得非常好的商品。企业了解到这样的情报时，至少要让负责经营这些商品的柜台（内衣、日用品、化妆品等）的人取得情报。在所有的地方都张开信息网，当接收到成为话题的情报时，好好地接受并传播它，这也是创作构思基于生活实感的情报的良好氛围。

三、用一目了然的视觉图做具体的指示

以上叙述了以重点商品销售计划书为中心和其中的内容。总部的商品部和工作人员事无巨细，所有东西都想告诉大家，虽然我也理解这种细致入微地想把一切加入到情报中的心情，但是有时候，这样做对卖场来说未必会有很大的帮助。

这个内容也放，那个内容也放，如此一来，在有限的版面上（A4 是基本）字体就会变小。并非什么内容都要写在情报上面发送，总部要学会最低限度地把想要传达的东西好好地传达，然后由门店在店铺里"调味"就行了。总部的坏毛病是不管什么都想变成固定模型，无论在什么企业，都采取同样的规模、

同样的布局等，这在现实中是不可能的，在店里无论如何都需要多多少少加以修正的。

以下是某个地区去年的气温推移和今年的预想气温做比较的资料。

好事例：气温变化是一目了然的

【××地方气温】 ＊注意点　天气热和天气凉快的订货内容和卖场展开的活性运用

去年的数据

星期\气温	22一	23二	24三	25四	26五	27六	28日	29一	30二	1三	2四	3五	4六	5日	6一	7二	8三	9四	10五
最高℃	25	21	23	22	20	24	24	24	24	24	24	22	21	24	23	23	27	20	24
最低℃	19	18	17	17	17	18	18	16	16	15	15	16	17	16	17	16	17	13	16

今年气温预估

最高℃	29	28	29	29	29	29	27	26	26
最低℃	24	25	24	24	23	23	23	21	21
天气	多云	多云	多云	雨转晴	多云	多云转雨	多云转雨	多云	多云转雨

即使被要求"请应对气温变化"，但如果门店不知道本周、下周的气温会怎样的话，也没有办法；如果门店对于去年的气温和那个时候畅销品是什么想不起来的话，订货也是不会有自信的。如果门店有一目了然的资料，今年比去年暖和的日子好

像还要持续，考虑到"凉爽主题还可以用"，订货也可以底气足一点（减少机会损失）。到这里为止，总部提出指导方针就已足够，卖场抓住地区的实情进一步做出判断就可以了。

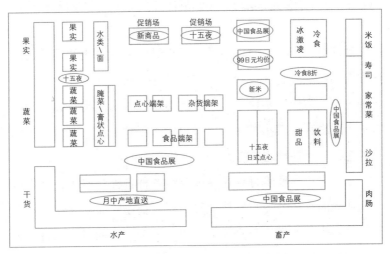

◯内为本周的重点主题　＊注意点　确认其他卖场的主题并灵活运用到自己的卖场中

图7-6　好事例：本周各卖场重点主题的视觉展示

请看图7-6，本周各卖场的重点主题一眼看过去就能明白。即使门店员工了解自己的柜台情况，当被顾客问起其他柜台的事情时，他们还是不知道的。因为顾客是看整个店的，门店员工在做向导的同时，对于与自己柜台相同的主题要进行检查，让自己柜台的销售方法和展示方法发挥作用。

第六节
让小时工感受到的、能做出行动的销售计划书

到这里为止，我们叙述了关于小时工战斗力化的冗长的想法和企业组织接受这一理念的前提条件。而从这里开始才是这章的正题。为什么要执着地啰啰唆唆地说这么多呢？我认为是有一个逻辑存在其中的——根据想法活用技术、根据组织氛围培养想法，不理解这点的话，就构不成理论体系。

至今为止，虽然每年业界都介绍各种各样的技术，但落地成为体系的有几个呢？虽然学习世界大企业的战略和管理技术体系是好事，但无论是企业规模也好、企业内的想法也好、企业的组织氛围也好，都太不相同了。首先，了解身边工作的小时工是怎么想的是最重要的。

一、对重点商品销售计划书（作）的要求

为了做出让小时工感受到的、能够做出行动的重点商品销售计划书，我们需要做什么？前面虽然叙述了店长和采购的想法，但我觉得没有站在小时工的立场上充分地表达意见，我们都以为小时工知道了，此时我们只能坦率地、坦诚地试着听一听小时工的心声。实际上，关于这一点，只要我们倾听一下很多小时工（来自多数的企业）的话就会明白的。

1. "不懂语言"

首先，像看到的语言不是很懂这样的声音，小时工说得很多。特别是对于 SKU 或者 PI 值、VMD、分类等缩写文字，小时工们有很多这样的意见。虽说这些语言是零售业界特有的，但我们也应该反省，特别是 PI 值（Purchase index 的缩写，购买指数的意思），最近变得经常使用了，每 1000 人的来客数销售掉的数量叫作数量 PI；同样地，销售的金额叫作金额 PI。由于 PI 是订货的标准，通过和自店的来客数对照，就能想到"应该能卖多少个（多少金额）"。当然，我觉得不做任何说明就放在情报里是不会奏效的，即使写了也等于没有传达，把没用的东西写在了有限的纸面上，小时工还是不明白 PI 是指什么。

总部制作情报的人是存在着个人差距的，有广泛使用缩写文字的人（经常通过书本学习的吧）和不太使用横文字的人（习惯到现场去，和小时工谈话）。缩写文字虽然语言很短，但如果不翻译的话就会有各种各样的含义，这是造成混乱不能沟通的原因。比如针对"コンテンツ（内容）"，不用特意加入注释，就只写成"内容"就可以了。

2. "词语的意思不太明确"

这和前一点所说的词语不明白有关系。因为不易懂，所以无论小时工问多少遍，刚开始的时候还是不太明白，这是没办法的。恐怕，虽然作为知识传授了，但我认为在实际现场的使用方法却没有花时间去教（特别是每天使用的 PI 值和 SKU 等等）。如果我们只是短时间地说明，这容易给人一种快速播放的感觉，之后即使我们询问"有问题吗"，在场的很多人也不会举手示意。还有，即使小时工想问问什么好，但别人说"连这个都不知道"，是不是很尴尬？我们以为自己讲过了，小时工也听过了，于是产生了"顺利地结束了"的错觉。

我认为，会议应有的状态也要改善一下比较好。在某家企业里，他们重新分发了提问票，讲师或者说明者讲完了以后，在休息时间里让小时工填写，然后采用回答问题的方法提高小时工的理解度。

3."字很小、很细"

这可不是不擅长看细小的字的人说的。由于总部下发的情报指示的内容过多，而纸面大小是定好的（A4 是最好的），如果在有限的纸面里这个也要、那个也要，全都努力放上去的话会怎样？没错！字就不得不变小了。并不是因为情报中指示的内容多，所以这样做就不好，如果是卖场必须做的事的话，就应该把那些内容好好地放上去。

还有，缩小数字的表格等复印后放上去的话，几乎也是看不见的。可以没有尾数、小数点等具体数字，数字是千円（日币—千元）单位、PI 值是整数也就足够了。我认为用图表表达指数或者倍数就很好，并非写很多具体的才算好，只要能够看明白就可以了。

与其总部在情报中说了十条，而卖场实际只做了三条，还不如让总部锁定五条，卖场最终做到四条，这样做彼此都开心。

4."文章很难读"

说起文章难读的理由，用小时工的话来说就是因为没有对重要部分进行强调。用号码标示、用边框围起来、加粗字体，张弛有度地表达是必要的。如果要让小时工读的话，必须意识到容易读懂、快乐、有趣、有益、强调的部分清晰这五个关键点。

5．"不知道卖什么好"

没有锁定重点商品是原因。

如果是根据程序决定的重点商品，不管有几个都可以。但如果是重点商品候补，把它作为重点商品进行罗列的话就有问题了。如果我们明白数据或者 MD 动向等事实的话，就会出现多个候补重点商品，希望能够按照企业的意思（采购的意思）锁定重点商品。

表 7-2 是有关重点商品过多的情报案例。虽然表中标明是精肉部门，但也可能是其他部门共同的问题，会发生类似的事情。总之，精肉类是重点商品，牛排要加油，牛肉咖喱、牛舌、猪肉里脊、里脊肉块也要加油，大家都说加油，结果是把候补的重点商品全部作为重点商品。这样的话，这些重点商品在卖场里是卖不完的。

采购在决定重点商品之前，会根据情报制作时间和工作量认真考虑，针对各种重点商品的销售策略提出诚恳的建议（促销道具、试吃、容量、菜单提案等）。但是，我认为先阐明重点商品的畅销理由、锁定"母亲节""凉爽""烤肉"之类主题的菜单，再选择重点商品的话比较好。特别是纪念日活动等，由于是短期决战，所以重点商品应该集中在这些上面。当然，并不是说不能做其他的事。至少应该是把那周的优先顺序高的商品作为全店共同的重点主题、重点商品。至于那些继续前面活动中的商品，之后将迎来销售高峰的商品，已经展开了、之后

表7-2 重点商品过多的情报案例

第9周　精肉部门		
重点商品		
商品名/期间	展开场所	售卖方法的提案
煎牛里脊用 5/10~5/12	展台或者层架 4尺2层以上	安装促销装饰，主打安心
煎一口牛腿肉用 5/10~5/12	展台或者层架 4尺2层以上	提供试吃，主打安心
牛肉咖喱用 5/10~5/12	层架下层3F以上	提案使用了牛肉咖喱
美国产盐烧洋葱味 牛舌用 5/8~5/14	层架下层4F以上	提案使用了盐烧洋葱 的牛舌沙拉
美国产煎猪里脊用 5/8~5/14	层架下层6F	配置8片装的多片商品
美国产猪肩肉块 5/10~5/12	展台或者层架 4尺2层以上	做成块肉专区
美国产纯瘦猪里脊块 5/10~5/12	展台或者层架 4尺2层以上	配置1条、2条、半条
国产去筋嫩鸡胸肉 5/10~5/12	层架下层4F以上	配置大容量的3个SKU 和棒棒鸡酱料
鸡胸肉（国产） 5/10~5/12	层架下层4F以上	配置棒棒鸡酱料
国产免治猪 5/8~5/14	层架下层4F以上	提案手工饺子
肉铺的生饺子 5/8~5/14	层架下层3F以上	提供试吃引发顾客对新鲜 饺子的需求

还需要长久地展开的商品，这些就不用勉强在当周实行。至于继续前面活动中的商品，虽说没有登载在重点商品销售计划书中，但也没有必要中止这些商品的原有陈列。

无论在哪个企业（店），都存在重点商品（应该是候补）过多、不知道以什么商品为中心进行售卖才好的问题。虽然也存在数据不足的原因，但我认为还是因为没有抱着坚定的意志去认真地锁定重点商品。我常常暗下决心，在自己的部门里不做（重点商品过多）那样的事。在组织中发生的事情，无论在哪个部门都会同样地发生，即使内部的人没有注意到，外部的人也会注意到，外部人感受到的就是组织氛围。

6. "销售这个商品的话，数字就会上升的疑问"

商品畅销的理由、想要销售那些重点商品的理由是否在卖场充分地传达了？如果没被传达的话，我认为重点商品的选定理由模糊不清就是主要原因。如果卖场的工作人员面对情报动手实施之前就泄气了的话，那就难办了。

图7-7是有关重点主题的选定理由难懂的情报案例。寿司部门这周的重点主题是"均一价企划"，但选定理由是"新学期已开始，作为适应新生活的开端，以本周午饭商品的食材为中心实施均一价企划"。

但是，如果我们继续看下去的话，就会发现有几个奇怪的地方：新学期和午餐食材关联不上（如果是冷冻食品的话还能够理解），还有为什么是398日元均一价企划，这很难理解。而且，作为重点商品的女士套餐和天妇罗乌冬寿司套餐不是面向新学期的学生，而是面向新社会人的，这也是一个错误吧。虽然都是 398 日元的均一价企划，但只有两个重点单品的话，即使陈列出来也不会显得醒目的。关于卖场制作的要点，虽然有"春季假期已结束，生活回归正常"，但还说了与重点商品不匹配的新学期的事。

第 5 周　寿司部门	
重点课题	398 日元均一企划
选定理由	新学期已开始，作为适应新生活的开端，以本周午餐商品的食材为中心实施均一价的企划
重点商品	女士套餐　1 个　398 日元　（PI 值 3） 天妇罗虾乌冬寿司套餐 1 个 398 日元 （PI 值 3）

春季假期已结束，生活回归正常。
通过此促销的切实落地执行，计划以提升购买点数来确保销售额达成。

展开方法

女士套餐 样本照片	天妇罗虾乌冬寿司套餐 样本照片

图 7-7　重点主题的选定理由难懂的情报案例

而且虽然有"切实展开以确保销售额达成"云云，但既然说均一价企划是该店举办的活动的话，那就是有点太冷清的企划，即使卖场想要卖这个商品也提不起精神吧。更何况 PI 值是 3，就是指 1000 个客人来了只卖了 3 个出去，这样考虑的话，作为重点商品就是不合格的。再增加一些品类（比如说荞麦面套餐等）、"新社会人支援区"的话，是不是就比较吸引眼球了（但要考虑到上班族或者白领很多的布局特点）。还有，比起"均一价企划"，"增量"或者"减价20%"等更能成为畅销的主题。

7."还是别的主题更好"

决定重点主题和决定重点商品一样，是需要勇气的。从候补的重点主题中筛选并决定重点主题，并不是一件怎么特别的事。重要的是，重点主题是否传达给了客人。如果销售一方只是随意地决定了重点主题，客人也不会看着重点商品情报而购物的，顾客一定是注意到诱人有趣的卖场（吸引人的商品、销售策略适当、呈现方式有吸引力等）后才选择购物的。所以，我们应该想方设法地选择客人本周、现在最感兴趣的某个主题。

我并没有说什么特别的事。如果总部想着让人认真读而花了很多时间、好不容易做出了情报的话，卖场的人则要拿出干劲、竭尽全力地制作商品及陈列，以便能够提高销售利润。这样便能够一扫情报制作的浪费、不看情报的浪费、不按照情报去做的浪费，那么就会带来工作改善。

8."不知道卖场的陈列图像"

我们总是想用语言来传达。明明用插图、图表或者照片展示的话，看起来就一目了然，为什么不这样做？难道是对用视觉呈现有抵触吗？如果是用陈列图像的话，我觉得采用视觉化的图片图形和一些简单的文字就可以了。最近无论谁都能用智能手机拍出很好的照片，这对于传达图像是非常有效的。如果没有合适的店铺的话，那就设定样板店，在卖场设定每周的重点主题、重点商品（假的也可以），实现后再拍照、加入评论并发送信息的话，效果是不是会不错？

9."关联陈列等和其他部门的联合合作少"

总部各部门间的相互沟通较少是主要原因。

由于企业组织具有纵向分割的特质，每个部门都制订了各自的计划，彼此间进行商讨是必需的。在总部，本部门优先主义的现象时有发生、日趋自然，而和其他部门的联合合作也是必要的前提，但由于自己部门内计划的精度提升和任务目标达成度的要求均有所提高，很多人就没有考虑与其他部门沟通的余地。即使部门内的每个人都有和其他部门开展联合行动的意识，但若只是个人行动的话，也是有限的，只有在组织内部串联起各部门（协调）部署，这样才能事半功倍。促销部和营业企划部等，是否好好地履行这项职责是关键（这就是调的作用）。

在制作传单广告的时候，这些部署虽然发挥了调的作用，但在以重点商品为中心的 52 周 MD 中同时发挥串联功能也是非常有必要的。因为，虽然客人购物的时候确实是按照部门（卖场内）逛的，但并不代表顾客对卖场内各部门都有意识。可能的话，想在短时间内完成购物的人、有各式各样不同想法的人，每天来到店里，虽然有找寻并发现商品的快乐，但也有找了商品之后没有发现什么的遗憾。门店本来是想让客人再多买一点的，顾客却因为卖场没有魅力而不买，像这样的事哪怕只有一件，我们也应该尽力将其消除。也就是说，要让客人实现跨部门购物。

对这种事，企业尤其是门店里是一直有意识的，每周各部门的责任者应该都会聚集在一起开会，就关联陈列的方法或者在联合展示上摆放怎样的商品相互讨论。沟通交流是非常重要的，也是很耗时、很费事的，如果想要再简洁一点的话，还是总部在计划阶段就想着如何解决卖场的烦恼会更有效。比如，正月的贺年毛巾（家庭用品）和洗涤剂礼盒（日用品）和压岁钱袋子、书签袋子（文具），虽然店铺会努力推动，但如果总部在计划阶段就指定具体的重点商品的单品，再加上陈列指示的话，门店就比较容易贯彻到底，而且错过的销售机会也会减少，没有意义的降价损耗也能变少。

总部才是矛盾的焦点，而不是卖场，要有买场的意识，必须和其他部门建立合作机制。

10. "想要按规模分类的模式"

参考标准、小型化等基准比较模糊不清是原因。

这个意见是担当小型店的小时工提出的。很多企业制作的重点商品销售计划书的内容基本上是和店的规模、地区的不同没有关系的，都是一个模板。话虽这么说，但总部在制作计划书的时候，要说把焦点放在哪里，应该还是这个企业考虑的标准规模的店，即门店数量很多的那种规模类型、利益贡献度很高的那种店的规模类型（这就相当于选取标准店）。所以无论如何，相对于那个标准规模大小的标准店，比它大的大店和比它小的小店就会有不满。大店在扩大增加方面可能比较容易应对，小店的话，则伴随着减少、锁定、挤压，它们一般是锁定畅销品，除此以外不会去经营，硬要说的话就是缩小品种求得平衡的策略。

按规模分类的模式只是个标准，还应包括数据分析和卖场的重新评估，总部应该提出接近实际情况的目标。

此外，卖场的人也是只卖总部提出的商品数量目标，不要想着至少能卖出这点，而是应该想"至今为止，采用这样的销售策略的话，这只是按规模销售这么多的业绩的一个例子"，此外还应该向总部展示反馈更好的销售方法、展示方式和业绩，我希望门店能够做一些与下次信息资料相关的行动。

二、对店铺的上司或者前辈职员的要求（演、调）

小时工的要求不仅仅是针对总部，也是针对身边的上司或者前辈员工的。往往，"总部"只用一句话就搞定了，但问题是作、演和调三者之间全都有问题，互相指责对方的过错，是一步也前进不了的。为了制定以重点商品为中心的 52 周 MD，我认为大家要倾听并积极地消除问题点。

1. "希望能尽早传阅"

情报停留在店长或者管理者那里。这不仅限于重点商品销售计划书，也包括通知文书、总部制作的东西能以多快的速度普及全店。即使这些情报资料到达了店里，有没有躺在桌子上或者书架上呢？店长由于开会等原因有时不在店里或者休假等等是常有的事，但店长应该决定代行职权的人，尽快将情报资料转给有关人员，店铺工作人员越迟准备就越来不及。我一直觉得不可思议：业绩一不好，比起在现场花时间商量讨论，大家在总部的会议会变得很多。本来，商品、服务和客人之间的问题（包括地区特点），我们花时间在现场确认、调查重点商品的彻底贯彻度等，在门店要做的事应该有很多。

重要的是，重点商品情报没有在卖场好好地被传达也是业绩不良的原因之一。如果门店想把重点商品信息传达给小时工的话，会有比较大的麻烦。根据我的经验，我觉得小时工要认真地看重点商品信息，要有坚持到底的意识。因此，对于那些用简单的语言或者抽象的表现方式来表述的情报，小时工一般都会有严厉的提问，而对于正式员工的话，看了情报，是明白还是不明白、是否觉得问比较麻烦，这是很少有人提出问题的。还有总部还需要考虑担当者休息的日子或者几个会议的日程，希望总部最晚在实施前一周就能够彻底落实到店。

2. 回答"请稍后再看一下"，只是看就行了吗？

总觉得"请看一下"好像已经成了我们的口头禅，我们有必要反省！"因为没有时间""因为文章太长""不说也知道"等等，在说了各种各样的理由后，接着是决定词"稍后请看一下"，店长你不会认为这样就算完成了自己的责任了吧？

店长或者管理者会认为因为在布告板上贴过了，所以就当作说明过了。如果小时工没有看的话，"明明贴在布告板上，不看是你的错"。总部也是一样，认为总部已经发送了通知文件，门店看是理所当然的，总部很容易觉得自己已经说明过了。我自己在研讨会中也经常说"稍后请看一下"，但试着冷静地想一下的话，之后可能就不会再看了。因为双方都已经是大人了，虽然有之后一看就明白的事和默契，但为什么后面的结果总是一味地辜负我们呢？我们相互指责之前应该先问自己"你有没有好好地履行说明的职责"。把情报信息贴在墙上不能说就尽到了说明的职责，假设即使小时工看了好像也会忘记吧。

在说明重点商品销售计划书的内容之前，我认为在重点商品销售计划书的活用方法上下功夫比较好。如果我们被小时工说"说是说重点商品、重点商品的，我们的管理者好像不太关心哦"的话，后面的事情就绝对不可能顺利了吧？这真的就是小时工说的！

3."希望开会说明"

我觉得是欠缺"小时工教育培训是现场重点工作"的这一意识。

至今为止，教育培训是总部人事部的事，而关于商品则是商品部的工作。当然，今后指示方针的部分由总部教育培训是不会改变的，但实践部分的话，我认为由现场干部手把手教育培训，小时工在理解度和接受度上都会比较优秀。今后，门店各级管理人员应在工作计划表上加入"和小时工开会"的项目，花比现在多一倍的时间，如果管理人员不拿着重点商品销售计划书说话，就不能算是好好地培训。我觉得类似开会的事各个门店都在做，但是不是只是说些联络事项就结束了呢？即使小时工明白哪些是重点商品，如果没有改变排面，关于出现降价损耗的商品、为什么会出现降价、每次都没有好好地确认，像这样的事好像很多。

如果门店通过开会确认每天的销售额变化动向，活用在布局变更上，这也和修正害怕降价造成的损失而容易缩小订单数有关。

销售结果一出来，小时工的眼神就会变。通过改变销售策略、改变呈现方式，销售数字也会发生改变，小时工对此会觉得很惊讶。我觉得小时工们边观察卖场、边制作商品，是能够切实感受到制作和陈列的快乐的。这才是真正的培训吧。

4."没有试吃重点商品、试用重点商品的机会"

我觉得比起文字讲述，诉诸五感体验更容易让人记住。我们明明是在实业场，却没有用现场、现实、现物来说话的习惯。如果只是基于情报说话，在卖场即使客人问我，恐怕也不能给到客人满意的答复吧，更不能有说服力地向顾客推荐商品！

若是小时工属于食品部门，如果不亲自试吃重点商品，就不能用自己的语言进行表述，哪怕小时工分不清楚卡路里和营养成分等词语，他们也能够招待客人。用"甜""酸""我吃了觉得很好吃"这些话与顾客交流，是不是比较好呢？光是店员在精肉卖场提案试吃烧烤的小方块牛排，就比没有做试吃的时候多了 2—3 倍销售额。所以用身体五感来说话，是最能传达到的。

若是小时工属于服装部门，一定要让他试穿一下。是否容易穿、或者知道比普通的 M 尺寸大一点的话，就成为了接客推销时的卖点。若是小时工属于日用消耗品部门，由于新商品或者电视广告中宣传的商品都会由厂家分发试用品，在后仓的食堂或者工作现场实际试着使用一下。虽然小时工做什么都还是那样做，但实际上试一下的话，就非常清楚商品了，对正在卖的商品也就有了信心。

当顾客问起"这个商品怎么样",我想有很多人都有过对"客人很喜欢"这样的话感到生气的经历,我也经历过。至少对重点商品要试吃、试用、尝试一下,我期待小时工们能够抱着只卖自己自信的东西的心情工作。

5."说和情报不一致的事情会造成混乱"

难道现在也存在公司内部的抵抗势力?

虽然存在抵抗势力是夸张的说法,但"决定了也不遵守""即使做了也不彻底""即使做了也没卖出多少"等三种趋势,或多或少都在企业组织里蔓延着。根据我自己的经验,我认为企业组织就是这样的,即使我们遇事撞墙了也不必气馁。说实话,一年或两年,以重点商品为中心的 52 周 MD 是不会起作用的。工作的时候,我会以"一年"为目标,如果是设定中长期目标的话(在某些方面走得慢),每天在忙碌中会容易对正在做的事的印象变得淡薄。正因为忙碌,所以我总是认为若是短期决战的话会更容易落地。

公司内部抵抗势力是谁呢?从实务上来看,不是店长而是门店各部门和柜组的管理者。因为小时工每天的工作是根据身为上司的管理者的指示进行的,如果有店长不来现场,对于小时工来说管理者就是店长。也就是,如果门店的管理者与干部所说的事情和总部下发的情报不一样的话,就会引起小时工们的混乱。像这样的事是不是还有很多?为了贯彻到底,为了遵守门店最高执行责任者店长的决定,希望门店管理干部能发挥出与业绩紧密相连的强有力的领导能力。52 周 MD 能否顺利进行,取决于各个部门的领导。

第七章
重点商品和小时工的战力化

作，是商品部长来决定的；演，是店长来决定的；调，是促销部长（营业企划部长）的理解和执行力来决定的。即使总经理和管理人员吹笛子，大家也不跳舞，这是因为应该带头的实务负责人没有向那个部门内吹哨。

管理人员必须多到现场去才行。**所谓去现场，是指自己拿着重点商品销售计划书去店里，一边在店里巡回、一边确认实现度和可能的问题，这是最好的办法。**

第八章

零售人，莫要辜负了这个好时代

自 2019 年 6 月接触"52 周 MD"的相关理论、7 月在日本东京老火车站咖啡馆接触铃木老师以来，至今已经有一年半了，这期间我们 10 月份在合肥举办了第一届"52 周 MD 训练营"第一阶段的培训，本打算在 2020 年 4 月举办第二阶段的培训，但受疫情影响，铃木老师不能来国内讲课了。虽然他早已把第二阶段的课件发送给我，我们也组织人员进行了翻译，可能我也能够上台去讲这些内容了，但是我的理解与铃木老师的理解肯定还是有着很大的差异的，我很怕扫了学员们的兴致和对 52 周 MD 理论及铃木老师的那份崇敬之情。其间，也想过通过视频培训的方式来举办，问了一些学员企业，他们都表示还是希望能够见到铃木老师本人在现场的那种讲解，而且原先也约定，会请铃木老师带着大家到卖场实地去做现场分享的，基于这些原因，52 周 MD 公开课的培训就一直搁置了。

虽然培训搁置了，但是我们在学员企业的落地推进却一直都在紧锣密鼓地进行着，并且在安徽生鲜传奇、河南信阳百家超市、湖北黄冈黄商集团、湖南衡阳香江百货、安徽联家超市等企业都一直在强力地推进着，并且都取得了很不错或者是一定的效果。

培训、落地、再学习、再思考，这一系列的过程让我对于中国零售企业的发展有了深层的认识，我开始尝试着从零售哲学的高度去思考中国零售业：我是谁？我从哪里来？我向哪里去？

我是谁？实体零售以前是流通的管道，后来成为生产商的搬运工，现在面临比我们效率更高、成本更低的搬运工——电商时，中国实体零售还能扮演什么角色？

我从哪里来？1992年以前，在计划经济时代，零售企业只是百货店、粮站、副食品店、供销社而已。从20世纪90年代初到现在，我们大部分企业都是在向以家乐福、沃尔玛为代表的欧美模式学习现代零售企业管理技术，我们的卖场体现得更多的是"搬运工"的角色，在顾客的眼里我们并没有产生多少增值的东西，甚至我们一度被认为是二房东，被认为是靠挤压供应商来获得生存空间的。所以，顾客对我们审美疲劳了，不再经常光顾我们了，供应商与我们合作的意愿也渐渐弱了，我们慢慢地被边缘化了，似乎前面路越走越窄了。我们怎么办？

我向哪里去？是真的无路可走了，还是我们过去的路太拥挤、太堵塞走不动了？作为零售商，我们可以带给顾客哪些在生产商那里、在高级搬运工——电商那里看不到的价值，这才是我们真正需要思考的点，才是我们真正的突破口。

在我看来，老百姓的物质生活主要包括衣食住行，如果我们进行中美之间的对比的话，在衣——穿着这个方面，中美渐渐接近，将来不会有多大的差距了；在行——空间移动这个方面，美国长于汽车和飞机，中国长于高铁+汽车+公共交通+共享单车，双方也会渐行渐近，互相拉平。

而在住的方面，中国永远也赶不上美国。因为我们的人口太多，适宜居住的土地太少，这是无法克服的。80 多年前，地理学家胡焕庸曾提出了一个著名的分界线"黑河—腾冲线"或者"胡焕庸线"：在这条线东南不到 45% 的国土上，生活了中国 94% 左右的人口；而在这条线的西北，55% 左右的国土上，只生活了大约 6% 的中国人。除非未来胡焕庸线的西北突然变得不再干旱了，适合更多种类的动植物生长，也更适合人类居住了，否则情况不会改变。

但是在吃的方面，美国恐怕永远也赶不上中国。作为给中国老百姓提供饮食解决方案的商超企业，我们在中国人走向富裕的征程上其实是可以有一番大作为的。

通过对这些零售哲学问题的思考，我的面前渐渐呈现出一幅清晰的未来中国零售业发展前景的画卷，它不同于目前被新零售所刻画的主流画面，但我认为，新零售背后的数字化管理也只是工具而已，大家都可以伴随着这些工具带来的效率提升及成本降低逐步地导入这些工具，新零售的倡导者——电商所带给中国消费者的也只是其中一种解决方案而已，与之并行的应该还有更多更好的解决方案。

第一节
为什么我们一直被欧美的零售企业所引领？

1995 年家乐福和沃尔玛相继进入中国市场，1996 年日本伊藤洋华堂进入中国，距今已经25年了。在这25年的时间里，可以说中国市场发生了翻天覆地的变化。

消费升级

	年代	人均GDP
短缺经济	1997年前	780美元
小康水平	2008年前后	3000美元
小康—富裕	2020年	11000美元
进入富裕水平	2021年（预测）	12000美元

图8-1　中国消费场景概况

由图8-1，大家不难在脑中勾勒出一幅中国消费场景的画面。

我们在穿着方面的消费理念的变化：在短缺经济时代，可能还是"新三年、旧三年、缝缝补补又三年"；在小康水平阶段，我们渐渐地抛弃缝缝补补了；而在接近全面小康水平的境界时，害怕"撞衫效应"，"家里有很多买了没穿过的新衣服和新鞋子"；等到进入富裕水平的状态，在中国的中产阶层中，家庭成员中可能每人每年要备上10—20双甚至更多的各式各样的鞋子，家里的衣柜鞋柜都必须换成大号的才能满足需求了。

在吃的方面的消费理念的变化：在短缺经济时代，能够吃上苹果和香蕉就很不错了；在小康水平阶段，家里的苹果香蕉一定是常备的，但各种反季节的水果还是很少见；而到了全面小康水平阶段，几乎每个中产阶层家庭日常都会不间断地备有

3—5 种水果，一年四季我们几乎可以见到全年产的每一种水果，虽然还有淡季和旺季之分；等到进入富裕水平阶段，中国的中产阶层对于吃水果的选择将是"我怎样吃到更利于我的健康的水果""每一天、每一周、每一个季节或节气我吃什么样的水果更好呢""水果如何组合消费才更利于我们的成长，更利于我们的健康，或者更利于我们延年益寿呢"。

当看到这种画面迭代时，我们是否想过这样一个问题：为何在短缺经济时代、在小康水平时代，我们能够一直被以沃尔玛、家乐福为代表的欧美模式的零售企业所引领，而到了中国开始进入全面小康时代的近几年，沃尔玛和家乐福模式玩不转了？

有人说，这是因为电商在后面抄了大卖场的后路，但为何同样是大卖场，展现为生活广场业态的胖东来、香江百货等区域零售企业的日子却过得越来越红火呢？这些年我见过非常多的区域零售企业，诸如安徽的联家、连云港的家得福、湖北宜昌的雅斯、信阳的西亚、洛阳大张等等，为何它们就没有在电商的冲击下受到影响呢？

可能大家没有想到更深层的影响因素，我觉得还是因为欧美的大卖场是根植于其自身的饮食文化消费背景上的。在欧美国家，由于受宗教因素的影响，也有可能是受一直传承延续下来的游牧民族文化和地中海文明的影响，人们对于饮食的追求相对于中国来说是不丰富的、比较单调的，可能他们也有一些大餐，比如法国大餐，但那是贵族的享受，平民百姓的消费还是比较简单的。

在饮食方面，通过几个小的场景的对比就不难发现欧美饮食与中国饮食的差距。一是大学食堂的差异，在欧美的大学食堂，基本是烘焙类+牛奶及奶制品+牛肉鸡肉+土豆+汉堡，这些便是主食了，而在中国的大学食堂则会丰富很多很多倍。二是五星级酒店的差异，对于欧美的喜来登、希尔顿等国际品牌酒店，在中国的酒店早餐就由两三百种食材和食物构成，而在欧美则是相对单调的烘焙类+牛奶及奶制品+咖啡+汉堡等，其他能够添加的品项非常少。三是各种红白喜事的酒席上也可以看出差异，在欧美普通大众的酒席上，蔬菜沙拉+汉堡+牛排+牛奶及奶制品+咖啡+土豆等就构成很丰盛的宴席了，而在中国，则会有十大冷盘十大热食还有汤、各种主食点心等，异常地丰富多彩，而且全国各地的菜都差异很大，如果把全国各地的酒席上的菜堆放在一起陈列，合并同类项，将会发现我们与欧美的饮食差异将是无比的巨大，因为欧美的饮食是很容易合并同类项的，而中国的饮食因为各地的食材上的差异、烹饪加工方法及各种调味品的使用，而呈现出异常丰富多彩的特征。

也许有人会说，你上面讲的这些都是餐饮企业需要解决的问题，与我们商超企业好像关系不大。也许在小康生活水平之前，人们只是舍得在酒席上或者酒店里一饱口福，在家还是非常简朴的，但是随着人们生活水平的提高，厨房加工设备日渐丰富，家里餐桌上的食品组合的丰盛度也会发生潜移默化的提升，而靠菜市场推动这种提升是比较难的，相对来说，商超企业在推动这些消费升级方面就可以大有作为了。

通过工业化模式在零售业态上的嫁接，欧美诞生了大卖场模式，相对于以前的百货店和集贸市场，大卖场能够以更高的效率、更低的成本提供更加丰富多样的商品，这在处于温饱水平和小康水平的中国人眼中是很有吸引力的，因而大卖场这种业态在1995—2015年这20年中在中国大行其道。

但是，以家乐福、沃尔玛为代表的欧美零售企业无法洞察到中国消费者的上述消费升级的变化特征，它们反应迟钝，所提供的饮食解决方案渐渐地被中国消费者抛弃了。

第二节
今天我们迎来了怎样的变化？

2016年前后，我们与欧美零售企业来到了一个分岔路口，以沃尔玛、家乐福为代表的欧美大卖场所提供的生活解决方案已经难以满足中国人的胃口了，在西方的饮食文化中，吃东西这件事情是没有多少快乐可言的，吃无非是为了补充身体的能量，只是为了维系生命而已，但是中国的饮食文化却赋予吃一些非常重要的意义："民以食为天""食疗食补、吃什么补什么""中国人几乎什么都能吃，几乎能吃遍所有动物植物的里里外外，很多外国人不敢吃不愿吃不能吃的东西，在我们的嘴里都可以变得津津有味"，欧美人对此非常难以理解，他们总认为这种饮食方式不科学，对身体不利，但怪异的是中国人却以美国人均GDP的1/6、美国人均医疗费用的1/15，做到了仅仅比美国人的人均预期寿命少2年左右（按照最新的WHO公布的数据）。这是怎样的一个奇迹？

倘若中国人的饮食方式是不科学的，我们又如何来解释这种现象呢？目前我还没有去做深入的医学方面的探究，根据我本人的理解，我只能认为中国人对于各种食物的广泛进食，确实是有利于我们获取卡路里、蛋白质、脂肪之外的各种微量元素，可能这些包括各种各样的来自自然界的维生素，比如硒这一类的生命元素等等，在我们中国人的饮食习惯中都得以广泛涉猎。我举个例子，"吃鱼脑补脑子"在中国可能属于常识了，但是在国外的食谱中却很难看到。

对于一个有着五千年文明史、八大菜系、仅仅非工厂化的各种杂粮面点熟食制品就达5000多种的中国饮食文化来说，我们对于食材的新鲜度的追求、对于饮食多样性的追求确实是走在世界各国的前面的，因为全世界没有任何一个国家的人口比我们多，在富裕的国家中，人口最多的美国也仅仅是我们的1/4，而美国的大部分城市在中国人的眼里就是一个大号的农村，虽然豪华程度要高好几个版本，但是居住很分散，养不活那些小品类餐饮，与中国的饮食习惯相比，美国还是要单调很多的。

以前，我们总觉得欧美的饮食习惯是最文明、最健康的，确实，在温饱和小康的时代我们别无选择，只好把自己对于美食的追求稍稍地压抑住了。但是现在中国开始渐渐地进入富裕的阶段了（中国很多一二线城市的人均GDP早已迈过12600美元这个富裕标准的最低限了），如何吃得更好、吃得更丰富、吃得更健康，已经开始成为中国中产阶层家庭的必选项。

第三节
我们有可能引领全世界的零售企业吗？

欧美人到了中国以后，对他们最有吸引力的就是中国的各种美食，我们的食材的新鲜度和花样百出的吃法，极大地刺激了他们的味蕾，让他们胃口大开，兴奋异常。

而那些出国的留学生及海外华侨，特别是在欧美的，很不习惯的一点大约就是饮食习惯了。也许十年前或者二十年前国内的饮食并不怎么丰富，各种饮食相互间的交流还是比较少的，但是现在各种饮食的推广已经越来越登峰造极了，就像我们以前还很少能够吃到反季节的水果，现在则是一年四季的水果都可以四季常吃，特别是像西瓜、热带水果、猕猴桃之类的，由于保鲜技术越来越好，在一年中的任何一个时点可以品尝到的水果已经是极度多样化了。

我们同样可以想象，再过 5 年、10 年，我们在国内的任何一个城市都将很容易地品尝到中国的八大菜系的各种名菜特色菜。其实现在已经远远不止那曾经的八大菜系了，如果我们认真去盘点一下的话，中国的每一个省份都可以整合出一个独到的菜系出来，那么我们 34 个省（自治区、直辖市）就有了 34 个菜系，以前我们可能只是到了哪个省份才能吃到那个省份的特色饮食，而今因为人口的快速流动，由于中国饮食文化的各种创新，而在创新中最有效的手段就是杂交，就是对各地的比较土的、有特色的饮食文化相互交流、相互融合，加以传承和发扬光大，其最终的结果就是端到中国老百姓餐桌上的无与伦比的丰富性与多样性，让中国人的嘴巴越来越刁，胃口越来越好，对于美好生活的期望值也越来越高。

这里举个简单的例子，从中可以看出我们的超市还大有可为。

根据 WHO 最新的报告，日本是所有发达国家中人均预期寿命最高的国家，日本人长寿的一个很重要的原因就是饮食很讲究。早在 1985 年日本厚生劳动省就制定了《为了健康的饮食生活指南》，倡导民众一天尽量吃 30 种食材（包括烹调油和调味品），营养才全面。

此后，很多人将其当作每日饮食准则，比如五色寿司饭会以米饭为主料，加入甜虾、贝肉、乌贼肉、鱼子、金枪鱼、糖姜片等；做菜时，用多种食材做成一道菜；味噌汤里有豆制品、海鲜、蔬菜等。

即便在外就餐，饭馆也会尽可能提供多种搭配。为了防止热量超标，每道菜的量都很少。

饮食多样化尤其是果蔬摄入多有利于摄入足够的营养，起到保护心血管健康、延年益寿的作用。

鉴于我国目前的情况，《中国居民膳食指南（2016 版）》也建议，平均每天不重复的食物种类数达到 12 种以上（比起日本的每天 30 种食材差距还是不小的，但是我们会在今后的 10—20 年中逐渐地赶上的），每周达到 25 种以上（烹调油和调味品不计算在内）。

其实，想实现这个目标并不难。比如，一碗八宝粥；一碗鸡蛋面条，加入小白菜、蘑菇、木耳等一起煮；做胡萝卜炒肉丝时，加入青椒、冬笋等；炖肉时，放点香菇、胡萝卜、竹笋、海带等。

总之，保证每天都有粮食、豆类、薯类、蔬菜、蛋、奶，多吃几种蔬菜，鱼肉、海鲜等每天换样吃，再加上几种水果和坚果当零食，就能轻松达标了。

对家庭而言，要每天都备齐这么多的食材还是比较困难的，在菜市场也是难以做到的，但是超市却完全可以做到，通过提供一些小的配菜包、料包及不同的净菜组合，完全可以让我们的消费者吃得丰富多彩、吃得健康长寿！

所以，谁来实现中国人对于吃的这一美好梦想？我觉得就应该是中国零售业在其中扮演着重要的角色，特别是零售业的商超领域，对于为中国老百姓提供丰富的饮食解决方案有着无法推卸的责任和使命。

第四节
我们真的可以做得更好

2020年12月，我去五角场华为旗舰店修手机的时候顺便去逛了一趟边上的某世界500强的五角场万达店，这家门店是2006年12月开业的，至今已经整整14年了。但是我在卖场看到的景象，譬如动线、区块设置、商品展现方式、商品结构的特色及丰富度、新品与顾客间的互动、生鲜商品的丰富度及与顾客间的互动等等，几乎与14年前没啥两样，唯一变的就是客流变少了，生意变得惨淡了。真的是以不变应万变啊！

为什么会出现这种情况？我们在胖东来、香江百货这些区域零售企业能够见到这种情形吗？他们基本上都是店面的硬件装修3—5年一大变的，而店面的软件装饰、商品的活性化陈列、与顾客互动的生动性等则是每周、每月、每季都在发生变化的。欧美的零售业经营管理文化更多的是相信标准化、相信科学、相信效率的，所以他们会对门店的各种变化嗤之以鼻，但是他们可能有所不知，在欧美人仅仅把饮食生活当作必需品来过的时候，中国人却是把饮食生活当作艺术品来追求的，我们不是在消费生活，我们是在享受生活，是在对于由食材的极致鲜度+食材加工的极致多样性所构建的丰富多彩的饮食文化中陶醉着、享受着，在流连忘返中充分体验生活的美好、人生的美好的，如果说这种对于美好生活的追求在温饱时代、在小康时代还只是那些富人和达官显贵们的追求的话，那么在接下来的二三十年中，中国开始步入富裕社会了，这种追求将成为中产阶层的标配，也会成为相对不富裕者偶尔也可以享受到的一种生活状态。

也许有人会说，我也知道这种生活方式好啊，但是那得需要多高的成本才能够维持？有多少人消费得起呢？

这个问题问得真好！直中靶心！

是的，如果按照欧美人的思维模式，那么我们永远也无法达到上面所描述的那种生活状态，但是如果我们放眼世界，从其他的事物的演进规律中去寻求启示的话，也许我们就不会悲观了。

比如汽车行业的演进历史。

福特T型车：福特汽车公司自1908年至1927年推出的T型车，一共生产了1500万辆，可以说创造了单一车型的销售纪录。此后，当亨利·福特沉浸在自己创造的商业奇迹中时，却没有想到顾客正在悄悄地抛弃他。

通用汽车所提供的各种车型：20世纪30年代至60年代，通用汽车凭借别克、雪佛兰、凯迪拉克等多品牌多车型重新开启了乘用车的新时代，也重新定义了什么叫出行工具及附加在其上的价值。

丰田汽车所营造的对不同的客户群进行个性化定制的营销理念，通过其覆盖从低到高的不同的客户群，把握不同客群的需求特点，推出不同品牌、不同款式、不同配置的车型，让顾客感觉到自己的车是独一无二的。其实对于丰田汽车来说，每一种品牌或者每一种车型，其中的95%都是标准化的，只有5%左右的差异化设置，但正是这一点点的差异化却让顾客感受到了自己的车与别人的不同，让顾客更清晰地、更彻底地体验到这就是自己要的车。

作为一种出行工具，汽车的发展路径正是从单一到多样化、从单调向越来越丰富的境界演变的。

作为商超零售企业，我们要解决的是顾客的饮食解决方案和一些简单的日用品。可能大家会觉得目前电商已经给我们提供了足够多的、可以非常方便触达的商品了，实体零售再怎做也不可能超越电商了，实体店注定要被电商所淘汰。如果大家有这种意识的话，这就跟当年福特沉浸在他的 T 型车的梦境中是一样的感觉，人们买车并不仅仅是要解决出行的问题，不仅仅是要出行的便利与快捷，还需要坐在车里的感受，还需要有很多附加的价值。很显然，便利与高效的 T 型车并不能带给大家这些东西。

当然，电商不可能像 T 型车那样最终被替代，只是电商也绝对不可能成为大家唯一的选择，甚至不可能成为一种主流的选择。我的判断是：未来纯粹线上的销售占比在达到 30% 这个峰值以后就很难再提升了，因为在富裕的时代，消费者对于购物的体验期望值更高了。

在欧美零售模式中，如果我们追求效率，那么就别想还有丰富多样；如果希望丰富多样，就别指望还有效率。

但是基于中国供应链的优势——同时具备两个互为矛盾的优势，即将规模优势与柔性快变的优势融合于一身，我在想，或许中国零售企业也可以设法做到把高效率与饮食多样性有机地融合在一起，为中国的消费者提供美好生活的饮食解决方案。

那么，怎么来解决这个难题？

铃木老师提出的以 52 周作为时间轴、伴随各个市场的人们的生活规律的律动起伏提供不同的生活解决方案，虽然从单独的一周来看，似乎并不是很丰富，但是由于每周都有所不同，大家对于丰富性的感受还是会强很多。

铃木老师又提出以重点商品为中心来展开一切营销活动，而且这些重点商品每周是不一样的，是差异比较大的，我们把有限的工作时间投入到这些重点商品上面，企划、采购、营运共同入手，也就有望以相对低的成本去高效地实现多样性的生活提案，也就可以较好地展现出生活的多样性来。

第三，也是最关键的，在欧美大卖场的管理模式中，门店员工只是一个执行者，只是一个工具而已，说得不好听一点，就相当于只是带手脚不带头脑来工作的奴隶罢了。但是要想把每家店的体验都恰如其分地做出来，充分获得顾客的好感，就必须解放员工，赋予他们在现场的一定的自主权。只有员工拥有一定的自主权了，能够分析与决策了，各种转瞬即逝的商机才可能不至于被浪费。只有根植于每一个员工都能够充分地发挥其主观能动性，发挥出他们的聪明才智，做到人尽其智，做到有工匠意识和工匠精神，同时也有工匠行为的选择权，我们在门店现场的体验的多样性和丰富性才可能以比较低的成本展现出来。

52 周 MD 会掀开中国零售新篇章

目前我正在研究中国零售企业精细化管理的新模式,它是集 52 周 MD+品客管理+阿米巴经营+数字化管理+人才团队打造这五大模块于一体的新模式。在这个新模式中,我提出了可以在零售企业真正予以落地的道与术,我对于道的理解仍然是成就人打造人。零售之道,首先在于成就顾客,就是要由原先的卖商品给顾客,演进到卖生活给顾客,最终演进到卖美好生活给顾客;其次在于成就员工,成就员工的标志就在于能够做到"人尽其智"。管理的三重境界是"尽己所能、尽人之力、尽人之智"。前两重境界通过标准化还是可以比较容易去实现的,而后面这一重境界则必须站在人本主义的高度去认识企业存在的价值。企业不是凌驾于人的价值之上而存在的,人并不是企业存在的工具,人是与企业共同存在的,是共同赋予价值的,人既是企业前行的工具,同时也是企业存在的目的。企业不仅是实现股东和管理团队价值的工具,也是所有员工实现其智慧的挖掘与奉献的工具,企业是"人尽其智"的载体!

铃木老师一直追求的"有趣的卖场、快乐地工作"与我所追求的零售之道与术应该是天然契合的,或许也是上苍的安排,让我来承接这位目前在日本零售业界被称为零售业的德鲁克的大师的衣钵,并将其理论发扬光大,让其在中国市场上能够发挥出更大的能量。

　　我在前面的内容里面已经说了，欧美的零售企业由于其所根植的宗教文化因素，对于饮食是看得比较淡的，他们认为吃只是为了满足身体的能量供应，在吃当中去寻求乐趣是无意义的（清教徒的原罪心理、节衣缩食、给上帝打工的意识），加之工业化的深刻影响，本来有来自世界各地移民的美国应该拥有全世界最丰富多彩的饮食解决方案才是，但由于遭受麦当劳、肯德基等高度标准化的餐饮模式的冲击，大量的小品类餐饮在美国市场上渐渐消失了，正是基于单调的饮食习惯+以冷冻食品为主的一次性大量购买的购物习惯，让欧美（特别是美国）的大卖场具有了非常强大的竞争力。

　　相对来说，中国与日本的饮食习惯更为接近一些，两个国家的民众对于吃都非常热衷。日本人非常强调食材的鲜度，只有嘴巴和味蕾极为挑剔的人才会对食材的鲜度非常敏感。但是日本也有局限性，主要是国土面积比较狭小，东西南北的跨度都不大，动物和植物的物产种类及产量相对于中国来说都要少很多很多。相比于中国基于食材供应链的强大及饮食文化丰富性的历史积淀所形成的饮食多样性，日本的饮食相对来说就要简单很多。

　　以前在中国人处于温饱水平和小康水平之时，即便我们脑子里有着对于未来美好生活的无数丰富的联想，也没有多少实力去实现，中国的丰富饮食可能只有在豪华酒楼里才能够被少数人所体验到，对于占社会大多数的普通工薪阶层来说，是无法体验到或者只是偶尔在宴席上体验一下而已。而今，已经开始从小康水平渐进地步入富裕水平的中国老百姓，在未来的 10—20 年，将会体验到一种新的意境——"旧时王谢堂前燕，飞入寻常百姓家"，曾经只是富人贵人才能够享受到的丰富多彩的饮食体验也能够被我们普通老百姓所享受到了。谁来担当这一历史使命，那就不仅仅是餐饮行业的创新了，还有我们为普通消费者提供食材和饮食解决方案的商超企业都必须担当起这样的历史使命来。

正是基于这样的分析判断，我个人觉得虽然 52 周 MD 已经在日本推广近 30 年了，由于受客观条件的限制，还是难以达到一个至高的境界，但是引入中国以后，情况就会大大地不一样了。

自从 2019 年 6 月接触到 52 周 MD 理论以来，我就有一种直觉：52 周 MD 将引领中国实体零售企业至少是实现其应有的竞争力，确保自己能够生存和发展，而不至于等死，他们中的佼佼者，像胖东来、乐城生鲜传奇、香江百货、湖北雅斯等企业将会过得越来越好。之所以会有这种预判，也是基于三点关键因素：

一是中国实体零售的生存危机，来自电商的冲击，中国的实体零售比全世界任何一个国家的实体零售企业感受到的压力都大，所以中国实体零售求新求变的意识比任何国家都强，他们需要借助 52 周 MD 所倡导的六感体验（视觉、听觉、嗅觉、味觉、触觉、心觉——情感体验）所打造的极致的卖场体验来吸引顾客到门店购物和实现忠诚度链接。

二是中国的传统历史文化基因的影响，在中国历来有民以食为天的文化基因，中国人更看重吃，各种动物植物的里里外外中国人都能够拿来做成好吃的（当然，现在的国家各级保护的野生动物和野生植物肯定在我们的食谱之外了），中国人强调食补——吃什么补什么，中国有八大菜系、5000多种杂粮面点制品，还有五千年的文明史、56个民族在饮食习惯上的相互影响和传承，这些都带来了中国饮食文化的极度的丰富性。同时中国人对于食材新鲜度的要求可能比日本人还要挑剔，在2020年前中国人的生活只是处于小康水平及以下的状态，现在开始向富裕生活水平迈进了，以前只是能够吃饱就行了，现在讲究吃得更好、吃得更健康了。怎样才能够让消费者吃好？52周MD提供了很好的解决方案，通过超市商家扮演饮食文化的意见领袖，去引领消费者追求美好的生活，这在中国已经成为今后20—30年超市商家的必修课了。我们相信，日本从1985年开始在普通民众中推行的每天食用30种不同食材的健康饮食消费理念，一定会在今后的10—20年率先进入中国的富人和中产阶层，而后渐渐地在普通工薪阶层中得以普及。

三是中国的供应链非常发达。中国有全世界门类最齐全的制造业，中国从南到北、从东倒西跨度极大，物产极为丰富，相对于日本国内的物产种类，中国可能会高出十倍以上。而且中国很少有欧美那样的大农场，中国大部分是小农经济，这样的话，中国的物产的多样性和丰富度就非常有保证了。我在日本市场上看到蔬菜水果的种类要比中国市场少很多，肉禽水产等种类也要少很多，所以，中国发达的供应链将会让中国的传统饮食文化得以传承、延续及发扬光大。

中国零售商自己迫切地想改变，中国消费者迫切地期待改变想过更好的生活，中国零售商背后的上下游合作伙伴也能够提供改变的一切支撑力量，有这三个最核心的要素做支撑，52周 MD 在中国市场的推广将会如鱼得水，一定会像当年美国戴明博士的全面质量管理一样：在美国本土反响一般，但是到了日本市场却如鱼得水，迅速地发扬光大了！

中国的人口是日本的 11 倍左右，中国的国土面积是日本的 25 倍左右，按照购买力平价计算，2019 年中国的 GDP 已经是日本的 4 倍多了，中国市场还在高速地发展着，所以，铃木老师的 52 周 MD 理论在中国市场一定是可以发扬光大的，其影响力一定会在日本的基础上乘以 10，将来再由中国市场推广到世界各地都是非常有可能的，毕竟中国的一带一路正在走向全世界。

按照我的理解，铃木老师的 52 周 MD 理论除了继承了日本企业的由计划到执行的超强的计划性这一日本零售企业的特质之外，它还具有三大特点：

一是解决了多样性的可能性问题，它是通过时间轴的铺陈，即通过 52 周、104 周、1095 周这样一个时间轴，内在传承了人类几千年来伴随季节、节气、习俗、节假日所形成的生活律动规律，而制造了一个个小的消费高潮。能够顺势而为，这样才为多样性有人埋单创造了可能，否则很有可能是我们自己花了大量的时间采购和制作了大量的商品，提供了丰富多彩的生活提案，结果在消费者身上没有找到契合点，消费者没有共鸣。若真的是"呼者切切，应者寥寥"的话，那么我们也就没有下文了，多样性也就不可能持续了。

二是通过着眼于重点主题和重点商品，实现了多样性的低成本化。就现代商业而言，即便你能够为顾客创造再好的价值，倘若其成本高到顾客无法承受，那么你的丰富除了具有展示作用之外，并没有多少商业价值。所以，铃木老师提出的多样性肯定是消费者喜欢的，但是消费者还得消费得起才行，而且这种消费得起的消费者客群还得足够庞大才行。那么，怎样才能达到这样的效果呢？就是必须把成本降下来！如何降低成本？聚焦于重点商品和重点主题就是降低成本的撒手锏。

三是把员工的智慧解放出来了。日本零售业的发展史其实与我们国家也有类似的地方，那就是一开始都是向欧美零售企业学习的，而欧美的商超零售企业主要是以大卖场、仓储式折扣店等业态为主的，他们是以欧美的饮食文化、宗教意识形态、居住方式等为基础构建起来的，其典型特征就是强调标准化，是以科学化管理为主要逻辑基础架构起来的。在这种科学化管理的运营模式中，决策权是只有中高层甚至是高层才有的，基层管理者和员工只有严格按照流程做事的权利，员工只带手脚不带头脑上班，员工上班也就是为了谋生。这与日本企业一直传承下来的匠人文化是相悖的。为什么日本的企业能够成为全世界最长寿的企业？就是因为其骨子里就有匠人文化，这种匠人文化并不仅仅指企业的创始人和管理者要有匠人意识、要有匠人文化，更强调企业的最基层员工也要有匠人意识、也要有匠人文化。

铃木老师所强调的"小时工的战斗力化"其实就是这种思想的传承与折射，这也是现代企业管理中人本主义思想的光辉所在。当一个企业把员工都当做匠人来打造来培养了，这个企业的创造力将会是无比强大的。这一点我在胖东来就感受到了，在他们那里，我只是提一点建议，然后下个月去看，会发现他们做到的比我所想象的还要到位、还要美、还要合理。而在其他一些企业，我再怎么比画、再怎么给他们图片做参考，一个月以后回去一看，与我要求的相比还是要打不少的折扣。为什么两者会有如此大的差距？是胖东来的员工都特别聪明吗？非也！关键还是胖东来的员工是按照匠人的思维来打造的，他们自身就有很强的创造力，所以你只需稍稍给他一点提示，他的匠人意识和创造力就会被激活，就会被发挥出来；而其他企业的员工都是按照标准的执行者来打造的，从根本上来说只是工具和会说话的"奴隶"而已，他们身上的创造力早已被打压了，出不来了。

由此可见，打造一个智慧共享的组织为什么那么难？为什么会成为铃木老师所讲的"一胜九败"？推行52周MD的企业会有三重境界：第一重是运营力强化，这是大部分企业都可以做到的；第二重是门店现场的活性化，这个也有相当多的企业可以做到稍好的状态（尽管还难以像做艺术品那样做到）；但是这第三重境界——打造智慧共享的组织就非常难做到了！为什么？因为当员工身上的智慧不受重视，企业只拥有高层的智慧，这个企业能够走多远？或者说，在中国商超零售业迎来必须以极度的食材新鲜+极度的食材多样性+极度的食材加工多样性作为底盘的中国特色的商超零售企业精细化管理新模式的时候，沃尔玛和家乐福所代表的欧美模式哪里还适应得了？

欧美饮食追求的是像麦当劳、肯德基那样的高度标准化、一致性，由此而来的是像沃尔玛、家乐福所追求的所有门店的标准化及千店一面，由此演变出来的便只能是员工的工具化；而现在正在走向富裕的中国人所需要的多样性的饮食解决方案，由欧美这种纯标准化的零售文化已经无法满足了，它必须在日式的饮食文化和零售文化基础上进一步发扬光大，才能被中国消费者所接纳，那就是千店千面，每个店都要有特色，每个店每周都要有不同，而且这种不同又必须有效率做保障，这就演绎出来 52 周 MD 了。

可以说，52 周 MD 倒逼企业必须把员工身上的智慧给挖掘出来，一个企业必须像打造特种兵那样把每一个员工身上的智慧给挖掘出来，实现科学+艺术的有效组合，那么这家企业才可能像胖东来超市那样可以走得足够远！或者说，未来的中国区域零售企业中，才会有更多的企业超越现在的胖东来的境界，成为地地道道的智慧共享的组织，成为一个能够实现管理的最高境界——人尽其智、人尽其才的卓越组织！

很多学者和经济学家在解读中国四十多年改革开放历史的时候喜欢用一个词来概括总结中国的成功经验，那就是"倒逼"！根据我的好友、唯一一个曾经在日本永旺获得社长奖的外国人的王琦先生在日本工作学习 16 年的亲身经历及观察思考，以及铃木老师的佐证：52 周 MD 在日本零售业界的推广应用也是一种形势倒逼的结果。20 世纪 90 年代，日本经济总量达到最高峰，随后就一路下滑和波动，这样便导致日本的零售企业基本上面对的都是一个减量市场，能够在减量市场上挣扎着生存下来的零售企业，他们所凭借的法宝便是铃木老师自 20 世纪 90 年代中期开始推广的 52 周 MD 技术，这是日本零售企业最近这三十年得以生存和发展的精细化管理的精髓！

中国现在的区域零售企业，甚至那些全国性拓展的实体零售企业，也在面临一个存量市场乃至减量市场的挑战，曾经在增量市场上可以畅行无阻的欧美大卖场那种纯粹标准化运营模式的法则已经失灵了，现在必须寻找新的方向。他山之石可以攻玉，我们完全可以借鉴日本零售企业在减量市场上的生存智慧，为自己闯出一条康庄大道来。

最后，非常感谢铃木老师对于出版此书的关注与鼓励，早在 2019 年 10 月我们在合肥举办第一届"52 周 MD 训练营"时，铃木老师就鼓励我在他培训的课件的基础上以我的名义或者我们尚益咨询公司的名义出版一本《52 周 MD——理论篇》，因为我们早已将他的原著翻译了，对照课件内容与他的原著，还是高度相似的，但那时我总感觉这样出书有抄袭之嫌，这是我很不愿意的。

后来我便联系东方出版社，请他们与《52 周 MD——理论篇》的日方出版社沟通，看看能不能直接翻译出版，但得到的答复是"我们只是一家日本生活协同组合广告部下的出版小组，不能受理海外发行"，况且也早已过了与作者约定的 5 年版权合同期了，于是此事就此搁浅了。

在第一届"52 周 MD 训练营"结束了以后，我们立刻组建了一个"52 周 MD——BOSS 修炼群"，我们不断地与各个企业的老板或总经理沟通，询问大家培训后推进的情况，几乎所有的企业在培训后都进行了尝试，大约有 2/3 的企业都取得了不同程度的效果，其中有 1/3 的企业取得的成效还不错，特别是 2020 年 5 月份国内疫情得到基本控制以后，各个企业面临着业绩压力，如何做好门店体验成了吸引顾客的一个非常关键的影响因素，52 周 MD 技术对于企业的影响力渐渐地显现出来。

2020 年 9 月初，铃木老师书面告知东方出版社的吴常春先生："可以把 52 周 MD 与中国流通业的实际情况结合起来，由胡春才社长归纳总结出版。"

此书便是在铃木老师原著的翻译稿约 11 万字的基础上进行了压缩，大约控制在了 9 万字以内，然后我添加了基于中国零售企业实际情况基础上的对于 52 周 MD 的解读、如何推广的注意事项以及一些内容的补充，最终形成了目前的模样。

此外，对于此书的出版，还得感谢乐城王卫董事长在 2019 年 6 月的时候为我推开这扇窗、好友王琦的牵头搭线及对我从事这一领域研究的鼓励、日本永旺的陈仲麟先生在我在日本考察时给予的帮助，感谢我们公司的专职翻译汪文静老师、张津敏老师，还有东方出版社的孙宇靖、吴常春、申浩等各位老师的大力支持与帮助。

接着要谈一点，该如何读这本书呢？

对于这本书，如果您只是想了解一些知识，丰富一下自己的知识面的话，怎么读都行；但如果您是从事零售业商超领域的研究或管理的，建议您要细细地研读，每读一遍您的感受都会不一样的；如果您想进一步把 52 周 MD 的理念技术方法在本企业推进的话，聘请外部力量进行辅导肯定是最快最有效的路径，不过如果只考虑眼前的成本因素的话，那么让管理团队成员人手一册，大家一起研读、一起讨论，力求达成共识，以便比较正确地推进 52 周 MD，这肯定是最省钱的办法了。据铃木老师介绍，在日本永旺是把他的那本原著作为干部晋升的必考书目的（前文已提及）。

目前国内已经有新零售的企业家及零售专家在预言：2020年以来风靡全国的社区团购模式将终结区域零售企业了！这其实也并非危言耸听，因为社区团购的每一个点都击中了目前区域零售企业的要害，成本有优势、效率有优势、对顾客还有强大的黏性，这对于目前继承了沃尔玛和家乐福衣钵的区域零售企业来说，仅仅扮演生产商的搬运工这一角色，确实是已经到头了。区域零售企业必须重新寻找和定位自己的生存空间，那就是必须走价值营销之路，走提高顾客在门店体验感之路，走提升门店活性化之路，走挖掘员工身上的内在智慧打造智慧共享的组织之路，如此，方能在电商和新零售这些大老虎的追逐中，成为跑得最远的、最有安全感的那只东方神鹿。

最后，谨以此书献给那些为中国消费者提供全球最丰富多彩的饮食解决方案的探索者们！有你们在，中国老百姓的生活将会越来越精彩！

胡春才

2021 年 2 月　上海

图书在版编目（CIP）数据

52 周 MD：周周都有高潮的商品规划／（日）铃木哲男，胡春才 著；上海尚益咨询公司 译. —北京：东方出版社，2021. 11

ISBN 978-7-5207-2396-1

Ⅰ.①5… Ⅱ.①铃… ②胡… ③上… Ⅲ.①零售业—商业经营 Ⅳ.①F713. 32

中国版本图书馆 CIP 数据核字（2021）第 188602 号

52 周 MD：周周都有高潮的商品规划

（52 ZHOU MD：ZHOUZHOU DOU YOU GAOCHAO DE SHANGPIN GUIHUA）

作　　者：［日］铃木哲男　［中］胡春才

译　　者：上海尚益咨询公司

责任编辑：申　浩

出　　版：东方出版社

发　　行：人民东方出版传媒有限公司

地　　址：北京市西城区北三环中路 6 号

邮　　编：100120

印　　刷：北京文昌阁彩色印刷有限责任公司

版　　次：2021 年 11 月第 1 版

印　　次：2021 年 11 月第 2 次印刷

开　　本：880 毫米×1230 毫米　1/32

印　　张：11. 125

字　　数：140 千字

书　　号：ISBN 978-7-5207-2396-1

定　　价：58. 00 元

发行电话：(010) 85924663　85924644　85924641